小学校国語科授業の創造を求めて

上田　正純

溪水社

はじめに

上田正純さん〔吉野川市知恵島小学校校長・日本新聞協会NIEアドバイザー〕が、長い年月、『『教室』を『学室（学習室）』にしよう』と追求してこられた営みのうち、時代・社会の要請にもとづく実践研究が、『小学校国語科授業の創造を求めて』と題して、刊行されることになった。書名の通り、主体的に書くことを学ばせ、読書生活をたかめ、語彙を豊かにし、古典に親しませ、NIE学習におよぶ、「創造」をめざした書である。

上田正純さんは、一徹なひとである〔頑固ではない。ひとの話をよく聞き、先達に学び、みずからの道を貫く意。〕いかなる時にも授業研究・研究報告・依頼された原稿を断らないひとである。まず、学習者の実態を考え、その向上のためには、教職にある者がすべてを投入して専念するのが当然と考えているかたである。

その拠って立つところは、蘆田恵之助先生・大村はま先生・西尾實先生・野地潤家先生の実践研究・教育理論にある。書くことを基底に据えて、学習のすべてを「学習の記録・文集・新聞」に収斂していくことによって、学力の定着を図ろうとする実践営為である。

新著は、左のように六章（I〜VI）十節から構成されている。

I　1　主体的に取り組む書くことの指導の工夫
　　　——記録報告文指導の場合——
　2　書くことの指導の基礎に培う四学年の指導
　　　——先達　蘆田恵之助の「綴り方教室」に学んで——

六章・十節に分けられているが、本書の底を貫くものは、書くことによる「思考力」の育成と、思考力に伴う「表現力」の定着にある。

(2)　NIEの実践とその課題　以下　四項目

主体的に取り組ませるために―「教室」を「学習の場」とするために―上田正純さんは、まず、学習者の力を分析し、把握することに努められる（本書六～九ページ）。その実態に基き、より少し高いところをめざした目標を掲げ、実践が営まれていく。

上田さんの教育は、指導者みずからやってみせる・示範することを基本にしていられる。その進めかたは、①感想・考え・意見を育てて、書かせる。②その実態に即応して、指導者が書いて眼を拓かせる。③拓かれた眼を拠り所に、もう一度書かせる。➡そのプロセスにおいて、児童に書きかたを身につけさせ、深い視点をもって書くことができるようにしてしまわれる。［ＰＩＳＡ式といわなくとも、近未来の学力に対応している。］

その間、「語彙を身につけることは、心を拓くこと」との信念のもとに、たとえば、「春はあけぼの」の「あけぼの」を体験する修学旅行を計画していかれる（本書二五〇ページ）。その結果、学習者には、調べていくと次々に調べるべきことがでてくることが解る。その随所で自己評価力が身につくとともに、「発動的な学習の態度」が育ってくる。

上田正純さんの添えられる赤ペンは、文字の訂正・批評や「…して（書いて）ほしかった」で終わるのではなく、児童に『こう書けばよかった』と思わせるように書かれている。ために、二枚目・三枚目のはじめの二行まで書く学習者が何人もでてくる。残りのスペースは先生に書いて頂こうと願ってのことである。上田さんは、学習者の興味・関心の喚起に貪欲である。『やまなし』の「ラムネのびんの月光」への関心をたかめるために、特技を生かして夜の海に潜り、海中から見た「波でゆがむ緑色の月」について語りかける。児童の興味が、いや増すのは申すまでもない。
一面、みずから書いてみせ、経験して語ることを基本にしていられるので、児童にありがちな、『軽率でした。ごめんなさい。』とわびることでの妥協を許されない。クラスに「いじめ」が起こったとき、表現を通じて児童の心のありようを克服しようとされる。
「学級文集」で考えさせ、学級通信を通じて保護者への協力を得ていかれる。その表現者としての取り組み（本書八八ページ）には、妥協を許さない厳しさがある。

上田正純さんの実践は、単線型ではない。「学習指導要領」のねらいを生硬に移して、こと足れりですまされない。目標が一番重要（本書三五七ページ）であり、その目標を達成させるためには、これこれこういう要素的な力がいる、と備えるべき・つけるべき力が考えられ、配されている。いわば、台形のまわりを幾層にも要素的な力が取り巻く形として国語学力を捉え、常に重層的に授業が組織化されている。その理念は鳴門教育大学大学院における、三〇〇〇枚の修士論文、「小学校における書くことの学習指導の研究―蘆田恵之助の『綴り方教授』を中心に―」からきている。蘆田恵之助先生の実践研究を道標に、現代の学習者、一人ひとりに自己をみつめさせ、明晰に思考させ、自己を確立させる［即、個性を生かす］ため、教職にあるものが何をなすべきかを考え抜かれたところから生まれてきた。本書は、時代の要請に応えるために編まれた。これらの実践営為を支えている　数多くの実践や学校運営上の工夫を明らかにされるとともに、今後のご活躍をお祈りしたい。

二〇一二（平成二十四）年一月

元鳴門教育大学大学院教授
博士・教育学［広島大学］　橋本　暢夫

目次

小学校国語科授業の創造を求めて

I

主体的に取り組む書くことの指導の工夫

——記録報告文指導の場合——

1. 研究主題について

西尾実氏は記録報告の文章の重要性について「記録は同じ専門なり職業なりに従う人々の間の通じ合いであり、話し合いにおける討議に当たる書き物である。口でする討議の力を養うことが大事であると同じように記録を作る習慣を身につけていることは、今の時代に生きているわれわれにとって大事な資格の一つである。」と述べている。

大村はま氏は、「この記録・報告ということは、本当に自主的に生徒が自分からやろうという姿勢ができていなくては成功しにくい」と、学習者に必要感を持たせることが指導の成否を分けることを指摘している。

本実践では、学習者に実際に清掃工場を見学させ、見学の報告会を開かせることによって、学習者の「自分からやろうという姿勢」を作ろうと考えた。報告会はクラスの仲間に向けて開かれるが、町内（前任校・徳島県麻植郡　鴨島町　現吉野川市）の国語研究部会に所属する教師が集まる研究授業で発表会をすることにした。このことは、学習者の書く必然性（目標）を強める効果もあると考えた。学習者の「書きたい」という強い気持ちに答えるための書き方の指導としては、「手引き・教師作成の範文」を利用した。

この単元のためだけではなく、学習者一人一人の国語の能力を伸ばす指導を様々な場面で適切に行うために、昭和二十六年の学習指導要領改訂版小学校国語科編（試案）の「能力表」を参考に、「国語能力チェック表」【資料Ⅰ 1～4】を作成・活用し、国語能力の実態を把握することに努めた。一人一人の学習者に身につけさせたい国語の能力（児童の実態）をつかめば、生涯学習時代の自己学習力をつけるための学習活動を構想することができるし、常に個に応じた指導を展開することもできると考えているからである。

国語能力表　（　　　　）小学校　（　　）年度

	出席番号	1	2	3	4	5	6
	児童氏名 能力・継続学年 (○-○) **聞く　ことの能力**						
1年	仲間に入って聞くことができる 1−3						
	いたずらをしたり姿勢をくずしたりしないで聞くことができる　1−2						
	相手の顔を見ながら静かに聞く1−3						
	物語を読んでもらって聞く　1−2						
	返事が出来る 1−2						
	簡単な問いに答える 1−2						
	簡単な事を聞いて、動作が出来る 1-3						
	短い、簡単な話なら復唱できるように聞くことができる 1−2						
	簡単な話ならその内容が分かる 1−3						
	3千語から5千語のことばを理解することができる						
2年	話を楽しんで聞くことが出来る 1−3						
	放送を聞いて楽しむ　1−3						
	話のあらすじをつかむ 1−3						
	かわるがわる聞いたり話したりする事が出来る 1−3						
	話しぶりのよしあしが分かる 2−4						
3年	相手が話しやすいような態度で聞くことができる 2−4						
	進んで新しいことを知るために聞くことができる 3−5						
	簡単な作法を守って聞くことができる 2−4						
	自分の経験を思い出しながら聞くことが出来る 3−4						
	話の大切な点を忘れないように聞き取ることができる 3−4						
	感想や質問をもつように聞くことができる 3−5						
4年	映画を見て楽しむことができる3−6						
	相手の気持ちをのみ込んで聞くことができる 3−5						
	相手の意見を尊重して聞く事ができる 3−5						
	儀礼的でなく、知識を求めるために聞くことができる 3−5						
	話のよりどころを考えながら、聞くことができる 4−6						
	話の主題と内容を考え合わせながら聞くことが出来る 4−6						
	音のよくにた語を区別することができる 3−5						
	聞くことによって、語彙が豊富になる 3−5						
5年	相手の話を率直な態度で聞くことができる 4−6						
	あらかじめ準備して、聞くことができる 4−6						
	聞いたことをうのみにしないで、疑問の点は聞き返すことができる4−6						
	要点をまとめながら聞き、必要によってはメモを取りながら聞くことができる 5−6						
	聞きながら、自分の意見をまとめることができる 5−6						
	ことばづかいのよしあしを聞き分けることができる 4−6						
6年	どんな場合でも、注意深く聞くことができる 5−3						
	話の内容と相手の意図を正しく早くとらえることができる 5−						
	話の上手下手、話すことがらの適否を聞き分けることができる 5−6						
	話の内容を批判しながら聞くことができる 5−						
	聞いた話に関係のある資料を集めて、話を役立てることができる 6−						

資料Ⅰ−1　国語能力チェック表　聞くこと

	話すことの能力					
1年	相手を見ながら話すことができる 1−2					
	知らない人の前でも話すことができる 1−2					
	たやすく仲間に入って友好的な態度で話すことができる 1−3					
	絵について話すことができる 1−2					
	好奇心をもっていることや、知りたいと思っていることについて質問することができる 1−3					
	生年月日・住所・学校・学年・家族の職業などについて話すことができる 1−3					
	身近な生活経験を話すことができる 1−3					
	日常の簡単なあいさつができる1−3					
	簡単な伝言がいえる 1−3					
	簡単な指図をすることができる1−3					
	主述のはっきりした話し方ができる 1−3					
	幼児語を使わないで話すことができる 1−2					
	なまりのない発音で話すことができる 1−3					
	気持ちよく、調子のよい声で話すことができる 1−3					
2年	立ったり座ったりする動作や姿勢に気をつけて話すことができる 1−3					
	はっきりと、人に分かるように話すことができる 1−3					
	ゆっくりと落ち着いて注意深く話すことができる 2−4					
	適当な順序を立てて話すことができる 2−4					
	話題を選ぶことができる 2−4					
	家庭のことや社会の簡単な出来事について話すことができる 2−4					
	読んだり聞いたりしたことについて話すことができる 2−4					
	身振りを用いて見たり聞いたり読んだりしたことを劇化することができる 2−4					
3年	楽しんで話すことができる 1−4					
	あいそうよく、グループの話し合いに仲間入りする事が出来る 2−4					
	自然な態度で話す 3−5					
	筋の通った話ができる 3−5					
	観察したことや計画したことを順序だてて話すことができる3−5					
	話をとぎらさないように続けることができる 3−5					
	正しい言葉遣いで話すことができる 3−5					
	その場にあった語調で話すことができる 3−5					
	抑揚のある声で話すことができる 3−5					
	話し合いができる 3−6					
4年	読んだ本について、簡単な報告をすることができる 3−5					
	理由や根拠を上げて、自分の意見を述べることができる 4−6					
	要点をつかんで話す 4−6					
	電話をかけることができる 3−5					
	適当な速さで話すことができる4−5					
	方言を使わないで話す 4−6					
	適当な修飾語を用いて話す 4−6					
	自分の話法の誤りを認める 4−6					
	ある程度、話の切り出しや結びをじょうずにする 4−6					
5年	相手の気持ちを尊重して話す 4−6					
	礼儀正しく話す 4−6					
	話の内容にふさわしい身振りや表情が出来る 5−6					
	自分の考えをまとめ、内容を整えて話す 5−6					
	メモをもとにして話す 5−6					
	一つの話題を続けていくことができる 4−6					
	質問や報告、説明や発表がはっきりと要領よくできる 5−6					
	グループの話題・意見をまとめて発表する事ができる 5−6					
	その場にふさわしい話題を選ぶことができる 4−6					
	敬語を適当に使う 5−6					
	語や句をある程度選択して表現に富んだ話ができる 5−6					
	物語をおもしろく話す 4−6					
	劇の役割を上手に努める 4−6					
6年	正しい言葉の自覚にたって話す 6−					
	無駄のない力強い話ができる 6−					
	自分のことばに責任を持つ 6−					
	話題を上手に展開する 5−6					
	じゅうぶん自信をもっている事だけ話すことができる 5−6					
	会議やグループなどの司会が要領よくできる 5−6					
	時間を考えて、ほどよく話すことができる 5−6					
	改まった挨拶ができる 5−6					
	ことばを自然に使う 6−					

資料Ⅰ−2　国語能力チェック表　話すこと

7　主体的に取り組む書くことの指導の工夫

	読むことの能力					
1年	本や絵本を読みたがるようになる 1−2					
	本の持ち方やページの繰り方に慣れる1−2					
	文をどこから読み始めたらよいかがわかる 1					
	文のどの方向から読めばよいかがわかる 1					
	正しく行をたどって読むことができる 1					
	拾い読みでなく、文として読むことができる 1					
	声を出さないで、目で読むことができる 1−2					
	声を出して読むことができる 1−2					
	自分の名前が読める 1					
	自分の経験と文字を結びつけることができる 1−2					
	短い文章なら、そのだいたいの意味がわかる 1−2					
	簡単な入門準備書または、入門書的な読み物を娯楽のために読むことができる 1					
	初歩的な読み物を即座に読むことができる 1−2					
	ひらがなが読める 1					
	アラビア数字が読める 1					
	文字のほかの諸記号（てん・まる・かぎ）がわかる 1−3					
	漢字は、だいたい（　）字ぐらい読むことができる 1					
2年	読むことにだんだん慣れてくる1−3					
	考えながら読む態度が高まってくる 2−4					
	黙読するとき、くちびるを動かさないで読むことができる 1−3					
	大勢の前で上手に読むことができる 1−3					
	一年生の初歩的読本程度の読み物を即座に読む事ができる 1−2					
	二年生程度の読本を読んで理解し、練習してなめらかに読むことができる 2−3					
	長い文でも最後まで読み通すことができる 2−4					
	文のあらすじをとらえることができる 2−3					
	情報や．知識を得るために、本を読む度数がますます多くなる 2−4					
	読んだ本の内容を他人に伝えて喜ぶようになる 2−4					
	絵および文の前後の関係を手がかりにして、ことばを理解することができる 1−3					
	かたかなのだいたいが読める 2					
	文字のほかの諸記号がわかり、それに注意して読むことができる2−3					
	漢字はだいたい（　）字くらい読むことができる 2					
3年	長い文でも楽しんで読む 2−4					
	ひとりで本を読む習慣ができる1−3					
	音読より速く黙読することができる 2−4					
	いろいろな目的のため本を読む能力と意欲がだんだん増してくる3−4					
	自分の興味を持っていることについて、読み物を選択する 3−5					
	内容の要点を上手に読みとる事ができる 3−4					
	文の好きなところや、おもしろいところを抜き出すことができる 2−4					
	文の常体と敬体との区別がわかる 3−5					
	手引きや注釈などを利用して読むことができる 3−4					
	目次を利用して読む 3−4					
	他人を楽しませるためになめらかに、わかりやすく音読する 2−4					
	カタカナが読める 3					
	漢字はだいたい（　）字ぐらい読むことができる 3					
4年	物語・実話・寓話・時事などの種々の読み物に対する興味がだんだん増してくる 4−6					
	文の組立がわかる 3−5					
	文の段落がわかり、その要点がつかめる 3−5					
	問題を解決するために読むことができる 4−6					
	読書によって得た知識や思想をまとめることができる 4−6					
	前後の意味から、わからない言葉の意味をとらえることができる4−6					
	一つの言葉の色々な意味について、考えることができる 4−6					
	言葉の構造とか意味について、一段と強い興味ができてくる 3−6					
	よい詩を読んで楽しむことができる 3−6					
	児童のための新聞や雑誌を楽しんで読むことができる 4					
	漢字はだいたい（　）字くらい読むことができる 3−6					
	（ローマ字文が読める）3−6					
5年	良書に対する興味が増してくる4−6					
	文意を読みとることができる 3−5					
	長文でも、その要点を書き抜きしながら、読むことができる 5−6					
	文の内容や表現について、子どもらしい批評ができる 5−6					
	読む速度がだんだん増してくる 4−5					
	物語などを脚色して、演出することができる 4−6					
	参考書や地図・図面などを利用して調べることができる 4−6					
	辞書のひきかたがわかる4−6					
	辞書をひいて、新出語の読みや意味をとらえることができる 5−6					
	漢字はだいたい（　）字くらいを読むことができる 5					
6年	よい文学に対して興味が増してくる 6−					
	多種多様な文に興味を持つようになる5−6					
	本を選択して読むことができる 5−					
	序文を読んで、本を選択することができる 5−					
	文意を確かに早くとらえることが出来る 5−6					
	文の組立を確かに早くとらえることができる 5−6					
	叙述の正しさを調べることができる 5−					
	案内や注意書きなどを利用して読むことができる 5−					
	読む速度がいよいよ速くなる5−6					
	感想や批評をまとめながら読むことができる 5−					
	参考資料・目次・索引などを利用して読む能力が増してくる5−					
	新聞・雑誌などを読む能力が増してくる 5−					
	娯楽のためや知識を得るために、黙読する能力が増してくる 5−6					
	他人を楽しませたり、情報を伝えたりするために、明確な発音でなめらかに音読する能力が増してくる5−6					
	漢字はだいたい当用漢字別表を中心とした（　）字程度の文字が読める 6					
	（ローマ字の続け字を読む）					

資料Ｉ－3　国語能力チェック表　読むこと

年	書くことの能力
1年	文字で書くことに興味がわいている 1−2
	簡単な口頭作文ができる 1−2
	自分で書いた絵に簡単な説明を付けることができる 1−2
	家庭への伝言など、簡単なメモを書くことができる 1−2
	自分の行動や身辺のできごとなどについて、簡単な文を書くことができる 1−2
2年	生活を主とした絵日記を書くことができる 1−3
	簡単な絵話を書くことができる 1−
	感情のこもった短い文を書くことができる 1−
	身近な生活の報告や記録を主とした簡単な文を書く 2−3
	親しい友達や先生などに簡単な手紙を書くことができる 2−3
	簡単な礼状や招待状を書く 2−3
	順序正しい筋の通った文を書くことができる 1−3
	お互いの作文を読みあって楽しむことができる 2−4
	文の時の使い分けができる 1−3
	点や、まるをうつことができる 1−4
3年	飼育・栽培などの長期にわたる記録が書ける 2−4
	簡単な紙芝居の台本が書ける2−3
	日記・手紙・報告などを書くために、その素材をまとめることができる 2−4
	児童会やクラブ活動に必要な情報を短い文にまとめることができる 3−4
	文を詳しくするために、必要な言葉を書き加えることができる 3−4
	文の筋をはっきりさせるために、不必要な言葉を削ることができる3−4
	自分の作品を整理したり、文集を作ったりすることができる 2−5
	新しいことばを使用する興味が出てくる 3−5
	ことばの正しい使い方の基礎ができる 3−5
	よく推敲することができる 3−6
	自分の作文や人の作文について、評価を始める 2−3
	文字のほかの諸記号の使い方がわかる 2−3
4年	読んだ本について、そのあらすじや感想が書ける 3−5
	色々な行事についての標語や宣伝・広告の文が書ける 3−5
	見学、調査などの簡単な報告の文が書ける 3−4
	ゲームの解説や作業計画などについて、説明の文を書くことができる 3−5
	児童詩をつくることができる 3−6
	物語や脚本を書くことができる3−6
	多角的に取材してまとまりのある生活日記を書くことができる 3−6
	文の組立を考えて、段落のはっきりした文を書くことができる 3−5
	敬体・常体との使い分けをすることができる 4−5
5年	調査や研究をまとめて、記録や報告の文が書ける 4−6
	児童会やクラブ活動などの色々な会の簡単な議事録を作ることができる 4−6
	注文・依頼・お礼など、いろいろな要件に応じた手紙が書ける4−6
	電文が書ける 5−6
	書いたり話したりするために、素材を整えて簡単な筋書きをすることができる 5−6
	一つの文を補記したり、省略したりして、主題のいっそうはっきりした文にすることができる 4−6
	小見出しを付けて、文を書くことができる 4−6
	方言を区別して書くことができる 5−6
	敬語を適切に使って文を書くことができる 5−6
	適切な語を選ぶ能力が高まってくる 5−6
	語彙が増大してくる 5−6
	表現が創造的になってくる 5−6
	多くの作品を読んで、書く能力を高めることができる 4−6
6年	映画・演劇・放送などについて、感想や意見を書くことができる 5−
	自分の意見を効果的に発言するために原稿を書くことができる5−
	自分の生活を反省し、文を書くことによって思索することができる 5−6
	読んだ本について紹介・鑑賞・批評の文を書くことができる 5−
	学校の内外の諸活動に必要なきまりを書くことができる 5−6
	学校新聞を編集する事ができる6−

資料Ⅰ−4　国語能力チェック表　書くこと

9　主体的に取り組む書くことの指導の工夫

2. 指導の計画

(1) 単元名

せいそう工場見学の報告会を開こう（麻植郡（現吉野川市）鴨島町　牛島小学校　四年）

(2) 単元設定の理由

五月の中旬にバス遠足がある。四年生は社会科で四月から五月にかけて「ごみのゆくえ」を学習しているので、恒例行事となっている春の遠足では、行程に清掃工場の見学を入れている。遠足の後に「バス遠足」の作文を課すのは毎年のことである。

これまでの四年生の実践は、社会科の教科書に載っている清掃工場・ごみ焼却場を訪れ、大がかりな機械を実際に自分の目で見て学習の効果を高めること、すなわち、「実物に接する感動」によって、教科書での学習内容の定着が促進されることを期待したものであったが、遠足後に書かせる作文はいわゆる行事作文であった。

これを、実際に清掃工場を見学し、自分たちの出すごみをどう処理するのかを確かめ、報告する単元に変えることで、学習者に必要感を持たせ、報告文を書く活動に主体的に取り組ませることができると考えた。

ゴミ問題は大きな社会問題である。（研究授業の場ということで）外部からの参観者もあるという状況も考えあわせると、保護者の方がどんなことを知りたいかを聞く家庭内での対話が持たれることも期待できる。

これらの学習活動への主体的な取り組みは、ゴミ問題をとおして社会的立場としての自己を見つめたり、考えたりする契機にもなると考えて、本単元を設定した。

（3）単元計画

①単元の指導目標

○清掃工場の見学をもとにして、クラスの仲間に、報告会を開くために記録・報告文を書く。
○メモ（記録）をもとに書かれた記録・報告の文に接する。
○実際に清掃工場の見学をする学習活動を、社会的存在としての自己を見つめさせる契機とする。

②指導事項

ア　用意された手引きをもとにして、要点をまとめながら聞き、必要によってはメモをとりながら聞く力を養う。
イ　報告文の書き方を学ぶ。
ウ　文の組立を考えて、段落のはっきりした文章を書く。
エ　報告文を報告会用のパンフレットに再構成する力を養う。
オ　原稿を書いて話すことができる。
カ　家の人との対話の場を持つ。
キ　聞くことをとおして感想や質問を持つ。

③指導計画　（全一二時間）

事　前

授業研究会において見学の報告会をすることを話し、参加者がどのような事を知りたいだろうかと投げかけた。児童一人一人に、家の人に「せいそう工場の見学をするならどんなことを聞いてきてほしい」か尋ねてメモしてくる作業をさせる。

第一次　清掃工場の見学ではどのような事を見聞きしてきたらよいかをつかませるため、家の人から聞いてきた質問項目を発表しあい、板書して種類分けをする。（第一時）※整理した内容で手引き【資料Ⅱ】を作成

第二次　三社の教科書から（児童が書いたことになっている）報告文をそれぞれ一編ずつと、指導者が作文した報告文一編（あわせて四編）を用意し、読みくらべて、よい報告文と悪い報告文はどこが違うか考える。

・よい報告文はわかりやすい。正確な知識の記述があることを知る。（第二時）

・よい報告文の構成を明らかにする。（第三時）

段落ごとにその柱（トピックセンテンス）を明らかにし、柱をわかりやすく説明するために、どのような取材メモを作ればよいか考える。

第三次　清掃工場見学時にどのようなことを見聞きするかを明確にする。

・前時に明らかにした文章の構成と、各自が家で聞いてきた質問をまとめた手引きをもとに、それぞれの班で見学時に何を見聞きするかまとめ、「ごみクレーン」「中央制御室」など対象・場所を、班員一人一人が分担する。（第四時）

・実際に質問し、答えをメモする練習をする。質問は児童が分担するが、メモはクラス児童全員がとる。指導者が清掃工場の職員の役をする。（第五時）

第四次　清掃工場の見学〈バス遠足〉（第六時）※手引きとして作成したメモ用紙【資料Ⅲ】を使用

第五次　見学メモをもとに報告文を書く。

・よい報告文の構成を参考にしながら、自分たちの見学の報告文がどのような構成になるかを全員で考える。

（第七時）

・全員で考えた構成と、見学メモをもとに指導者が書いた報告文（手引き・範文）【資料Ⅳ】を参考にして報告文を書く。（第八時・第九時）

第六次　報告会（発表会）

・報告文をもとに、班員がそれぞれの分担箇所の（絵入り）パンフレットを作成する。（第一〇時）

・班で発表の準備と練習をする。（レジメ作成、ＡＶ機器の操作等）（第一一時）

・発表会〈校内・町内国語部員参観／授業研究会〉（第一二時）

3．指導の実際

⑴　家族で質問を考える

見学したことをもとに報告文を書く学習では、まず、知りたいこと・調べたいこと・「疑問」を明確にしなくてはならない。「この疑問を解くために見学する」というはっきりとした目的意識を持たなければ、必要感を持った真剣な見学とはならず、ただ楽しく参加するだけの中味の乏しい見学になってしまう。

疑問が明確になったら、その疑問を解くためには、どんなところに注意して見学し、どんな質問をすればよいかを考える話し合いに意欲的に参加するだろう。そのうえで実際に見学（質問）して「正確な情報」を得、その情報を相手に「わかりやすく伝える」ためには、どんな報告文を書けばよいかを知って、報告文を書く、そんな学習（指導）でなくてはならない。

単元の導入で、「清掃工場の見学報告会は校内の先生（全員）、町内の国語の先生二〇人程度、大学の先生（一人）が集まる授業研究会の場でもある」と話した。児童は（予想通り）強いプレッシャーをうけたようで、緊張感が高まるのを感じた。それは、見学報告にむけた学習を、「いつもより一生懸命にやらなければ……」という決意、学習に向かう意欲の高まりと受け止めた。日頃の児童や保護者の様子から、「今度せいそう工場の見学に行くんだ。帰ってから、見学の報告会をすることになった。先生方もたくさん見に来てくれるんだよ。『お母さん・お父さんは、清掃工場を見学するわたしたちにどんなところを見て、どんな話を聞いて来てきてほしい？』」と、家族に話し、「それは大変でえ。あなた大丈夫？」と、大勢の先生方が参観する授業で立派に発表させたい、そのためには……と心配する家族との間に「清掃工場に行ってどんなことを調べればいいんだろう？」「お父さんやお母さんが清掃工場について知りたいことは……」と、日常の生活的な対話ではない社会的な問題に関する真剣な対話がなされることが期待できる。そこで、家族との対話を学習活動の導入（見学で何を見聞きしてくればよいかという「見学の目的」を明らかにするための活動）に位置づけた。家族との話し合いで考えた質問事項（資料Ⅱ）は予想以上にたくさん集まった。家庭での真剣な話し合いの様子がうかがえる。知りたいこと・調べたいこと「疑問」を明確にすることは必要感を持ってなされたと考えている。

(2) 見学に備えて（要点をまとめながら聞く、必要があればメモを取りながら聞く）

（a）何を見、何を質問するか、（b）相手の答えを聞きながら要点をメモできるか、という二つのことが見学の成否を決めると考えた。

（a）については、家の人に「せいそう工場の見学にいくのだけれど、何を見たり聞いたりしてきてほしいの」と聞いてくることにした。家庭での親子の対話を通して多くの質問を得た。発表会の参観者が大人（教師）であることから、児童には親と話し合うことに必然性を見いだしていたと思われる。同時に親子が共通の社会的問題について話し合う場になっていると考えた。集まった質問事項は、授業で発表しあい、板書して分類し、質問の手引き【資料Ⅱ】を作成した。

（b）について、「清掃工場の見学」の単元に入る前に「メモをとりながら聞きましょう」という単元があり、児童は、「メモを活用した伝言ゲーム」を三度やっている。〔児童は、話したことをそのまま文の形で書こうとし、箇条書きや記号を使って要領よくメモをとることができないという実態であった。〕また、この単元のあと一年間、毎週月曜日の朝会での校長先生の話を担任が用意した用紙にメモすることを課し始めた。さらに、せいそう工場の見学に備えては、班で一度、学級全体で一度、実際に見学する場面を想定した予行を実施、工場の吏員役の担任に質問し、答えをメモする練習をした。

資料Ⅱ（家の人から聞いてきた質問）

「せいそう工場の見学」質問すること・調べること　　牛島小4年（　　）

1 工場のある場所
- 学校からどうやって、どのくらいの時間をかけて行ったか。
- 地図に印をつける。道順がわかるように道路に色をつける。
- 山の中
- ひろいひろいたんぼの真ん中　※近くに人家がない。

2 外から見た様子

・工場のたてものの形、色、大きさ
・えんとつの様子　高さ、太さ、えんとつの形、けむりの色と量

3　ごみを出すきまり

A　ごみを出す人は「ごみを出す時のきまり」を守ってくれていますか。
◇燃えるごみの中にびんが入っていたらどうするのですか。
・袋を持ち帰らないでそのままおいておく
・工場でより分けて燃やす
・そのまま一緒に燃やす

B　ごみを出す人たち（私たち）に気をつけてほしいこと
・私たちにできることはどんなことですか?
・ごみを集めている人に聞きたい。「きらいなごみがありますか」
・ごみあつめでこまることは何ですか。

4　ゴミ処理のしかた（せいそう工場の見学）燃やせるごみ

A　焼却炉と中央制御室
燃やすときの温度は（　　　〜　　　）度
（焼却炉の）温度などを制御するのはどこか
（中央制御室）どんな機械があって、どんな操作をするのか?
・温度が高くなりすぎたら、炉が壊れるのでは?
・火が消えたら、

・どんなトラブルが考えられますか／故障・事故
・ごみを燃やすのに重油を使っていますか？
一日に（　　）リットル
・一日に処理するごみの量は（　　）トン　ゴミ袋で（　　）個
・一日のゴミ処理にかかる費用は（　　）円
一年間に（　　）円
一ヶ月に（　　）円

B　ごみをためておく場所　の名前（　　　）
・どのくらいの量のごみをおいておけるのか
・集めたごみはすぐに燃やすのか
・燃やすまでに紙と生ゴミや空気をまぜたり、
・生ゴミの水をきったりしないのか
（家庭から出すごみを一週間調べた。生ゴミが一番で二番が紙だった。家庭から集めたごみのほとんどは生ゴミだと思う。だとしたら、しばらくおいておいて、よく水切りをしてから燃やした方がよく燃えるだろうし、紙とまぜたら燃えやすいと思う。）

C　ごみをつかんで炉にうつすクレーンの名前「　　」
・一つかみでどのくらいの重さのごみをつかめるのか（　　）トン

5
燃えないごみ・燃やせないごみ
◇燃やせないごみ

・プラスチックはどう処理するのですか……燃やせないごみ
・発泡スチロールはどう処理していますか……
・よく燃えるのにどうして燃やさないのか
・ほかにも燃えるけれど燃やさないごみがありますか？

◇燃えないごみ
　大型ごみ……どうやって処理しているのか
・集めたらどこに持って行くのか（焼却工場？）
・びんやかんは一回にどのくらい集まりますか。（　　　）トン

6

埋め立て処分地のこと

・燃やしたごみ（灰）はどうしていますか。
・大型ごみと一緒に埋め立て処分地に埋める。
・埋め立て処分地はどこにあるのですか。
・せいそう工場から（　　）km離れた山の中、
　地名「　　　」
　↓地図で確かめる。印を入れる。
・海岸の埋め立て。（お金を払って捨てさせてもらう）
・今使っている埋め立て処分地はどのくらいでいっぱいになるのですか？
　（　　）年、（　　）か月

・いっぱいになったらどうするのですか。
・新しく埋め立て処分地を作るのにどのくらいの費用がかかりますか。
・埋め立て処分地を造るのにどんな苦労がありますか。

7　リサイクルはどうしていますか？

紙
びん
スチール缶
アルミ缶

8　工場で働いている人

・ごみを集める人以外にどんな仕事の人がいますか。
（ごみを燃やす仕事をする）人……………………（　　）人
（焼却炉の監視／中央制御室で働く）人…………（　　）人
（ごみ収集車の運転をする）人……………………（　　）人
（　　　　　　　　　　）人……………………（　　）人

・ごみ収集車
一週間に何回ごみ集めに出るのか？
収集車の台数
一日に動いている収集車は何台

一台の収集車は何カ所のごみ集めをするのですか。
一週間に何回ごみ集めをするのか？
ごみ集めの日を増やせないのか（週2回→週4回）
※増やす予定はないか？

※　24時間、一年中焼却炉の火は消えないと社会科で習ったのですが、ここの焼却炉も同じですか
働いている人は、何時から何時まで働くのですか。
①（朝）8時から5時　②次の日（夜）12時から8時　③次の日休み
④次の日（夕方）5時から12時　⑤次の日（朝）8時から5時
⑥次の日（夜）12時から8時　⑦次の日休み
一週間の勤務の様子を例にあげて教えてください。

9　工場の周りに住んでいる人のことを考えて
・けむり・ガス・におい・見てきたない感じ（ごみの山が見える）
・ダイオキシンの対策は
この工場から出るダイオキシンの量はどのくらいですか？
減らすくふうはしていますか？

この一覧から、それぞれの班で、当日どのような質問をするかを決め、質問者を分担した。清掃工場の職員の答えは、大事なことをメモするが、答えをそのまま全部書くのでなく、数字や正式名称だけを記入できるように工夫して次のようなメモ用紙を作成した。

資料Ⅲ（見学メモ用紙①～⑩）

せいそう工場の見学　メモ用紙①　　4年・氏名（　　　　）

工　場（外から）

①工場まで、バスでどのくらいかかったか。どんなところを通ったか。バスの中でメモをする。

②工場のある場所は何という町か（地名）

③工場のある場所を見て書く。まわりに何があるか。

④工場の建物・色と形

⑤えんとつを見て書く。えんとつの色（　　）色　えんとつの形（　　）

けむりの色（　　）色　けむりの量（　　）

質　問

・えんとつの高さ（　　）メートル　・えんとつの太さ（　　）メートル

⑥その他

せいそう工場の見学　メモ用紙②　　4年・氏名（　　　　）

ごみをだすきまり

質　問

①燃えるごみのふくろの中にびんやカンが入っていたらどうするのですか？

②ごみを出すひと（私たち・おうちのひと）に気をつけてほしいことはどんなことですか?。
③きらいなごみはありますか?
④ごみあつめをしていてこまることはどんなことですか。
⑥その他

せいそう工場の見学　メモ用紙③

4年・氏名（　　　）

ごみクレーン

（ゴミクレーンを何とよんでいるか・名前（　　　）

○ごみクレーンを見て様子を書く。

質　問

①一回にどのくらいの重さのごみをつかむのですか。
②一日に何回くらい動きますか
③集めたごみはすぐにもやすのですか?
④その他

せいそう工場の見学　メモ用紙④

4年・氏名（　　　）

しょうきゃくろ・中央制御室

○しょうきゃくろや中央制御室を見て様子を書く。

質　問

①ごみを燃やすときの温度は何度ですか?

②しょうきゃくろの温度を制御するのはどこですか?

③ごみを燃やすのに重油をつかいますか?　・使う　一日（　　）リットル　・使わない

せいそう工場の見学　メモ用紙⑤　　4年・氏名（　　）

工場で働いている人

質　問

せいそう工場ではどんな仕事をしている人がいますか?仕事の種類と人数を教えて下さい?

①ごみを燃やす仕事（　　）人

②中央制御室で働く人（　　）人

③ごみ収集車の運転をする人（　　）人

④その他（どんな仕事をする人が何人いるか聞いて書く）

せいそう工場の見学　メモ用紙⑥　　4年・氏名（　　）

リサイクル（ごみを燃やしたときに出る熱の利用）

質問

①紙

②びん

③かん

④ごみを燃やしたときに出る熱はどのように利用していますか?

⑤その他

せいそう工場の見学　メモ用紙⑦

4年・氏名（　　　　　）

うめたてしょぶん地

質問

①うめたてしょぶん地はどこにあるのですか?

②今使っているうめ立てしょぶん地はあと何年くらいでいっぱいになるのですか?

③新しくうめたてしょぶん地をつくるのにどのくらいの費用がかかりますか?

④その他

せいそう工場の見学　メモ用紙⑧

4年・氏名（　　　　　）

燃えないごみ・もやせないごみ

質　問

①プラスチックは、どうしょりしていますか？
②はっぽうスチロールはどうしょりしていますか？
③大型ゴミはどうしょりしていますか？
④びんやカンはどうしょりしていますか？
⑤その他

せいそう工場の見学　メモ用紙⑨

4年・氏名（　　　　　　）

工場のまわりに住んでいる人のことを考えて工場でしていること

質　問

①工場のまわりに住んでいる人のことを考えて工場でしていることにどんなことがありますか？
・におい
・けむり
・はい
②ダイオキシンの対策について教えて下さい。

せいそう工場の見学　メモ用紙⑩

4年・氏名（　　　　　　）

その他
（用意していた質問以外に工場の人がはなしてくれたこと、見て印象にのこったことを自由に書きましょう。）

メモ用紙①から⑩は、「A4袋とじ」の用紙に印刷し（合計一〇頁）表紙をつけて、「見学メモ」として児童全員に持たせた。各班で①から⑨までの分担を決め、「自分の分担は責任を持って質問し、確実にメモをするように」と話した。児童は、要領よくメモすることができない。そこで、メモが遅れたときには「すみません、書くのが遅くてメモができなかったので、もう一度いっていただけませんか。」と、謝ってお願いすればもう一度話してもらえると話した。

（3）書けるようにして（報告文を）書かせる

①　報告文の備えるべき特質に気づかせる

見学したメモをもとに報告文を書くためには、「報告文とはどんなものか」を知る必要がある。児童はいわゆる生活文を書く経験は多く、ある程度書き慣れているが、報告文を書いた経験はほとんどない。報告文とはどんなものかということを知らせる必要がある。「これが報告文だ。こんなふうに書けばいいんだ。」と教科書にある報告文を示し、文の構成を知らせる指導は、こんなことをこんな順番に並べて、こんなふうに書けばよいと具体的に例を示す活動である。だが、それで報告文が書ける児童は多くない。何をどんな順番にと分かってもそれを文にするのは難しい。報告文が報告文の役目を果たすために必要なことは何か、報告文が備えるべき要素、特徴を知ることは、その難しさを少し緩和すると考えた。一つの報告文を細かく分析して、論理的に説明することにも効果はあるだろうけれど、比較して違いを見つけることで、報告文を書くときに大切なこと、報告文が備えるべき要素に気づかせるという方法を取った。三社の教科書に例として載っている報告文を集め、それに指導者が書いた報告文を加えた計四編の報告文をプリントして配布し、この中から「一番いい報告文」と「一番よくない報告文」を選びなさいと指示した。三社の教科書に載っている例文はいずれも報告文の特質を踏まえて書かれたものである。指導者は報告文の備えるべき要素を省いた文を書いた。二つを比べさせるのが最も効率的であろうけれど、二つから一つを選ぶ活動は、正解か不正解かの二つに一つであり、間違えたらどうしようという不安が生じる。だいいち、あれこれ迷うという選ぶことの楽しさがなくなる。あえて四編にしたのは、比べる活動が豊かになると考えたからである。指導者が作成した報告文は次のようである。

清掃（せいそう）工場の見学（けんがく）

下川　よしのぶ

ぼくは、バスにのってせいそう工場の見学に行きました。バスの中では、となりのせきの中山くんと話をしたり、みんなが出すクイズの答えを相談（そうだん）したり、マイクを使って歌を歌ったりしました。

せいそう工場につくと、おじさんに話を聞きました。いろいろなはなしがあって、とてもよくわかりました。よその小学校の子もきていていっしょに聞きました。

話が終わるとみんなでならんで工場の中を見学しました。

最初に、ごみをもやしているところを見ました。

次に、いっぱい機械のある部屋にいきました。おじさんが二人いてなにか仕事をしていました。へやにはテレビがあって、ゴミがもえているところがうつっていました。ゴミを運ぶクレーンもうつっていました。ゴミを集めてくる車が、ゴミを落としているところもうつっていました。

最後に、ゴミをためているところから、大きなクレーンでつり上げてもやすところへおとす仕事をしているおじさんの所へ行きました。

見学が終わって、みんなでおじさんにいろいろ質問をしました。いろいろなことがとてもよくわかりました。すごく楽しい見学でした。


児童が選んだ「一番いい報告文」は、一つに集中しなかったが、全て教科書の文であった。「一番良くない」報告文は全員一致で指導者が書いた文になった。そのあと、そう思う理由を考えさせ、発表しあい、話し合った。その活動をとおして、報告文を書くときにはどのような点に注意したらよいかをまとめた。話し合いの結果、「わかりやすい」・「大事な事柄については正確な数を書いたり、きちんとした正式名称で書いている」に気づかせた。また、児童が選んだ「よい報告文」について、指導者が構成（段落の要点・段落相互の関係）を示した。

②　範文をまねて報告文を書く

説明的文章（報告文も含む）を書くということは小学校の児童には（私たちが考えているより遥かに）難しいの

だと印象づけられた経験として次の文がある。

○時計　　尋六

時計には柱時計と懐中時計とがある。柱時計には八角・ぼんぼんなどあり、懐中時計には金・銀ニッケル・鉄がある。この他目ざまし時計・置時計・かんばん時計などがある。

このいろいろの時計で、どうして時をはかるかというに、時計の針にセコンド・長けん・短けんの三つがあって、セコンドが秒をさし、長けんが分をさし、短けんが時をさすから、今は何時・何分・何秒と計ることが出来る。

僕は時計ぐらいよく働くものはないと思う。なぜといえば、一昼夜に一度もまけば、年中一秒もやすまず、三つの針がかちんかちんかちんとまわって、時・分・秒を明らかに知らすからである。

自ら調査して記述したる文、稚気ある中に一糸乱れざるところ、吾人の真似難い説明文である。誰が説明文に人格があらわれずという。余はこの文の程度を小学校における説明文の到達点にしたいとおもう。

（「綴り方教授」『芦田恵之助国語教育全集第二巻』明治図書、三〇三頁）

同書にあるいわゆる生活文は、一読してそのレベルの高さに驚いた。だから、先の説明文を読んだとき、「生活分とはそうとうにレベルの差がある」と感じた。そして、「六年生の説明文の到達点がこれなら、小学生の説明文は（私を含めた）大人から見るとひどくレベルが低いのだ」とショックを受け、小学校段階の児童に高いレベルの説明文を要求する事は作文を嫌いにすることになると考えた。

すべての児童に「書けるようにしてから書かせる」指導を展開しなければならないと考えている私は、（作文指導ではいつでも）一人でも鉛筆を動かしていない児童がいるときには、その場で範文を板書して「これをこのまま書き写してもいいですよ。もちろんところどころ自分にあうように書き直しながら写すとなおいい。」と話している。作文を課せられた教室で、授業の終わりに作品を提出できないというつらい目を味わう児童を一人も作ってはいけないと考えている。範文を板書し、書けない児童に視写をすすめるときには、「だれでも書けないことはあります。それはその人が作文が下手なのではないし、ましてや一生懸命にやっていないのでもないのです。そんなことはだれにだってあるのです。そんなときには、誰かの作文を書き写すのがいいでしょう。書き写すのはとてもいい作文の勉強なのです」と話して、教師の範文を写して（一部分を書き直して）自分の作文として提出することが恥ずかしいことではない、してもいいと話してきている。

児童が報告文を書く活動では、予想通り筆の動きが鈍かった。見学で得たメモをそのまま書き写しても報告文にはならない。見学メモから報告文を書く要領を丸ごと示すために指導者は次の範文（手引き）を作成して児童に配布した。

資料Ⅳ（手引き・範文）

美馬クリーンセンターの見学　　上田　正純

〈見学に行ったわけ〉

五月十九日、わたしたちの家から出たごみがどうなっているかを調べるために、せいそう工場の見学に行きました。

〈せいそう工場を外から見た様子〉

せいそう工場には高さ五十九メートルのえんとつがありとても目だっていました。えんとつから少しもけむりが出ていないのを不思議に思いながら中に入りました。

〈最初、ビデオを見て説明を聞く〉

まず三階の大会議室で工場の紹介のビデオを見て、説明を聞きました。

〈次の九つの中から二つか、三つを選びましょう〉

①この工場は、美馬、脇町、穴吹、貞光、半田の五つの町が協力して、六十八億円の費用を投じて、平成9年（今年）4月にできたばかりだそうです。

②工場で働いている人はぜんぶで六十五人、働く時間は朝八時半から夕方五時までだそうです。炉も一日八時間しか使わないと言っていました。

③ごみは一日に最大七十二トン処理できるけど、今は約三十トンしか処理していないことが分かりました。

④ごみを焼くのに、重油を一日に七百リットル使い、炉の温度は八百から九百度になるそうです。

⑤このセンターでは、ごみを燃やしてできる灰を高温プラズマで溶融スラグという無害な物質に変えているので、ダイオキシンが出ないと話してくれました。

⑥ごみを燃やしたときに出るけむりやちりを集める装置もそなえていると聞いて、えんとつからけむりが出ていなかったわけが分かりました。

⑦排水は一滴も外部に出さず、センター内で再利用しているそうです。

⑧ごみを燃やしたときに出る熱は、施設の暖房と、職員の風呂のお湯をわかすのに利用しているそうです。
⑨プラスチックは来年から、発泡スチロールもやがて再利用する予定だと話してくれました。

〈中央制御室の見学〉

大会議室を出て、中央制御室を見学しました。ガラス越しにコンピュータを操作しているおじさんが見えました。八台あるテレビの画面には、ごみピットや、焼却炉の中でごみが燃えているところ、えんとつなどが映っていました。ここで、工場の中の様子がすべてわかるようです。

〈ごみクレーンの見学〉

次にごみクレーンを見学しました。ごみクレーンは黄色の大きなユーフォーキャッチャーのような機械で、深さ二十メートルのごみピットからごみをつかみあげては落として、混ぜていました。一回に一トンのごみをつかむことができるそうです。混ぜたごみはとなりの焼却炉に運ばれていました。

〈燃やせないごみの処理の見学〉

最後にセンターの外に出て、燃やせないごみや粗大ごみを処理しているところを見学しました。たくさんのあきかんがありました。

〈ストックヤードの見学、あきかんや紙のリサイクル〉

雑誌や段ボール、びんを積んであるストックヤードも見ました。あきかんをおしつぶしてつくった四角いアルミや鉄のブロックにさわることもできました。リサイクルに力を入れているのだなあと思いました。

〈感想〉

ごみを燃やした後にできる溶融スラグなどを捨てる五つのうめたてしょぶん地のうち脇町のものは、すでにいっぱいで、次の処分地をどこにするかはまだ決まっていないと聞いて驚きました。ごみを分けて出して、リサイクルに協力したり、ごみを減らす努力をしたりすることが大切だと考えました。

教師の示した範文を写すことで、作文の時間に、書こうという気持ちは強いのに書けないで終わる児童がいなくなっている。授業の終わりには、たとえ完成していない書きかけの作文であっても、全員が、自らの作品を提出している。

「指導者が書いた範文を写して児童に力が付くだろうか」「指導者の範文は児童の視写学習に耐えるほどの作品なのだろうか」と、不安がないわけではない。そんなとき、蘆田氏の次の文が勇気づけてくれる。

「随時、随所にもっとも適当なる材料の得られるのは、教師の作である。児童の発達程度を明らかにし、趣味の赴くところをさとり、当日教授の要求する点を知悉しておるのは、教師よりほかにはない。その教師がこの児のためにという暖かい手に綴り出した範文は他の何物も到底及ぶところではない。（中略）世には「余は文に拙なり。尋五以上の範文は書くに苦しむ。」という者がある。常識で判断してこれがもっともだと思われようか。文がつたないとて筆をとらぬのは、ついにとる機会をなからしめるのである。範文の秀逸なる物が、教師の作以外にあると考えるのは全く誤解である。」

（「綴り方教授」『芦田恵之助国語教育全集第二巻』明治図書、四一二頁）

（４）報告会

見学メモをもとに、範文を参考にして（クラス全員で実際の見学の時間の順に構成を考えた）報告文を書かせた。児童の書いた報告文は繰り返し読んだ範文に引っ張られた（範文の模倣になっている）作品も多かったが、報告文を書くことに慣れていないという児童の実態を考え、よしとした。さらに報告文をもとに発表用のパンフレット作り（発表原稿にもなる）を課した。この作業は、要約力の要素である「再構成する力」をつける学習と位置づけている。

報告には、ことばだけでなく、視覚に訴える手段を併用したほうが効果がある。それを分からせることを意図して、六つある班のうち三つの班に、ＯＨＰ、ビューパ（簡易実物投影機）、ビデオをそれぞれ使用させた。残りの三つの班は絵入りのパンフレットを作成させた。前日、それぞれの班に別の部屋を与えて練習させた。練習段階で他の班の発表を見ていたのでは、本番の発表に新鮮味がなくなり、他の班の発表を真剣に聞かなくなると考えたからである。

４．成果と課題

○成　果

１　必要感を持って見学し報告文を書いたために、いわゆる行事作文にはならなかった。

２　クラスの児童全員が報告文を書き上げた。範文の影響を強くうけた児童もいたが、原稿用紙に多くの文字を書くことを「めんどうくさい」と、いやがる児童はいなかった。報告会を開くということがいかに「書く必要感」を高めていたかがうかがえる。

3　また、何を知るために見学するかという「知りたいこと」を明らかにし、質問してメモを取る練習を繰りかえすなど周到に準備して見学に臨んだので、要点をメモすることができた。「メモが間に合わなかったときには謝ってお願いすればよい」という指導をし、リハーサル（指導者が職員役をして、実際に質問し、メモする）には、メモが間に合わないときには謝って、もう一度言ってもらえるようにお願いする練習も含めていたこともあって、ほどよい緊張感の中、落ち着いて、それぞれが自分の分担したページに確実にメモをすることができた。

4　豊かに集められた書くための材料（見学の記録・メモ）が、報告文を最後まで書き上げる根気のもととなった。

5　クラスの全員が報告文を書き上げ、達成感を味わうことができたのは大きな成果と考えている。この単元の学習活動をとおして報告文の書き方や報告会を開く方法を学習し、自信が持てたのではないだろうか。

6　報告会では相手の話しやすいような態度で、感想や質問が持てるよう、メモを取りながら聞いていた。

7　文字を速く書けるようになったし、よく見て書くこともできるようになった。

8　大勢の人の前で発表原稿をつくって発表することを体験し、発表に自信を持った児童が多くなった。

9　朝会や授業中に観察したところでは、クラスの七〜八割の児童が、以前よりよほど話し手を見て聞くようになった。要点をとらえて、必要があればメモしようという態度も育ってきた。

10　発表の方法として三つの班がＡＶ機器を使用したことで、発表が単調にならず、聞き手の興味の持続に役だった。

○　課　題

1　報告文としての内容が予期したほど深まらなかった。ごみの種類・内容や分別収集についての知識を深めさせるなど、社会的な問題に関心を持たせるよう今後指導していきたい。

2　保護者に対して文章で報告をしたり、五年生や三年生の児童にむけて報告会を開く等の発展学習を計画・実施すれば、もっと学習の仕方を学ばせることができたと考えられる。

3　学習記録を利用して学習の成果や課題を考えさせてきているが、自己学習力の基底となる自己評価力が十分育ったとは言い難い。

（平成十年八月二日　稿）

書くことの指導の基礎に培う四学年の指導

――先達　蘆田恵之助の「綴り方教室」に学んで――

1　はじめに

平成五年に鳴門教育大の大学院を修了し、再び徳島市論田小学校への勤務が始まった。最初の職員の打ち合わせの場で、四年生の担任と知らされた。とっさに蘆田恵之助氏の「この一年間に細心の注意を拂つて指導をしたら、今後尋五六といはず、高等小學も中學までもの文の基礎がこゝにきづかれるかと思ふ。」（『尋常小學綴り方教授書巻四』『芦田恵之助国語教育全集第六巻』明治図書、二三頁）という言葉が浮かんできた。そして、一年間全力を振り絞って作文指導に打ち込む覚悟を決めた。翌、平成六年度も四年生の担任を命じられた。さらに、平成七年度、勤務校が麻植郡（現吉野川市）鴨島町の牛島（うしじま）小学校に移動して、三たび四年生を担任する事になった。平成五年度、六年度の二年間と平成七年度の第一学期の実践を振り返って、「中学までもの文の基礎を築く」と言われる小学校第四学年の作文指導はどうあるべきかを考えていきたい。

2　作文指導の目標

「作文をします。」と告げたときに「嫌じゃ。」「書けん。」と原稿用紙に拒否反応を示さない児童にしたいと考え続けてきた。自由な題材で、あるいは、決められた題材について、いつでも書くことのできる児童を育てることを指導の目標にした。

小学校には、いろいろな作文コンクールへの応募の要請が来る。そして、中には応募を強制するようなものもあり、指導を担当した児童がコンクールに入賞すると、良い指導者という評価を受ける。「コンクールに入賞者をできるだけ多く出そう」という衒気に引きずられて、「名文を書く児童を育てること」が作文指導の目標になっている現状があるように思える。私が目標にした「書ける」という言葉は、決して「名文を書くことができる」という意味ではない。自分の思いが読み手に間違いなく通じるような文章を目指している。他人と比べて、うまいへたを競うのでなく、「児童が生来有する綴り方の素質を培養して、各自その素質に応じたる発達を遂げしむる」(「綴り方教授法」『芦田恵之助国語教育全集第三巻』明治図書、一八頁)を目指している。大村はま氏は「文章を書くとき、教師というのは「上手な文章を書かせよう」と思いすぎるのではないでしょうか。しかし考えてみると、本当に上手な文章を書ける人は、世の中に少ないのではないか。必要な場合に何とか書けるところまでしか行かないのが、普通でしょう。人を感動させたり、おもしろいと思わせるものを誰もが書けるとは決まっていません。(中略＝引用者)よくできたかできないかという観点しかないと、教師も子どももいつもあせることになると思います。そういうあせりから解放され、「する」「した」と言うことに、もっと大事な値打ちと満足、喜びを考えたいのです。やっていれば何らかの形で成長しているわけです。(中略＝引用者)書くのは、まず書き慣れていく、気軽に書いている内によく書けるようにもなってきます。先生も子どもも出来不出来に神経をとがらせないようにしていきたいのです。」（『教室をいきいきと　3』筑摩書房、一一頁）と述べている。名文を書かせることを目標に指導をすることは、ほんの一部の児童のための指導になり、大多数の児童と指導者を焦らせ、自信をなくさせるというのである。私は、作文の時間を、「全ての児童が、よくできたとかできないとかいったことを気にせずに、自信を持って、書くことに熱中する時間」にしたいと考えている。

3　作文指導の計画と留意点

蘆田氏は、「尋常四學年は全く變化する時である。主として客觀界に活きてきた者が、主觀界に活きることをさとるようになる。」と述べ、小学校第四学年が、自我が目覚める時期であることを指摘している。そして、文の上に現れる変化を「事實を事實のまゝに書くことには滿足しないで。事實の中心をとらえようとする傾向を生じる。」と記している。さらに、「文章は短くなる。」「想の上に想像を書かうとする傾がつよい。」「描寫法の各種類、想の各種類がそろつて書かれる（中略＝引用者）小説も書けば、小品文も書く。説明文も議論文も書く。對話文も書けば擬人的の文も書く。」（「尋常小學綴り方教授書巻四」『芦田恵之助国語教育全集第六巻』明治図書、二三頁）と、特徴を列挙している。児童の作文力を伸ばすにはこれらの特色が出る時期だということを把握して指導に臨む必要がある。しかし、作文関係その他の文献の記述に引きずられて、自分で、担任した児童の実態を掴み、それを基に教育活動を展開することを忘れたのでは指導は成功するはずがない。やはり、「指導はさきに述べたやうに、兒童の成績にあらはれるのをまたなければならない。」（同上書、二三頁）と氏が記しているように、まず目の前の児童の実態を知ることが一番大切である。また、蘆田氏は「指導の効果の著しいのもこの學年の特色かと思ふ。」（同上書、一二三頁）と、どの学年よりも指導が大切であることを説いている。心して取り組み、「綴り方に深い興味を持つて來る。」（同上書、一二三頁）学年で作文嫌いを作るようなことがないようにしなくてはならない。

平成四年度より実施の『小学校学習指導要領』には「作文についての指導時間は、第一学年から第四学年までは年間一〇五単位時間、第五学年及び第六学年では年間七〇単位時間程度を充てるようにするとともに、実際に文章を書く活動をなるべく多くすること」と、作文の指導時数について記されている。作文力を伸ばすには、実際に書く時間を多く持つことが必要だというのである。蘆田氏も多作が綴り方の力を伸ばす有力な手段であることを主張している。

これらをふまえて、四年生での作文指導を次のように計画した。

①一〇五時間程度の書く時間を確保する。
②いろいろな種類の文章を書く経験をさせる。
③コンポジションの理論にもとづく方法を知らせる。
④「中心のはっきりした文章」を書けるように指導する。
⑤一人一人の児童に応じた指導をする。
⑥自己確立に向かわせる。

③のコンポジション理論に基づく作文法の指導に関しては、野地潤家氏が「書くことの主要学力として分節される、1取材力　2構想力　3記述力　4推考力　5評価力のおのおのに、思考作用が密着し複合していること

は、ここに改めて指摘するまでもない。とりわけ、2構想力については、思弁・思考を必要とし、腹案を練り、アウトラインを組むことによって、自己の思考を組織していくことができる。この点でコンポジションは、書くことにおける考えることの筋道を明らかに示している点で書くはたらきと思考とを統合した原理論であり、方法論と考えられる。」（野地潤家「国語教育原論」共文社、昭和六三年六月一五日発行、第五刷、八〇頁）「つぎに書くことの学力と思考力との関連として、注目しなければならないのは、書くことの諸活動によって思考（考えること）が定着していくということである。個々の言語主体の思考作用が、思考活動のそれぞれの過程・段階において、定着していく。定着はただちに完成もしくは完結ではない。メモされ、資料（材料）が吟味され、組立（構想）がなされ、記述されることにより、さらにそれを推考することによって、書き手の考えていること（思考営為）が「かたち」をあらわし客観化される。そのことによって、自己の思考作用ないし思考営為を、みずから確かめることができる。書く言語主体（児童・生徒）の思考蓄積と展開とは、自ら書くということを通じて可能となっていくであろう。」（同上書、七九頁）と記しているように、書くことによって確実に思考力は伸びる。さらに、思考（と書くはたらきとを統合した）方法である、コンポジションの理論に基づく方法を知らせる（できれば身につけさせる）ことが大切だと考え、計画に入れた。

　児童の実態に即した指導を展開するため、細密な年間指導計画は作成しなかった。大まかな指導の時期と留意点を考えた。

　第一学期に、リアリズムの原理に基づく方法で記述させることにより、題材を見つける力を育てるとともに、書くねうちのあること・書きたいことについて自分の言葉で書かせ（概念くだき[1]）、書くことの喜びを味わわせ、書く姿勢を確立[2]する。その際、リアリズムの原理にもとづく方法が必然的に陥る欠点・作品主義[3]を避けるために、コンクールに入選できるような名文を書かせようとしないで、自分の思いを文章で伝える事ができる（いわゆる達意の文）力をつけるよう導く。
書く姿勢が確立した時点でリアリズムの原理に基づく方法から、コンポジションの原理に基づく方法へと作文指導を切り替えて行く。[4]その際には、コンポジションの原理に基づく方法が持つ問題点（意欲を失いやすい）[5]を考慮して、工夫していく。

作文指導の計画の具体的な内容は次のようである

① 一〇五時間程度の書く時間を確保する
a、時間割に作文の時間を入れる
週二時間の作文の時間を時間割に組み入れた。一年間（三五週）で七〇時間は確保できる計算になる。二時間のうち一時間を土曜日（当時は第二土曜日が休業日）の時間割に入れたため、正確には、第二土曜日を除いて計算しなければならない。四、五、六、七、九、十、十一、十二、一、二、三月の第二土曜日計九回を引いて、六一回の記述の時間が確保できる計算になる。
b、日記指導（短作文の練習の場として）
時間割に組み込んだ作文の時間以外に、日記指導を短作文の指導と位置づけた。「わたしのくらし」という連絡帳兼日記帳を使用した。二日分の日記のスペース（一日分百五十字、二日分だと三百字程度）を使って、二日間の生活の中から心に残ったことを題材にして作文し、一日ごとに男子と女子が交代で提出するよう指示した。三百字程度の作文を書き上げるには、個人差はあるが、少なく見ても二〇分程度の時間を必要とするであろう。それを二週間で五回実施する。（土曜日は赤ペンを入れる時間がないので、提出しない決まりにした。）一ヶ月に十回で二百分になる。（20×10＝200）授業時間に換算すると（200÷45＝4.444）、一ヶ月に四・四時間の作文指導をしていると考えることができる。四月、七月、十二月、一月、三月はその半分の二・二時間と考えて、（5×2，2＝11）残りの六カ月が四・四時間あるので（6×4，4＝26，4）合計すると年間に日記指導で三七・四時間程度の作文指導を行うことになる。

時間割に位置づける作文の時間と日記指導の時間を合わせた九八・一時間が、一年間の作文の指導時間として見込めることになる。

短作文の指導を取り入れたのは、四年生の児童と短作文（小品文）についての蘆田氏の次の記述に共鳴したからである。

> さて尋四の文は、その日常生活を敍する場合に多く、簡潔になる傾をもつから、日常生活から得た瑣細な事實所感を短い文に綴らせることは材料の蒐集發表の工夫を練るために大切である。しかし之と同時に、經驗學習上から得た材料のうち、特に事實の繼續してゐるもの、即ち長文となるべき材料を選定することも、亦肝要である。余がかつて尋四以上に小品文を課すべしと唱えたのはこの意である。
>
> （蘆田恵之助　国語教育全集第二巻「綴り方教授法」明治図書、一六五頁）

文章が短くなる四年生の児童は、短作文の指導に適した時期と考えられる。（長文を書く機会を設けることの大切さも忘れてはならない。）さらに、短作文で「日常生活を叙する時に、材料の蒐集発表の工夫」をさせ、取材の力を高めようと考えた。男子の提出日と女子の提出日が交互にやってくるので、指導者は一日に、クラスの児童数の半分の日記に目を通せばよい。個に応じた指導ができる貴重な場である。毎日必ず、一人一人の児童の作文力が高まるような指導――たとえば、「今日家で遊びました」と書いてきた児童に「だれとあそんだのかな」と書き、次の日「今日〇〇君と遊びました」と書いてきたら、「何をして遊んだのかな」と書き、その次の日に「今日△△君と鬼ごっこをしました」と書いてきたら、「どこで遊んだのかな」と書く――書いてほしいことを、毎日少しずつ、小出しに詰問の形で示す指導ではなく、「こんなふうに書けばいいんだよ」と、丸ごと示す指導を心がける。児童が白紙の日記を提出してきたときには、（指導者が）それぞれの児童のレベルに合わせた範文を書き加えて返す指導を続けた。

c、範文の視写

これらの指導以外に国語教科書本文の視写に力を入れた。視写は、作文力を伸ばす大切な指導だと考える。時折、国語の授業中に実施したが、主に担任が出張で児童が自習になるとき、朝の活動の時間、身体測定などで中途半端になってしまった時間等のちょっとした（一〇分、二〇分）時間に行うという決まりにした。一ページ一行と一二行の二種類の視写用紙を教室に常置し、自由に使用してもよい約束にした。

視写への意欲を持続させる工夫として、文字で埋まった視写用紙は一人一人が自分の視写綴り（フラットファイル）に綴じる。一つの教材を視写し終わると白い画用紙に題名だけを印刷した表紙をつけて製本する等を考えた。

② 作文の授業の形態

a、自由題での記述（随意選題・蘆田方式を基本にした授業過程）

「書けるようにして書かせる。」ということを指導の基本方針とし、記述前の指導に重点をおく。児童には「いつでも作文の題を一つか二つは持っているようにしましょう。これは作文の題になると思えるような事に出会ったらメモしておくといいですよ。」と日頃から話し、生活の中から題材をみつけようという意識をもたせる。「作文の時間には題を持たずに教室に入ってはいけません。」という作文の授業の約束を決め、授業に望む心構えを作る。

授業の最初には「題を発表して下さい。」と言って、全員から題を聞き、簡単なコメント――これは良い作文になりそうだ。読むのが今からうんと楽しみだ。こんな題で書けるようになったらそうとう作文も上手になっている。等――をつけながら児童の発表した題を板書する。「題がない。」と答える児童がいたときには、「書くことがないときには絶対に書いてはいけません。題が見つかるまで姿勢を正して静かに考えなさい。」と指示する。板書された題に触発されて題を変える児童がいることが予想されるが、その配慮として、「自分の発表した題と違う題に変えて書いてもいいのです。」と指示する。

発表した児童の題を全部板書し終えたら、原稿用紙を丁寧に数え、切り放して配る。（まっさらの原稿用紙がとても貴重なものに思えるように、配るときの言動に注意する。「この列で書ける人・題を発表した人」と言い、手をあげた児童の数だけ原稿用紙をゆっくりと、それが大切な物であることが児童に伝わるような態度で、切り放す。）

記述に移ってからは、指導者は黒板を背にして、ゆったりと立ち（椅子に座ることもある）児童の書く様子を観察している。蘆田のいうところの「沢庵石」[6]になるのである。終始笑顔で、教室の空気が落ちついたものになるよう心がけている。書けなくなって鉛筆が止まり、考えるように顔をあげる児童に注意し、その児の目を見て、やさしくにっこりと微笑む。たいていの児童は、それで短い休憩時間が終わったかのように、再び原稿用紙に向かう。

記述中の約束として、「どうしても質問したいことがある時には、決して書いている人の邪魔をしないように、足音を忍ばせて指導者の所まで来なさい。」と告げる。二枚目の原稿用紙を取りに来る児童も足音を忍ばせて歩く。

早く書き終わった児童には、「自分の作文をよく読み返して、間違っているところがあったら訂正しなさい。」「一つの作文を仕上げたけど、違う題でもう一つ書きたいという人は、原稿用紙を取りに来て、いくつ書いてもよい。」と告げる。「推敲」と「一時間数題」の指示である。後者は四年生の作文が短くなる傾向があることへの対応策である。

b、機会を捉えて課題

運動会、遠足等の行事、台風や大雨などの異常な自然現象、友人の入院等児童の生活の中で起こる出来事を注意深く見ていき、児童が書かなければならない題材をのがさず課題する。児童が書く必要を感じて書く「実の場」になるよう工夫する。また、「実の場」にするという考えをたいせつにしながら、いろいろな種類の文章を書く場を設けた。

c、作文発表会

児童の作文綴りに綴られる作品が十数点を超えた頃を目安に「作文発表会」を計画する。「今までに書いた作文の中から一番いいと思う作文を選んで、クラスのみんなの前で音読してもらいます。自分で書いた文を自分で読むのですから、だれよりも上手に読めるはずです。自信を持って読んで下さい。」と一週間前には児童に告げる。このことで児童は、自らの書いた作品を注意深く読み返し、皆の前で音読するために繰り返し音読の練習をする。大勢の前で読む事が、児童に自らの作品を推敲する必要感を生む。より必要感を高めるために、ＰＴＡの参観日に発表会を置くなど工夫した。

d、批正の授業

記述の授業以外に、批正の授業を計画しなければならない。批正の授業については蘆田が次のように記している。

批正の教授が自分ながら巧くいつたと感ずることは十に二三である。思ふやうに児童が動かなかつたり、動いても藪から蛇が出たりして、往々面白からず思ふものである。しかしこの批正教授の研究が進んでゐないために、綴り方に關する兒童の知識が淺薄であつたり、自分の文を推敲するに不忠實であつたりすることは疑がない。

（「綴り方教授法」『芦田恵之助国語教育全集』第三巻、明治図書、一五〇頁）

蘆田の「巧くいつたと感ずることは十に二三である。」という記述から、批正の授業の難しさが伝わり、慎重に計画して実施しなければならないと感じる。（私にとって）批正の授業の難しさとは、作品を書き直すという面倒くささを乗り越えるだけの意欲・必要感を児童に持たせることの難しさである。

自分の文を読み返し、誤字・脱字や文のつながりの不自然なところを見つけ、訂正する「書き直し」では、一～二カ所の訂正であっても、原稿用紙に空白のマス目が生じるから、最初から丁寧に書き直すことになる。その作業は相当な忍耐力と根気を必要とする。だから、「面倒くさい」という気持ちが生じる。それを乗り越える意欲・必要感がなければ、たいてい「だから、作文は嫌いなんだ」となる。児童を作文嫌いにしてしまう恐れは非常に大きい。私の作文指導の一番の目的は「作文が好き」な児童を育てることとである。だから、批正の授業の実施にはことさら慎重になる。蘆田は批正について、

批正は疵ある文をのみ採るものと考へてはならぬ。却つて巧妙なる文を示してその巧妙な點を説ききかせるのは、文疵と相表裏して、雙方の効果を大ならしめるものである。従来の綴り方教授は批正ことに細評を

中心とした教授のよく行はれないのが大なる欠點であると余は信じてゐる。勿論従来とても全くないのではなかつたが、批正の時間といふと兒童はまづ欠伸をもつてむかへ、少しもその興味を知らなかつた。

（「綴り方教授」『芦田恵之助国語教育全集第二巻』明治図書、三六九頁）

と、述べている。私は、文の欠点（疵）を指摘して訂正させるのでなく、文の良いところを見つけて紹介することで、他の児童がそのよいところを取り入れ、自らの文をよくしていくという批正を心がけた。

児童の作品はとにかく丁寧に読む。そして、児童の作文の傾向をつかみ、良いところを褒めるという指導の材料を見いだす事に努めた。記述の形式面の誤り（誤字・脱字等）については、その横に鉛筆でうすく線を引いて児童に返す。忙しいときには読んだだけで返すこともある。

作文の授業の最初に、級の児童作品全体についての総評（よくなってきた。ちょっと足踏みしている等）をし、児童の作品の題を分類して板書し傾向を知らせ、（取材の方向を広げさせるための配慮）その後四～五名の児童の作品を選んで読み聞かせた。読み聞かせは、その作品に現れた良いところを児童に伝えることを主眼にしていたため、立ち止まって続きを考えさせたり、指導者の感想をはさんだりすることも多い。

児童の作業（形式面の訂正）を中心とした批正授業の実施は、児童が面倒くささを感じない（または、乗り越える）、作文嫌いにさせない批正の授業が構想できたときに実施するという姿勢であった。蘆田に次のような批正授業の提案がある。

余は「尋常小學綴り方三學年用」に次のやうなことを載せておいた。

四　文はうつしなほすとよくなる

綴り方の時間に、山川清が
「先生、私はおもしろいことを考へました。」

といひました。先生は笑ひながら、

「何ですか。」

といひますと、清は
「私はこのあひだ、同じ文を三どうつしなほしましたがたいそうよい文になりました。」

といひました。芳夫が
「そんなわけはない。」

「なぜ。」

「同じものをいくどうつしなほしたつて、同じではないか。」

「なほしてはうつし、うつしてはなほすのさ。」

この時先生は、

「このことに氣のついた山川さんはえらい。文はなほしながらうつしかへると、よくなります。山川さんの文はこれからだんだんよくなりませう。」

といひました。


これも亦余の假作であるが、兒童の注意が推敲にむかはうとする時に、之を指導して推敲の興味を喚起するのは大切なことである。

批正の授業では、兒童に「うつしなおすことのねうち」を理解させる指導が重要である。この（蘆田の）文を示すといったことも視野に入れながら、常に工夫していく。

③　範文に多くふれさせる

「私は小学生」（蒲池美鶴、青葉図書）三冊、「綴り方読本」（鈴木三重吉、中央公論社）一冊、「綴り方教室」（大木顯一朗・清水幸治、中央公論社）一冊、「山びこ学校」（無着成恭、百合出版）一冊、「つづり方兄弟」野上丹治・洋子・房雄、理論社）一冊、「せんせいけらいになれ」（灰谷健次郎、理論社）等を教室の学級文庫に常時置いておき、児童が自由に見ることができるようにしている。また、適宜、それらの書物から教師が選んで朗読し、児童に聞かせている。「作文読本」（徳島県教育印刷株式会社）も同様に取り扱っている。

④　活字になる喜び、本になる喜びを大切に（書く意欲と自己批正の実の場）

児童は自らの作文が活字になったり、本になったりすることを喜ぶ。自分が一生懸命にやったことが評価され、実物となって現れることで、ある種の発達の自覚が得られるからであろう。作文読本、学級通信等、各種印刷物に掲載されることが書くことへの意欲となるようである。また、自分の書いた字がそのまま本になる場合には自らの作品を丁寧に読み返し、訂正している。推敲の必要を感じるからであろう。作文読本には毎月必ずクラスの児童の作品を二～三点送る。学級通信（週一回発行）には、載った児童、読んだ児童が書くことへの意欲を膨らませるような作品を選んで、できるだけ多くの作品を載せる。いろいろな印刷物（学校新聞・地域の新聞・PTA新聞等）に児童の作品を載せるべく投稿の依頼があったときにはできるだけ作文で応じるようにする。

製本の機会もできるだけ多くしたいと考えている。児童自らの作品が（教師の処理を経て）返されるたびに各々の作文綴り（フラットファイル）に綴じて、教室の横の作文綴り置き場へ並べる。（いつでもだれの作文でも読めるようにという考えによる。）年度末には一人一人の作品を体裁を整えて（目次・初めの言葉を加えて）製本する。機会をとらえて文集を作る。「少年自然の家の宿泊訓練の思い出」、「教育実習生との思い出」、教科書教材の「四年〇組物語」等、児童に一冊ずつ配布する。また、児童の作品をコピーして一冊だけの学級文集（読み物）をつくり、教室内の学級文庫に置く。

⑤ 常に児童の実態を把握する。

個に応じた指導をするためには、個をつかまなければならない。自分の精いっぱいの力で注意深く観察し、冷静に判断して、児童一人一人の作文力の実態を把握するために、文章にする。

書くことによって、刻々と変わっていく児童の実態に適切に対処するために、児童の作文指導の記録、児童の作品をできるだけ残し反省の材料にする。

・授業後に集めた原稿用紙を綴じた表紙に板書を写し、指導後の所感を記す。
・「日録」を自作、毎日の実践や児童の学校生活の様子を必ず記録する。
・（自宅にコピー機を購入して）児童の作品は全てコピーして保存する。

（5） 実践の記録と考察

A 平成五年度の作文指導実践記録　論田小学校四年一組（男子一六名・女子一六名）

平成五年度は、時間割の水曜日第五校時と土曜日第三校時に国語（作文）の時間を位置づけ、次のように実践した。

①自由題での記述

1　四月十二日（月）時間割変更　第一回・自由題による記述（児童の作文力を見る。）
2　四月二十四日（土）自由題による記述
3　四月二十八日（水）自由題による記述
4　五月十五日（土）自由題による記述
5　六月五日（土）自由題による記述。（指導者が題材の例として、身近な出来事から十四の題を板書）
6　六月十六日（水）自由題による記述　指導者が題材の参考に一週間の主な出来事を板書
7　六月三十日（水）自由題による記述
8　七月三日（土）自由題による記述（朝、「七夕集会」、七夕集会について書いた児童が多い）
9　七月七日（水）自由題による記述
10　七月十四日（水）自由題による記述
11　十月十三日（水）自由題による記述
12　十月十六日（土）自由題による記述
13　十月二十日（水）自由題による記述
14　十月三十日（土）自由題による記述
15　十一月六日（土）自由題による記述
16　十一月十二日（金）時間割変更　自由題での記述・文話
17　十一月二十日（土）自由題での記述
18　十一月二十四日（水）自由題での記述

19　十二月八日（水）自由題による記述
20　十二月十五日（水）自由題による記述
21　一月十二日（水）自由題での記述
22　一月二十一日（金）時間割変更　自由題での記述
23　二月二日（水）自由題での記述

②課題での記述

●第一学期

1　四月十四日（水）課題「交通安全教室」
（三・四校時交通安全教室実施、五校時に作文、コンポジション理論に基づく方法を用いる。全員でアウトラインを作成、同一のアウトラインを用いて各自が記述）

2　四月十七日（土）前時の「交通安全教室」の作文をもとに、もう一度同じ題で書く。推敲（読み返して書き直す。）をねらった。範文を提示して、精叙・略叙について話す。　※ＰＴＡ参観授業

3　五月一日（土）課題　教科書教材「ガオーッ」を読んでの感想文

4　五月十三日（木）時間割変更　課題「遠足」前日五月十二日に遠足実施

5　五月二十六日（水）課題「しょうきゃく工場の見学」（記録・報告文）工場見学は五月二十一日に実施

6　六月十五日（火）時間割変更　「兎の眼」の感想文・生徒指導上の問題が生じ、関係のある話を「兎の眼」から読み聞かせ、直後に（考えさせるために）感想文を課題した。

7　六月十九日（土）課題「山田先生の思い出」徳島文理大より山田教育実習生が来ていたがこの日で終了。児

童はプレゼントとして文集を作ることになった。

8　六月二十六日（土）課題「お別れ会」教生の山田さんとのお別れ会を彼女の都合でこの日（二十六日）の二校時に実施、作文は直後の三校時に実施

9　七月八日（木）読み方の授業の中で「白いぼうし」（教科書教材）の感想をノートに記述

●第二学期

10　九月二日（木）時間割変更／課題作文「夏休みの報告」（作文の手引を利用）

11　九月四日（土）課題「13号台風」

12　九月十日（金）時間割変更　記述「自然の家の思い出」前日に作成した材料集めの手引をもとに原稿用紙に記述。

13　九月十六日（木）時間割変更　記述「自然の家の思い出」原稿用紙の作文をもとにファックス原紙に清書。推敲（読み返して書き直す）をねらった。

14　十月四日（月）時間割変更　課題「運動会の全員リレー」手引を利用して記述。

15　十一月十日（水）課題　文集「牟岐少年自然の家の思い出」を読んで友達の作品の評論文を記述

※（担任出張：四国国語教育研究大会・児童自習）

16　十一月十八日（木）「あったらいいなこんなもの」（教科書教材）による広告文の記述

17　十二月四日（土）直観描写による記述「ありがとうのうた」

●第三学期

18　一月十一日（火）時間割変更　課題「冬休み」

19　一月二十二日（土）課題「ちくわぶパートⅠ」

20　一月二十五日（火）時間割変更　課題「ちくわぶパートⅡ」直観描写による
21　一月二十七日（木）時間割変更　課題「ちくわぶパートⅢ」昨日のメモを活用
22　二月五日（土）課題「徳島市交歓音楽会の前日」
23　二月七日（月）時間割変更　課題「徳島市交歓音楽会」（二月六日（日）に交歓音楽会・於：文化センターに四年児童全員が出演）
24　二月十八日（金）時間割変更　作文綴の整理「目次」「はじめに」「終わりに」を書く。
25　二月十九日（土）作文綴の整理
26　二月二十三日（水）課題「4年1組物語」（教科書教材）
27　三月二日（水）課題「4年1組物語」文話・起承転結について話す。
28　三月五日（土）課題「4年1組物語」
29　三月九日（水）課題「4年1組物語」
30　三月十五日（火）課題「4年1組物語」・文集作成のためファックス原紙に清書

③文話等の指導

1　六月二十一日（月）時間割変更　範文聴写・文話（核、果実、果皮）主想をはっきりとさせることの大切さを説いた。

2　九月七日（水）九月七・八日と、牟岐少年自然の家の宿泊訓練実施。夜、自然の家で児童の部屋を回り、題材集めを指示。項目（バス・釣り・キャンドル・寝る前）を示して、各々の項目で三つ探してメモしておくように指示。書けた児童から点検し助言する

3　九月九日（木）時間割変更　課題作文「自然の家の思い出」、手引を利用して材料集め。文集にすること、本当の事を書くとよい作文になることを話す。（文話）
4　九月二十五日（土）課題「運動会」の取材メモ作成（B4白紙に）
5　九月二十九日（水）課題「運動会」の材料集めの手引に記入。
6　十月二日（土）課題「運動会の全員リレー」手引を利用して作文の設計図に記述。
7　十月五日（火）時間割変更　県教育委員会指導課計画訪問　研究授業「取材の範囲を広げる」手引を利用
8　十月二十一日（木）帰りの会で一〇分程度「題材集めカードの使い方」説明と練習
9　十月二十三日（土）題材集め（カード利用）※担任出張中・児童自習
10　十一月五日（金）時間割変更　文集「牟岐少年自然の家の思い出」製本・配布
評論文記述予告・担任教師の書いた範文を提示（板書）
11　十二月三日（金）人権集会でクラス代表者が作文を朗読（教室へかえって文話を行い、範文の提示として取り扱う）
12　一月二十六日（水）作文の朗読、取材メモを書きながら、ちくわぶのおでんパーティー実施　※PTA参観授業
13　二月九日（水）各自の「作文綴」の整理
14　二月十七日（木）時間割変更　作文綴の整理

④作文発表会
五月十九日（水）　「作文発表会」各自、自分の、これまでに書いた作品を読み返し、一番よいと思うもの

五月二十二日（土）」を選んで朗読発表。
十一月十六日（火）時間割変更　作文発表会　1／2（女子）
十一月十九日（金）時間割変更　作文発表会2／2（男子）発表会後「誰のが一番印象に残った」と問い、児童
に口頭で発表させる。

⑤欠課

1　四月二十一日（水）欠課・家庭訪問
2　五月五日（水）こどもの日
五月十二日（土）第二土曜・休日
3　五月二十九日（土）欠課・PTA参観日のため
4　六月二日（水）欠課・暴風雨警報発令のため
5　六月九日（水）欠課・結婚の儀のため休日
六月十二日（土）欠課・第二土曜・休日
6　六月二十三日（水）欠課・国語のテストプリント実施
七月十日（土）欠課・第二土曜・休日
7　七月十七日（土）欠課・期末処理／ワークの整理にあてる。
九月十一日（土）欠課・第二土曜で休み
8　九月十五日（水）欠課・敬老の日で休み
9　九月二十二日（土）欠課・運動会前日準備

十月九日（土）欠課・第二土曜日・休日
10 十月二十七日（水）欠課・東四国国体ソフトテニス競技観戦のため
十一月十三日（土）欠課・第二土曜日　休日
11 十一月三日（水）欠課・文化の日
12 十一月十七日（水）遠足、淡路ファームパーク・遠足後の帰りの会で題材集めカードを配布（遠足の中から題材を集めてくる宿題を課す）
13 十一月二十七日（土）欠課・体育館落成式
十二月十一日（土）欠課　第二土曜日・休日
14 十二月一日（水）欠課・特別養護老人ホーム大神子園訪問・ボランティア活動
15 十二月十八日（土）欠課・期末で読み方指導の遅れを取りもどすため時間割を変更
一月十二日（土）欠課・第二土曜日　休日
16 十二月二十二日（水）欠課・第二学期終業式
17 一月十五日（土）欠課　成人の日
18 一月十九日（水）欠課　出張（教育講演会）
二月十二日（土）欠課　第二土曜日で休日
19 一月二十九日（土）欠課　音楽会の練習
20 二月十六日（水）欠課　校内音楽会予行
21 二月二十六日（土）欠課　担任が大阪国語研究大会に参加のため、児童は自習、国語教科書を視写
三月十二日（土）欠課　第二土曜・休日

22　三月十六日（水）欠課　卒業式
23　三月十九日（土）欠課　テストプリント実施

平成五年度は、自由題での記述が二三回、うち二回は授業中に題材の例を板書している。他は、授業の開始後、前の時間の作品の総評をして、児童からその時間に書こうと思っている題を聞いて板書し、その後原稿用紙を配布して記述に移る。指導者は教壇に黒板を背にして、にこにこ顔でゆったりと座っている。（たくあん石になる）という蘆田式で行った。

課題して作文したのが三〇回、そのうち児童が自らの作品を読み返し、書き直す［推敲］をねらって課題したのが三回ある。同一の題材でもう一度作文させたのが一回。児童の書いたものがそのまま文集になると話し、ファックス原紙に清書させたのが二回ある。いずれも児童が必要感を持って自分の作品を読み返し、直しながら書き写す場になるよう考えて実施した。この六回は、「（自分の作品を直しながら写しなおす）批正の授業」と位置づけることができる。

また、教科書の文学的文章教材の指導のおりに、教材の感想を書くように課題したのが三回、焼却工場の見学を実施した後に、記録・報告の文章を書くように課題したのが一回、クラスの児童の作品を読んで評論文を書くことを課題したのが一回、広告文を書くよう課題したのが一回ある。児童はいろいろな文種の文章を書く経験をしたと言える。

指導は一四回。一四回の内訳は、文話が二回（核、果肉、果皮の文話は主題をはっきりさせることを説いたもので、構成のための指導と言える。）範文の提示が二回、取材のための指導が七回、構成のための指導が一回（文話の一回を加えると二回になる。）その他（個人文集をつくるために一年間の作品を順番に並べ替えたり、ページを打ったり、きちんと折り直したりする作業）が二回となっている。
作文発表会は一学期に一回、二学期に一回、合計二回、時間にして四時間を費やしている。
欠課は二三回、（年度当初から分かっているから、欠課に入れてないが、第二土曜日までも欠課に含めると三三回ということになる。）

作文の授業として実施した時間は年間に七一時間になっている。予定よりも一〇回多い。目標としていた「一年間に一〇五時間程度の書く時間の確保」は達成できた。「多く書くこと」は十分達成できたと言える。平成五年度の作文指導の特徴は、コンポジションの理論に基ずく方法の記述に力を注いだことである。第二学期には手引きを利用してコンポジションの方法を用いて実際に作文させた。書けるようにするための指導の工夫として、手引きを作成し児童への負荷が能力を超えないように配慮した。コンポジションで実際に文章を書く活動は、「運動会」と、四月最初の「交通安全教室」の二回だけだが、指導者が取材カードを作成して配布し、児童ができるだけたくさんの取材カードに記入するよう配慮した。しかし、カードを整理して、文章にする活動は児童に任せた。すなわち、自由題での記述の時間等にそのカードを利用してコンポジションの方法で作文することを期待したのである。結果は思わしくなかった。

学期末に三時間を費やして「ちくわぶ」という長い作文を書いた（一時間目、「ちくわぶ知ってますか」と問い、全員が知らないのを確認して、ちくわぶとは何か、どんなものかを想像させて作文。作文の後に「東京や横浜といった関東地方の一部でしか食べられていないおでんのネタだと正解を知らせる。二時間目、実際にちくわぶのおでんを指導者が作り、クラス全員で食べ、体験を感想とともにメモする。三時間目、二時間目の体験メモをもとに作文するという単元であった）のが児童に大変好評であった。未知の食べ物を実際に食するという体験が書きたい気持ちを起こさせたのであろう。生活の中から実感の確かなものがよい作文の材料となるという典型だと考えられる。単元「ちくわぶ」には構成の工夫を体験させるねらいがあったが、そのことを意識して書いた作品が多くなったとは言い切れない。コンポジションの原理に基づく方法での記述を無理なく体験させることはできたが、児童はあまり積極的には取り組まなかった。自由題の記述の折りに、コンポウズして書く児童も見かけなかった。方法を知ったというところで止まっていたが、活用を強要することはしなかった。

四月の作品と二学期の終わりに書かれた作品を読み比べると、書き慣れてきたと分かる。それは、多く書かせる指導の成果だと考えている。そして、原稿用紙を恐がる児童はいなくなった。

B　平成六年度の作文指導　（論田小学校四年三組（男子一二名女子一五名（計二七名））

平成六年度も四年生を担任し、時間割の火曜日五校時と土曜日二校時に、国語「作文」を位置づけ、次のように実践した。

①自由題での記述

1　四月十九日（火）二校時　自由題／時間割変更午後家庭訪問
2　四月二十三日（土）二校時　自由題
3　五月七日（土）二校時　自由題
4　五月十日（火）五校時　範文の読み聞かせ児童作品「発見」の後、自由題で記述
5　五月二十日（金）時間割変更　一校時　自由題で記述
9　五月二十一日（土）一校時（二校時と交換）自由題
6　五月三十一日（火）五校時　自由題　書けない児童は「イチゴ狩り」の範文（担任の作）を写してもよいと

指示
7 六月七日（火）五校時　自由題　題材の例を最近の一週間から教師が探し板書
8 七月十六日（土）二校時　自由題
9 九月十七日（土）二校時　自由題　前日の範文の残りを読み、作品中の言葉についての話をしてから記述したため時間は一五分程度になってしまった。
10 九月十九日（月）時間割変更　四校時　自由題　※県教委・市教委の学校訪問　六分程度授業を参観
11 九月二十四日（土）二校時　児童作品「けが」を読み聞かせ「主題がはっきりしていていい。」と話す。その後「自由題」で記述
12 九月二十七日（火）五校時　自由題
13 十月一日（土）二校時　兄弟喧嘩について話す。その後　自由題で記述。
14 十月十八日（火）五校時　自由題
15 十一月一日（火）五校時　自由題
16 十一月五日（土）二校時　自由題
17 十一月八日（火）五校時　自由題
18 十一月二十九日（火）五校時　自由題
19 十二月六日（火）五校時　自由題　記述前に文話、「つらいこと、苦しいこと、しんどいことも書こう。」
20 十二月二十一日(水)時間割変更　三校時　自由題
21 一月十七日（火）五校時　自由題　範文として教師作成の「地震」を板書する。
※この日の午前五時四六分、徳島を震度四の地震が襲う。

22 一月二十一日（土）二校時　「自由題」と告げた後、「先生は今書きたいことをこんなに持っている。」と話し、〔「兵庫の姉」「音楽会の朝練が始まった」「版画」「理科の実験」「いじめ」『チューインガム一つ』（題だけでなく灰谷健次郎の詩の全文を板書）〕と板書した。書くことの無い児童には『チューインガム一つ』を視写するよう指示した。

23 二月十日（金）五校時　時間割を変更して作文の時間にした。　自由題

24 二月十四日（火）五校時　自由題「今自分が書かなければならないことを書こう。」と話す。題材の例として「バスケットの朝練」「持久走」「算数」と板書。

25 二月二十五日（土）二校時　自由題　※一校時の学級指導で、義援金箱の盗難事件の新聞記事を読んで話をした。

26 二月二十八日（火）五校時　自由題

27 三月四日（土）二校時　自由題　一校時は行事「六年生を送る会」その後の余った時間で「学級オセロ大会の決勝」を実施した。授業の後半に題材のヒントを文章にして板書。

②課題での記述

●第一学期

1 四月十二日（火）一校時　「自己紹介の原稿」、自己紹介は三校時に実施

2 四月二十八日（木）課題「ガォーッ」教科書文学教材との関連「手引き」利用

3 五月十日（火）二校時国語の時間、教科書作文教材「作文ノート」を読んで説明。途中避難訓練のため二十分中断の後、「最近発見したこと」と課題して記述。

4　五月二十四日（火）五校時　課題「遠足」　遠足「大神子海岸」実施は二十三日（月）

5　六月四日（土）課題「焼却工場の見学」　見学実施は六月三日（金）二・三校時。その時に作成していたメモを利用して作文した。

6　六月十四日（火）時間割変更　六校時　課題「教生さんとの思い出」（プレゼントする文集用の作文）

7　六月十八日（土）三校時　課題「教生の佐藤先生」二校時がお別れ会

8　六月二十五日（土）二校時　課題「校区内クリーン大作戦」クリーン大作戦実施は六月二十四日午後、どうしてもこの題では書きにくい、今どうしても書きたいことがある児童は自由題での記述も可とした。

9　六月三十日（木）時間割変更　五校時　直観描写「ありがとうのうた」※校内研修（全教員参観、授業後研究会を持った）

10　七月五日（火）五校時　直観描写「ねこのおんねん」担任教師がギターで自作の曲「猫のおんねん」を歌うのを見て書く

11　七月八日（金）時間割変更　五校時　課題「白いぼうし」

●第二学期

12　九月九日（金）時間割変更　五校時　課題「自然の家の練習」

13　十月四日（火）五校時　課題「けが」担任がコルセットを見せ、肋骨を骨折していることを話す。母のけが、弟のけが、など題材の例を板書

14　十月二十日（木）時間割変更　四校時　課題「Yさん」

15　十月二十一日（金）時間割変更　五校時　課題「Yさん」

16　十月二十二日（土）二校時　課題「Yさん」

17 十月二十五日（火）五校時　課題「Yさん」
18 十月二十九日（土）二校時　課題「Yさん」
19 十一月十二日（土）二校時　課題「火垂るの墓と一つの花を比べて」
※ビデオ「火垂るの墓」は十一月十日（木）視聴、「一つの花」は教科書教材
記述前に『「一つの花」のお父さんが大切にしていた物、「火垂るの墓」の兄が大切にしていた物は何か考えて比べよう。』と話す。
20 十一月十九日（土）二校時　課題「あったらいいなこんなもの」広告文
21 十二月十三日（火）五校時　課題「調べたことを書こう」教科書教材　説明的文章を書く　※クラスの全員に『児童百科事典』で調べた「鉛筆」のコピーを渡し、担任教師が自作範文を板書。
22 十二月二十日（火）時間割変更　二校時　課題「もしもいじめられている子を助ける子がいたらあなたはどうしますか」　※「調べたことを書く」の仕上げをする児もいる。

●第三学期

23 一月十日（火）五校時　課題「新しい年をむかえて」「こんなクラスだったらいいのに」自由題も可。記述前に、「楽しいこと、うれしいことも題材になるけれど、つらいこと、しんどいこともいい題材になる。つらいことやしんどいことも書いてみよう。」と話す。
24 一月十九日（木）三校時からテレビをつけっぱなし、「兵庫県南部地震」の被害の報道を見ながら、三・四校時は図工の版画に取り組む。昼の休みもずっとテレビをつけておいた。五校時に「兵庫県南部地震」について作文。できた児童は自由題で作文するように指示（一時間数題）した。
25 一月二十四日（火）五校時　課題「Yさんに言ってあげたいこと」震災で兵庫に住む祖父母を亡くしたクラ

スの児童（Y）に、どんなことを言ってあげたいか作文するように指示した。Yはこの日、祖父母の葬儀のため欠席していた。

26 一月三十一日（火）五校時　「4年3組」「A君をはげまそう」と課題、自由題も可と話す。Aはネフローゼで土曜日に入院。

27 二月四日（土）二校時　課題「いじめについて」

28 二月十日（金）朝の活動の時間と、一・二校時テストの時間に（国・社テスト実施）テストができて提出した児童は　個人の作文綴りの整理をするように指示した。

29 二月十八日（土）一校時、創立記念集会、時間が余ったので集会についての作文を課す。★二校時、作文。入院しているAからの手紙を読み、「A君への手紙」を課題する。自由題も可と告げて記述に入る。

30 二月二十一日（火）一校時、臨時の朝会、校長が阪神大震災の義援金箱が無くなったことを話す。教室へ帰って、「みんなが義援金を盗まなければならないときはどんなときだろう」と話して作文を課す。★二校時も続きを書く。

31 三月七日（火）二校時（国）「4年1組物語」教科書教材を読む。五校時に作文する。昨年度作成した文集「4年1組物語」から、児童の作文を二編音読し、自分が何になるか、その物になって見たどんな事件を書くかをノートにメモするよう指示した。　構想の指導

32 三月九日（木）三・四・五校時を使って、四年三組物語を仕上げることと、仕上がった児童は、個人文集の「はじめに」「目次」「おわりに」を書くこと、ページを書き込むことを指示した。

33 三月十四日（火）五校時　個人文集の仕上げ、「はじめに」「目次」「おわりに」を書くこと、ページを書き込むことを指示した。

34　三月十八日（土）時間割変更　三校時　個人文集の製本に向けて整理。個人文集の「はじめに」「目次」「おわりに」を書くこと、ページを書き込むことを指示した。

③作文発表会

1　四月三十日（土）一校時　教科書教材「ガオーッ」を読んで手引きを利用しての作文（四・二八実施）の発表会　※ＰＴＡ参観日　二校時は学級懇談

2　五月二十八日（土）一校時　作文発表会　ＰＴＡ参観日　二・三校時はＰＴＡ球技大会

④文話等の指導

1　六月十日（金）二校時　教生さんにプレゼントする文集づくりのために題材を分担する話し合いを持つ。取材の指導

2　六月二日（木）帰りの会で、『せんせいけらいになれ』を読み、「こんな事が作文の題材になる」と、ゆかいな口げんかの詩を読み聞かせた。題材指導

3　九月三日（土）二校時　カードに思いつくことをすべて記入。透明のビニル袋に入れて作文綴り（フラットファイル）にはさむ。「カードの整理は次の時間」と、予定を話す。

4　九月六日（火）二校時　カードの整理（まとまりごとに分け、余分なカードを捨て、新しく浮かんだ事柄をつけ加える。）児童は机上で、教師は黒板上で。

5　九月十六日（金）時間割変更　五校時　範文視写『綴方読本』（鈴木三重吉）より「およめさん」を写す。牟岐少年自然の家宿泊訓練、運動会の練習と続き、児童が疲れているように見えたので記述の予定を急遽変更

した。

6　十月十一日（火）五校時　自分の書こうとしている題材でカードを作成、範文を提示、果皮・果肉・核の文話

7　十月十五日（土）二校時　クラス文集から作品の読み聞かせ五篇

8　一月十八日（水）一校時、時間割を変更して「神戸が大地震に見舞われ死者一八〇〇名以上という大惨事になった。自分は、どうしたらいいか考えて作文をしよう。」と話す。記述は三校時と予告したが、三クラス合同の音楽会練習のため、記述の時間はとれなかった。

9　一月十九日（木）三校時からテレビをつけっぱなし、「兵庫県南部地震」の被害の報道を見ながら、三・四校時は図工の版画に取り組む。昼の休みもずっとテレビをつけておいた。

10　二月三日（金）時間割変更　五校時　時間割では「ゆとり」の時間、教師の範文を板書、「これをもとにして、詩を作りましょう。」と指示した。教科書教材「詩の広場」での詩作り　※児童には難しかったようだ。

11　二月七日（火）五校時　範文視写教科書教材「詩の広場」と関連して、教室や図書室の詩集から、気に入った詩を探し、ノートに写す。

12　三月七日（火）五校時（作文）昨年度作成した文集「4年1組物語」から、児童の作文を二編音読し、自分が何になって、どんな事件を書くかをノートにメモするよう指示した。　構想の指導

⑤欠課

1　四月十六日（土）欠課・行事「一年生を迎える会」

2　四月二十六日（火）欠課　家庭訪問

3　五月三日（火）欠課　憲法記念日
　　五月十四日（土）欠課　第二土曜日で休日
4　五月十七日（火）時間割変更「国語辞典の使い方」の授業
　　六月十一日（土）欠課　第二土曜日のため休日
5　六月二十八日（火）欠課　時間割変更　性教育「赤ん坊はどこから」ＰＴＡ参観
6　六月二十一日（火）欠課　時間割変更　理科テスト実施
7　七月二日（土）欠課　時間割変更　国語「テスト」実施
　　七月九日（土）欠課　第二土曜日で休日
8　七月十二日（火）欠課　午後　個人懇談
9　七月十九日（火）欠課　　大掃除
　　九月十日（土）欠課　第二土曜日で休日
10　九月十三日（火）欠課　行事　牟岐少年自然の家宿泊訓練
11　九月二十日（火）欠課　運動会予行
　　十月八日（土）欠課　第二土曜日　休日
　　十一月十二日（土）欠課　第二土曜日　休日
12　十一月十五日（火）欠課　行事「遠足」神山森林公園
13　十一月二十二日（火）欠課　五・六校時「ボランティア活動　勝浦川の土手の空き缶拾い」実施
14　十一月二十六日（土）欠課　「全国同和教育研究大会徳島大会」児童は休み
15　十二月三日（土）欠課　時間割変更「国語テスト」実施

十二月十日（土）欠課　第二土曜日　休日

16　十二月十七日（土）二校時　作文をせず、クラス児童の間に生じたトラブルに対しての担任の考えを話す。「どこよりも正しいことが大切にされ、正しいことが通るのが学校だ。ここは学校だろう。」

一月十四日（土）欠課　第二土曜で休日

17　一月二十八日（土）欠課　作文の時間だが、進度の遅れを取り戻すために、「ごんぎつね」の漢字、詩の広場の「1年1組先生あのね」から、詩三編を紹介。

18　二月十一日（土）欠課　建国記念の日

三月十一日（土）欠課　第二土曜　休日

19　三月二十一日（火）欠課　春分の日

自由題による記述が二七回、そのうち、範文の読み聞かせを行ったのが五回（児童範文二回、教師範文二回、『綴方読本』（鈴木三重吉）から選んだ文を読み聞かせたのが一回）ある。また、文話を行ったのが三回、題材の例を板書したのが三回ある。

課題は全部で三二回、内訳は、教科書教材（文学的文章）との関連で読みを深めさせることを目的としたのが二回、記録・報告の文章を書くために課題したのが一回、伝えるための課題が一回、説明文を課題したのが一回、考えたことが題材になることを知らせるために書かせたのが一回（教科書作文教材「作文ノート」わたしの発見）ある。いろいろな種類の文章を書く経験をさせることはほぼ達成できたといえる。

クラス児童の間に生じたトラブルについて考えさせる課題が一〇回、阪神大震災に関連して課題したのが二回、ネフローゼで入院した（一月末に入院し、残りの三学期を全て病院で過ごした）友達への手紙が二回ある。いずれも書かなければならない場を設けて書く。というねらいの指導である。このうちの「クラス児童の間に生じたトラブル」に関連した指導で、児童は自己を見つめ、自己を確立する方向へと変容した。

作文発表会は二回、いずれも一学期に実施している。二回ともＰＴＡの参観授業であり、児童にとっては緊張する場であった。

文話等の指導は一二回実施している。内訳は、取材に関するものが四回、構成に関する指導が二回、どんな事柄が題材になるかについて話した（取材の範囲を広げるための話）のが二回、範文の読み聞かせが一回、範文の視写・聴写が二回ある。その他（作文から詩を書く）が一回となっている。

欠課は一九回

※（土曜日に作文の時間を設けている。第二土曜は毎回実施できないが、これは授業日でないため、欠課の時数に入れていない。）

実施した作文の授業の合計は七三時間になっている。平成五年度とほぼ同数である。多く書くことは達成したといえる。平成五年の実践と比較すると、範文の提示が多くなっている。前年度の実践で、範文の効果を確信したこと、前年度の児童の作品が範文として蓄えられたこと、指導者が、範文を書くことに馴れてきたことが背景にあると考えられる。コンポジションの指導は前年度に比して減っている。コンポジションの方法を使って作文することは結局一度も無かった。平成六年度の作文指導の特徴は書くことを通して一人一人に自分を見つめさせ、自己確立に向かわせる願いが強く出たといえる。

前年度にまして、書くことを厭わない児童が育った。「書くことは考えることだ。たとえ一行も書けなくても、書こうとして真剣に考え悩む経験をつめば、頭が上等になる。」という話を繰り返した。そのことを個人文集の「おわりに」に書いた児童が多く見られた。また、「一学期には、なかなか作文できなかったのに、今ではどんどん書けるようになった」と記した児童も目立っていた。多く書くことで書き慣れ、作文をいやがらなくなること、書くべき題材によって書くことで、自己を見つめ自己確立に向かわせる効果があることを確かめられた。

二年間の実践から、時間割に週二時間の作文の時間を置いたことで、児童は「毎週必ず作文の時間がある。作文の時間には題を持たずに教室に入ってはいけない（と、繰り返し指導者に言われている）。」「毎日の生活の中に題材を探さなければならない」と考えたようだ。結果として、児童の取材眼を育てる効果があった。

日記指導は、月に一〇回の個別指導の場である。一人ひとりに応じた指導ができることを考えると、作文指導における日記指導の果たす役割の大きさが見えてくる。指導の目標を明確にし、継続して指導することが大切である。日記指導は短作文の力と同時に、題材集めの力もねらった。児童が、作文の時間に日記帳を取り出して、それまでの日記に書いたことをさらに膨らませて作文する場面が多く見られた。日記帳が取材ノートの役目をしており、取材の力をつけるという日記指導（短作文指導）のねらいは確実に達成されていると感じた。

日記指導は、コンポジションの原理に基づく方法での草稿（推考を経て清書する前の文章）の役目もしている。また、白紙の日記を提出した児童には、児童との生活の中から、その児童が興味をもちそうな題を見つけて短作文（範文）を指導者が書くという指導を続けた。そのためか、前日の生活から題を見つけ短作文を書くのに要する時間がうんと短くなった。毎日、多くの範文を書いたこと（多作）で、指導者の範文としての短作文を綴る力が伸びたと言ってもよい。日記指導は多くの時間を必要とするため、実際は、一人一人に応じた細やかな指導（範文を書いて示す）ができないけれども、指導者の力量が伸びればそれだけ処理が速くなる。そのことは、個に応じた指導ができるようになることを意味し、指導の効果が大きくなるということでもある。

平成五年度も、平成六年度も、作文の授業を七〇時間以上実施できたのは、時間割に週二時間位置づけたことに大きく原因するのはもちろんであるが、指導の方法を蘆田方式に求めたため、毎時間の指導に自信が持て、余裕が出た（むしろ作文指導を楽しんでいた）ことが大きい。さらに、「多く書かせる（ことで書き慣れさせる）」という目標を最優先し、あれもこれもと気になることが出てきたときにも「とにかく多く書かせればいいんだ」といった気持ちで、多くを狙わなかったことも七〇時間以上の作文時間を確保できた大きな要因になっている。たとえば、多く書かせることが目標だからと割り切って、処理（丁寧に読んで誤字・脱字・文法の誤りを正したり、よく書けている所を指摘したり、こんな書きぶりに直してほしいと範文を朱書したり）が間に合わないときには、思い切って読んだだけで返すこともできた。

「書くことの中心点を明確にすること」は精叙・略叙につながるし、コンポジションの原理に基づく方法による記述でも第一に必要なことといえる。しかし、主題を文字にすること（主題文を書くこと）はなかなか難しい。そこで、手引によって児童の負担を軽減し、書けるようにして書かせる工夫をした。

平成五年度は、コンポジションの原理に基づく方法で記述する経験を積ませると同時に、題材集めカードを作成し、児童の負担にならないように配慮して（題材を集めるだけでよい。題材集めカードに記入したら必ず作文するのではない。また、主題に関係した材料を集めることがうまくできていないカードも受け入れる等）できるだけ頻繁にカードに記入させるようにした。かなり長期にわたって継続してはじめて主題文が書けるようになるし、主題を明確に相手に伝えるための材料を集められるようになるのではないかと考えての指導であった。

コンポジションの方法を用いて作文することは、一度の指導でできるようになるといった種類の技能ではない。しかし、指導の効果（作文するときにコンポジションの理論に基づく方法を用いて作文する児童が出てくる）が見えなかったために、平成六年度には、「書く方法を知らせる」という目標にしぼって指導に取り組んだ。コンポジションの方法を用いた作文では、児童の作文への興味（意欲）が感じられなかったためである。

二年間の指導を通して、実践を重ねていれば、それだけの力がついているはずだ、と考えて焦らずに指導できるようになった。「書くことによって思考力は必ず伸びている」と話し、一行や二行の作品を提出する児童にも「こんな短い作文でどうする」と注意するのでなく、「よくがんばったね。」という言葉が自然に出るようになった。児童は、自分のしていることに値打ちを感じ、自分の力の伸びを自覚したようである。

平成七年度は、過去二年間の実践の成果をもとに、納得のいく年間指導計画を作成した。日々変化する児童の実態に応じた指導（児童の作品に現れるのを待って指導）を展開するという方針は変わらないから「年間指導計画」は、あくまで「目安」として利用することになる。けれど、年間に実施できる時間が七〇時間程度ということがはっきりした今、年間指導計画作成時に、四年生の児童につけなければいけない力、つけることができる力、を見定めて、時間の配分をすれば、一年間の実践を振り返って、「もれがあった」と悔やむことのないバランスのよい指導ができると考えられた。

練習単元に、今までの指導で手応えのあった直観描写の学習を位置づけた。見たことを思い出して書き表すという作文力の基礎に培う学習だが、いつでも児童に喜ばれる。「作文発表会」は学期に一回、今年もＰＴＡの参観日に実施する予定にした。大勢の参観者の前で自分の作文を音読するとなれば、家で何度も読む練習をする。それは児童が必要感をもって自分の作品を読み返す「推敲」の機会となる。二学期に、書くべき事「友達」について書き、自己確立に向かうよう導くことも計画した。

C　平成七年度の実践の記録（徳島県麻植郡鴨島町牛島小学校　第四学年　三四名）

平成七年度は、火曜日第四校時と土曜日第二校時に国語（作文）を時間割に位置づけた。一学期の実践は次のようである。

①自由題での記述

1　四月十四日（金）五・六校時　（五校時はフラットファイルを配布して作文綴りを作るのに二五分程度を費やした。記述を一五分延長して、六校時に食い込んだ。　自由題

2　四月二十日（木）時間割変更　四校時　H六年度の児童作品から三編、『せんせいけらいになれ』から数編選んで範文の読み聞かせを実施、その後自由題で記述

3　四月三十日（日）三校時　題材例を口頭で示した後、自由題で記述　※二校時PTA参観授業

4　五月十六日（火）四校時　文話の後自由題で記述　男児二名が「古代せんせいとのおわかれ」視写

5　五月二十日（土）三校時　自由題　男児一名が「びょうきの犬」視写

6　六月六日（火）四校時　自由題

7　六月十三日（火）授業の始め二〇分程度説話　「友達」、残りの時間自由題で記述

8　六月二十七日（火）四校時　自由題

9　七月一日（土）三校時　自由題

10　七月十一日（火）四校時　「学級文集」から範文を二編読む　自由題「書き出しの工夫をして」と話して記述に入る。

11　七月十五日（土）三校時　『一年一組せんせいあのね』から詩を六編読み聞かせる。その後、自由題で記述

②課　題

1　四月十一日（火）一校時　自己紹介の原稿を書く。「手引き」利用
三校時　自己紹介の原稿を書く。できあがっている児童は自由題でいくつでも（一時間数題）記述してよいと話す。

2　四月十三日（木）一校時　教科書教材「古いしらかばの木」の感想／五つの質問項目を板書し、それに答える形で、自分のノートに記述。

3　四月二十五日（火）四校時　教科書教材「古いしらかばの木」の内容に関連して、「もしもあと○時間しか生きられないとしたら何をする」という事を考えて作文するよう課題。自由題も可

4　五月九日（火）四校時　自由題　「障害物リレー」と板書。※三校時体育の授業で障害物リレーを実施、そうとう盛り上がっていた。

5　五月二十三日（火）課題「遠足」　自由題も可　※遠足実施は五月二十二日

6　五月二十四日（水）二校時道徳、ＮＨＫＴＶ「さわやか三組」（はいはくしゅ）を視聴、感想文を書く。※担任は出張中のため自習。　三名未提出

7　六月三日（土）三校時　作文を返却して作文綴りに綴じる（整理）
課題「雨の日」自由題も可　※二名未提出、一名は「持って帰って書いてきます。」と話す。

8　六月七日（水）二校時「道徳」ＮＨＫ『さわやか3組』視聴、感想を書く。
※（担任は健康診断の再検査のために保健所へ、児童自習）感想を書く作業は三校時の途中まで、残りの時間「おばけとゆうれい」を読み聞かせる。「きびつのかま」と「いそら」に注意を向け、上田秋成の『雨月物語』を学級文庫に置く。　※次時『猫○おんねん』の事前指導のつもり。

9　六月二十八日（水）二校時「道徳」ＮＨＫ『さわやか3組』視聴　感想を書く。
※　担任は出張、児童自習。
10　七月十八日（火）五校時「水中ドッジボール」「地方別子ども会」と板書して課題、自由題も可。※水中ドッジボールは三校時、地方別子ども会は四校時に実施。

③作文発表会

1　四月十二日（水）二校時　自己紹介　四月十一日作成の原稿を基にして発表
2　六月十七日（土）三校時　作文発表会　出席番号一～二八まで。
3　六月二十日（火）五校時　作文発表会　全員一編ずつ読む。ＰＴＡ参観授業。

④文話等の指導

1　五月十日（水）範文提示『作品の見方』（亀村五郎）より「ツバメの観察」、『綴方教室』（大木顕一郎）より「うさぎ」を読み聞かせる。
2　五月十二日（金）時間割変更　五校時　直観描写「見て書く」（袋の中身は）袋に入っていたケースからフルートを出し、組み立てて演奏するまでを見て書く。　※三名未提出
3　五月十五日（月）時間割変更　四校時　直観描写「見て書く」「ありがとうのうた」　教師がギターを弾きながら、自作の曲「ありがとうのうた」を歌うのを見て書く。　※県教委義務教育課学校訪問　授業参観は一〇分程度
4　五月三十日（火）教科書「グループ日記」を読む。その後、「交換日記をしている人」と聞いたところ女子

全員が挙手した。「今の生活班で班日記をします」と告げ、新しい大学ノートを班ごとに手渡す。友達の書いた文に感想を書くこと。また自分の生活の中から印象に残った事柄を書くのだと、教科書の文をもとに説明した。

5 六月七日（水）残りの時間、「おばけとゆうれい」を読み聞かせる。「きびつのかま」と「いそら」に注意を向け、上田秋成の『雨月物語』を学級文庫に置く。

6 六月八日（木）四校時　「考えて書く」『猫○おんねん』※次時『猫○おんねん』の事前指導

7 七月十日（月）教科書教材「書き出しの工夫」学級文集にのっている作文の書き出しを教科書に示されている「①時②音③様子④まとめ⑤会話⑥思ったこと」に分類し、「あまり使っていない書き出しを使ってみよう。」と話す。

⑤欠課

1 四月十五日（土）欠課　時間割変更　「算数」実施

2 四月十八日（火）欠課　時間割変更　「算数」実施
四月二十二日（土）欠課　第四土曜日　休日

3 四月二十九日（土）欠課　みどりの日

4 五月二日（火）欠課　四月三十日の代休

5 五月六日（土）欠課　時間割変更　「詩の広場」授業実施
五月十三日（土）欠課　第二土曜日　休日
五月二十七日（土）欠課　第四土曜日　休日

六月十日（土）欠課　第二土曜　休日
六月二十四日（土）欠課　第四土曜日　休日

6　七月四日（火）欠課　大雨警報のため臨休
七月八日（土）欠課　第二土曜日　休日

自由題での記述は一一回、そのうち文話を行ったのが二回、範文を提示したのが三回、題材の例を示したのが一回ある。児童の筆が重そうだと感じたときには、範文や文話を行い、書く雰囲気にあると感じたときには、題を尋ねてすぐに記述に移るようにした。

課題が一〇回ある。自己紹介の原稿を始業式の翌日に置いたのは、二年間の指導から、自己紹介をするなら、必要があって原稿を書くであろうと考え、手引きを用意して作文させたものである。新学期、新しい担任ということで、いい緊張感のなかで実施できた。感想文を書いたのが四回、そのうち三回は担任が出張したため、NHKのテレビ番組を視聴させて書かせたものである。自習の時間を記述の時間にあてたので、十分な指導はできていない。あとの五回は、その時点で、指導者がぜひとも書いてみたいと思った題材を課題した。

作文発表会をすでに三度実施している。推敲の回数を増やしたいと考えたのと、PTAの参観日に最高の発表をさせたいと考えて前日に予行を行ったからである。予行の日に読む作品と当日に読む作品とは同一の児童が多かった。当日はどの児童もすらすらと読め、時間内に終わった。（予行では四五分に収まりきらなかった。）

文話等の指導を六回実施している。いずれも児童は意欲的に取り組み、予想以上の成果があったように思う。中でも三度実施した直観描写はいずれも児童にはすこぶる好評であった。過去二年間の実践から、児童に好まれることが実証されていたので、指導者にも、今年は少し前から、興味をもつように範文を読んだり、文話をしたり、学級文庫に本を置いて、導入の指導をしておく余裕が出ていた。
今年のクラスは、ことに指導の効果が大きいと感じている。「書き出しの工夫」の指導の次の日の日記から、「私は今日」「今日私は」と言った書き出しの児童はほとんどいなくなった。会話から書き出す児童が多く、書き出しを工夫しなければという意識はクラスに根付いたように思える。グループ日記も活発に行われている。二学期に予定しているグループ日記の発表会が楽しみである。
欠課は今のところ六回、例年並と言える。

今までの指導で、印象に残っているのは、「学期末にみんなの作文を立派な本にして、個人文集を作ります。昨年のクラスに二〇〇枚以上書いて、四〇〇頁を越えた児童がいました。」と話してから、目の色を変えて、四〇〇頁を越えることを目標に毎時間五～六枚の原稿用紙を使う児童が出てきたことである。そのうちの一人Y男は、原稿用紙が二枚目に入ると必ず一行で終わり、違う題材で書くためにまた原稿用紙をとりに来ていた。注意をしようと思ったが、やがて落ちつくであろうと、見守っていた。最近、そのことを児童が「あと8まいで100まいだ」という題で作文にした。

あと8まいで100まいだ

牛島小　四年　Y

ぼくは、いまでもそうだけどさく文のげんこう用紙が86まいあります。といっても、1この題を考えて一まい書くと二まい目の一行目やそこらで終わります。そのことは自分でもちょっとずるいと思いました。このことは、自分でも直そうとしているけどよけ（よけ＝たくさん）かけるからやっぱりしてしまいます。

はやく100枚いきたいです。

この作文の後、Y児は原稿用紙に一行だけで終わる作文を書いていない。あの時に、よくぞ焦って注意しなかったものだと、ほっと胸をなでおろしている。

児童の作文を読んでいると、「あの子はこんな素直な子だったんだ。」「こんなに一生懸命なのだ」と、表面的な言動ではとらえきれていなかった児童の本来の姿を見ることがたびたびある。児童の健気さ、純真さに心洗われ、児童が愛しくなる。そんな経験の積み重ねが、児童の行為の意味を（サボろうとしている、ふざけている、楽をしようとしている、ずるい……と）誤解しない児童把握力を育てている。蘆田のいう「児童が生来有する綴り方の素質を培養して、各自その素質に応じたる発達を遂げしむる」（「綴り方教授」『芦田恵之助国語教育全集第三巻』、明治図書）ためには、深くて細かな児童把握が必要であるが、作文指導はそのためのまたとない有効な手段である。

（平成七年八月二十七日　稿）

注

（1）概念くだき

子どもの文章表現が、色あせて観念化し、いきいきとしていないのは、一つには既成の文章（もしくは文）の類型に安易によりかかってしまうからであろう。対象（自然・人事いずれも）をよく見ないで、頭の中で観念としてのみ形づくって、文・文章をまとめていくからであろう。「概念くだき」をして、書く言語主体の個性・実感を大事にして、それを素直に表現させることは、思考（表現）態度の問題として、ゆるがせにできない。

文飾をおさえ、自己に正直に、自己をだいじにして、素直に書き表して行くということは、書くことの根本姿勢である。その根本姿勢をつくりあげていくのに「概念くだき」の問題が大事になってくるのである。書くことの活動が充実し、順調に伸びていくかどうかは、この書くことの根本姿勢がしっかりしているかどうかにかかることが多い。

他人の表現・思考の単なる模倣でなく、自己の思考自己の表現を育てていく様にさせて、初めて書くことにおける根本が立ち、個別的な表現への道が生じてくるであろう。これは書くことの学力の源泉でもある。

このように見るなら、「概念くだき」の問題は、単なる表現技能の操作ではなく、思考態度にかかわるものとなる。文章・表現へ立ち向かわせる基本の姿勢といってよい。この根本姿勢を支えるものは、自ら経験し、みずから考えたことを自らのことばで書きあらわしていくという、自主的な思考作用・表現営為に関する考えかたである。態度・技能に関するこれらの書くことの学力は、その根本において、書くことの基本の姿勢をどのように育てていくかという面で、思考作用・思考態度と密接に関連している。

（野地潤家「国語教育原論」共文社、昭和六十三年六月十五日発行、第五刷、七八・七九頁）

（2）リアリズムの原理に基づく方法で文章の基礎を固める

当然順序よく思い出して克明に書けるというリアリズムの原理の展開の方向にしたがって、文章の基礎は固められると思いますけれども、それが意見を述べるとか、論理を展開させるとか、自分のビィジョンを描いてそれを説得力のあるように盛りたてていくとかということになりますと、構想していく、問題をつかんで、その問題を中核にして構想していくという力が開発されなければ、文章力というものは一方の面で達成されないのではないか、こういうふうに思うのでございます。

（野地潤家著「作文教育の探究」文化評論出版、昭和四十七年七月二十日、二四二頁）

（3）リアリズムの原理に基づく方法の持つ欠点・作品主義に陥る

リアリズムを中心といたします作文学習の原理は、これは当然の帰結でもありますが、作品主義ということになってまいります。したがって作品ができあがって、作品の価値を発見し、またそれを味わったり、反省したりする。そして、つぎの文章活動に備えます。いい題材、いい材料、すぐれた独特の経験・体験というものがありますと、それをさっそく作品化していくというそういう活動に主力がおかれます。またコンポジション原理ということから考えますと、このほうはコンポジションの、テーマを定め、材料を集め、材料を配列し、アウトラインを作成し、それにしたがって叙述し、批正していく、こういう順序ですから、そのプロセス・プロセスにおいて、材料集めの練習をする、アウトライン作成の練習をするというふうに、どちらかというと、ドリル主義にかたむいていく傾向にあると思います。

（同上書、二四九頁）

（4）リアリズムの原理に基づく方法からコンポジションの原理に基づく方法への切り替え

リアリズムの原理は、作文学習の根本原理にちがいないと思いますけれども、それだけでは、ある段階へまいりますと、いきづまってしまう。原理そのものにいきづまりはありませんけれども、その原理に立脚しての叙述活動にはいきづまりのくる面が見られます。それは、たとえば、リアルな材料を、貧しい生活なり生活環境なりに焦点をあわせまして書いていくといたしましても、その中からは、子どもたちの本来もっている夢をひきだすことはできないと思います。つまり、子どもたちのビィジョン、将来への夢を、構成する力をどうしてひきだすかということは、現実に自分の生活のありのままを見つめているというだけではだめなんじゃないかと思われるのでございます。

そういたしますとここにリアリズムの原理というものに対しまして、もう一つコンポウズしていく、構成していく原理というものを見定める必要がありはしないかと思います。

（野地潤家著「作文教育の探究」文化評論出版、昭和四十七年七月二十日、二四二頁）

（5）コンポジションの方法の持つ問題点

コンポウズしていく方式の場合は分節させてその項目・項目で練習していくことはやさしいわけですが、こんどはそれを組み立てていくときには、満足感を味わうことはむずかしく、それを作品として文章をまとめるというのに比べますと、ともすれば空しかったり、または自分が企てたほどには、その成果を見ない、ものたりない、材料も不足している、結果として説得力が足りない、というようなことも出てまいるかと思われます。

しかしながら、このほうは天才主義・才能主義ではなくて、だれでも一定のルールにしたがって文章を構成していくならば、目的さえしっかりしており、その方向づけを誤らないで進むとすれば、あるまとまった文章ができる。こういう点では、あることをまとめてずばぬけた文章がえられなくても、大勢の人がミスのすくない、未成熟というよりは、その人たちの段階に立った文章の成果を得るということもできるかと思うのでございます。ところがコンポウズしていくコンポジションの原理というものが進められてまいりますと、このふしめ・ふしめ・項目・項目の練習学習ということに重点がおかれてくるにしたがって、生徒たちの態度が―作文学習の態度が受身になり、消極的になり、型はめされるという印象を受けることになりはしないか、そういうおそれを感ずるわけでございます。

（野地潤家著「作文教育の探究」文化評論出版、昭和四十七年七月二十日、二五〇頁）

型はめ的に一定の形式を提示いたしまして、それにしたがって、アウトラインを構成し、文章を叙述していく、こういうやりかたは、非常に、心情的な心理的な反発または圧迫を感じさせることが多いとすれば、この問題をどういうふうに考えていけばよろしいのかという問題は、今後の作文教育を推進してまいりますときの、いちばん大きい問題になろうかと思います。

（野地潤家著「作文教育の探究」文化評論出版、二四九頁）

（6）沢庵石①

記述の段に教授者が安んずべきところを發見しなければ、綴方といふものは進展するものではない、かう考へまして、それからは、椅子に腰かけたり、時には立つてゐて見たり、いろいろやつてみましたが、結局私の今日落ちついて居る所は、今日のあの地位に、私は一時間何も言はずに、記述中は殆ど何事も言はずにつくんと立つて居るがよいといふことを發見したのであります。私があ、いふことをやつて居りますと時々冷やかす方があります。「お前あんなところに立つて居ると子供の發表を阻碍する恐れがある。外に出てテニスでもして居つたらよいぢやないか。」など申します。この邊になると冷やかしもよほど徹底的であります。私は、私がもしさういふ心境になつたらラケットを握つて外へ飛び出しませう。私がもしさういふ心境に進んだら、こゝへ書物を持つて來て讀書なども致しませう。けれども私の今の心境では、今までに考へに考へ抜いたゞ一つの方法としては、子供の列の間へ入ることもいけない。況や綴つて居るところを頭から覗き込むに到つては沙汰の限りだ、私はたゞこゝにぢつと立つたきり一言も言葉を發しない。これが本當の自由教育といふものではなからうか。子供が自由に仕事をして居る。教師は默つてその仕事を見て居る。これが自由教育の眞髄といふものでなからうか。さうすると、私があの壇の脇に立つて居る居らぬといふことは大した問題ぢやなからうとも考へられますが、もし私をあの位置から除きましたら、あの教室にあのしつくりした感じは出て來ません。昨年淡路へ參りました時、或る學校であの通りにつくんと默つて立つて居りました。すると同志の一人が「先生、あれは何をして居るんぢやね。」と申します。「何をして居るのでもない。澤庵石のやうなものさ。」と答えて笑いました。「澤庵石といふものは、一向用に立たんやうなものに見えるけれども、試にあの石を取つて置いてごらん、物の三日もたつと、澤庵が味も香りもないやうになる。あのぴりつとした味や、ぷんと來る香りは無用に見える重石がぐつと押へてゐるからだ、して見るとあの教室の緊張も澤庵石のおかげぢやないか、あそこで默つて居るといふことがとても並大抵の修行で出來ることではない。」と私はその人に話したことであります。

（『芦田恵之助先生　綴方教室〈復刻版〉』文化評論出版、昭和四十八年十一月一日、第一刷、二一一・二一二頁）

沢庵石②

子供の書いてゐるのをどう指導するか、これは皆さんがお考へになりますと、そんなことが出來るかい、子供がせつせと書いてゐるのに、どう指導出來るか、それは不可能なことでないか、と思はれませう。（中略＝引用者）その記述の中に指導をするのは「默」かういふ仕事がありはせんか、默といふことがどれだけ強い力であるか、若し默といふことが強い力であつたならば、この途によつて全級の子供を率ゐるといふことも出來ないことではなからうかと思ひます。

（「田邊教壇と田邊講演」『芦田恵之助国語教育全集第八巻』明治図書、一八六・一八七頁）

自己の確立をめざす作文指導
――書くことによって「いじめ」に立ち向かう――

1　「いじめ」をやめさせる指導を求めて

平成六年度の二学期（十月二十日）、私は担任する教室（第四学年二十七名）にいじめがあることを知った。多くの児童に首謀者と思われている男児がいたが、本人には首謀者であることの自覚がなかった。彼を含め加害者側児童の全員が傍観者的な意識――いつ被害者に横すべりするかという不安がある――で、いじめに加わっていたのであろう。友達に悪口を言い、のけ者にすることについて、罪悪感を持つ児童もいたと思われるが、誰一人として、いじめを止めようとはしなかった。「私は……」と、自己の考えを表さないで、全体の中に埋没し、状況に流されて生きている。自己をみつめることができていない状態といえる。人間の行動をコントロールするものは何か。児童の行動を変えるためには、それを突きとめなくてはならない。大河原忠蔵氏は、

思想は、理性がやるような複雑な数式の計算、綿密な経済学の分析、周到な文献学の考証などはやらないが、理性が決してできないこと、すなわち感覚、欲望、衝動、または行動を直接コントロールできる。それが思想の本質的な一面である。

（『状況認識の文学教育』一六頁）

こどもにもこどもの思想がある。あるこどもたちは、貧乏人のこどもを軽蔑し、金持のこどもの機嫌をとる。しかしひとに親切にしなければならないという答案はちゃんと用意している。思想はこどもの内部でも理論と分裂する。そのようなこどもを教育の対象にするときには、思想に衝撃を与える必要がある。

（同書、一七頁）

と述べている。私のクラスの児童も「いじめることはよくない」という考えは全員が持っていたが、選択した行動は、いじめられている子を助けることではなく、自分が一緒に、または代わりに、いじめられるのを恐れて、いじめに荷担することであった。大河原氏の意見と重なる。クラスの児童には「自分の身の安全を守るために、強い者に従って弱い者をいじめる」という思想があると考えた。大河原氏が記述しているように、この思想に衝撃を与え、変える、または、新たに思想を形成することができれば児童の行動を変えいじめを止めることができると考えた。そのための方法を大河原氏は

文学作品は、言葉で書かれたものであり、色彩や音などによる他の芸術の領域よりも、直接思想に転化しやすい。思想それ自体が、言葉の構造によってささえられているからである。（『状況認識の文学教育』二六頁）

鑑賞指導は、作文指導と原理的な面での固い結合が必要になってくる。現実を認識しながら作文を書く主体に、作品からでなければあたえられない思想的なエネルギーを輸血するのが鑑賞指導になってくる。（中略）生徒のひとりひとりが、やがて生きるあらゆる場所で、たとえば労働の現場や複雑な人間関係のなかなどで、常識的な観念や、処世術的な駆け引きや、既成倫理の枠をつきぬけてなまなましい歴史の現実をつか

みとり、それを自己の思想に変え、さらにその思想でまた現実にたち向かっていくという姿勢を作り出す

（同書、一二七頁）

と、記している。ここを読んで、「文学作品の鑑賞指導」では「こんなことはしてはならない。」「こう行動すべきだ」といった行動の規範を持たせることができるが、それは知識として持たせただけであり、その知識は答案・理論としての役目しか果たさない。自らの置かれた状況を内側から言葉でつかみ取る作文指導で葛藤させることを併せて行った時に、初めて、知識が行動を直接コントロールする思想に変わると考えた。

2　平成六年度の作文指導

四月当初から、「自分の思いを自分の言葉で表現できる児童」をめざした。書く力は書くことによってしか身につかない、との考えを基本に、書く機会をできるだけ多くもつように計画した。毎週二回の作文の時間を時間割に組み入れ、作文の時間には、原則として書くこと（記述）を位置づけた。記述の指導では、「本当のことを書きましょう。」「書きたいことを書くのです。書きたいことがない時には書いてはいけません。」「楽しかったこと、うれしかったことを書くのもいいですが、いやなこと、つらかったこと、しんどいこと、苦しかったことを書くのもとてもいい作文なのです。」といった内容の文話を繰り返した。現在（平成六年十二月末）までに四九回の作文の授業を実施し、級児童は四二篇の作品を仕上げ、自らの作文綴りに綴じている。また、日記指導を短作文の指導と位置づけている。これはおもに身の回りの事象から作文の題材を見つける力、すなわち、取材に重点をおいて指導している。書くためには、なんと言っても意欲が大切である。意欲を喚起するために、児童の作品

のうちから個性的な作品を選んでコピーして綴じ、クラス文集にして、教室の書架に置いている。また、児童は、一人一人が自分の作品を綴りに綴じているが、年度末には業者に頼んで製本し、個人文集（世界に一冊だけの本）にする事を告げている。さらに、学級通信にも児童の作品を載せている。

現在、級児童は、作文を書くために必要な、取材、構想、記述、推敲、批正の力をかなりな程度に身につけ、自分の思いを自分の言葉で書き表すことができてきている。多く書くことで書き慣れたためと考えられる。

3　作文指導で「いじめ」に立ち向かう

(1) クラスの「いじめ」

（被害児童：A子の作文によると）いじめはA子が二年生の時に始まり──学校での用便の失敗を友達に見つかり「くさい」と言われたことが発端──ひどくなったりやわらいだりしながら四年生まで続いていた。A子は二年生の時にも、三年生の時にも担任教師に何度か訴えた。担任教師は訴えがある度に事件に直接関係した児童を呼び、悪口をいってからかった児童に「二度と言わないように」と注意をし、からかった児童は「もういいません。ごめんなさい。」とあやまって終わってる。A子がいじめにあっていることを私が知ったのは、平成六年六月六日（月曜日）A子四年生の一学期のことだ。遅刻したA子を学校まで送ってきた母親が、職員室の私を訪ね、「Y君に悪口を言われるのがつらくて学校へ行きたくないと言っている。」と訴えたのである。それまでもA子は遅刻が目立って多かったが、それも級友からの悪口が原因で学校へ行くのを渋るからだと話した。その時には、私は帰りの会で、級全体の児童に、「友だちの心や体を傷つけることはゆるされることではない。」と話し、A子には「頑張って学校へ来てほしい。」と個人的にはげました。いじめを深刻なものととらえていなかった（事実確認に甘さがあった）と言える。その後も、A子がクラスにとけ込めていないと感じてはいたが、道徳、同和問題学習などで、個性の強い児童が大切にされるクラスの人間関係を作る事を目標に文学教材（いずれも灰谷健次郎著『兎の眼』『チューインガム一つ』『マコチン』『ワルのポケット』等）の鑑賞指導を続けた。

平成六年十月二十日。A子は体調の不良を訴えて欠席していた。二時間目の授業を終え、一度職員室に帰って休憩した私は、少し早めに次の授業のために教室に向かった。教室では一〇名程度の児童が筆箱を友達に向かって投げ、受け取った児童は、長い時間持っていると爆発する爆弾のように扱い、笑いながら違う友達を見つけ、追いかけて、投げつける、そんな遊びをしていたが、担任を見ると、急にぎこちない動きになり、一斉に遊びをやめた。それは、何か悪いことをしているのを見つけられたときに子どもたちが見せる「とまどい」であった。私は、「誰の筆箱？」と、尋ねた。児童の答えから、「A子の持ち物にさわったら溶けると言いながら、A子の持ち物を投げつけ合って遊んでいる」ことが分かった。「クラスの多くの児童がA子のいじめに関わっているのではないか」と予感した私は、発見した直後の第四校時、「ときどき新聞やテレビのニュースで、いじめにあって自殺した人がいると報道しているのを聞いたことがあると思うが、いじめた人は、いつでも、これぐらいの事で自殺するとは思わなかったと言っている。」「A子さんの持ち物で『さわったら溶ける』と言いながら、投げつけ合って遊んでいるが、A子さんはあなた達が、遊びだと言ってやっていることでとても苦しんでいる。つらさに耐えられず、学校に来られなくなって、遅刻する。時には学校を休むこともある。」「あなたたちがやっていることはいじめです。」と注意した。そして、自分たちのやったことについて書く作文を課した。

（2）「いじめ」に立ち向かう作文指導の実際

私がクラスのいじめの現場に出くわした日、十月二十日の第四校時、「自分たちのやったことについて、作文を書くように。」と話したあと、「ぼくたちのしていたことはいじめだった、よくないことをしていたとわかった。これからはしません。と書いてはいけません。自分がA子さんにしたことを、その時の考えや思いと一緒に正直に書くように。」と加えて記述に移らせた。級児童は、「みんなで一人の子をのけ者にしたり、悪口を言ったりすることがいいことですか」と問えば「よわいものいじめはいけない。だれとでも仲良くしなければいけない。」と、すらすらと答えることができる。理論を持っている。しかしその理論は、(クラスの全員で一人をいじめたという悪事が明るみに出たとき)困難な状況に身を置いて考え悩む(葛藤する)ことから逃れるための手段として使われている。こういった抽象的・観念的な言葉(理論)を発すれば、それですべてが終わる(解決すると言ってもいい)ことを彼らは経験的に学習していると理解した。従って、今までのように、児童が理論を利用して困難な状況から逃げ出すそうとするのを未然に防ぐために、記述に入る前に観念的・抽象的な表現を使わないように注意する必要があった。この時間に、加害者側にいる女児が次の作文を書いた。

【Aさんのこと】G

みんなに悪口をいわれ、みんなに軽蔑をされているAさん。私も、大嫌いとは言いませんが、あまり好きではありませんでした。自分がなぜAさんがきらいなのか理由さえわかりません。休み時間しょっちゅういじめられ、悪口もあるかもしれないけど、ほとんどがいやがらせです。「やめてだあ」と言っているんだけど無視されて、またやられる。その繰り返し、みんなあそびで、「やめてだあ」「つけるな」「タッチ」と言い、Aさんを嫌な気持ちにさせている。私も何回かつけられて他の人に「タッチ」と言っていたのでした。なぜかAさんがみにくく見え、たたいたりけったりはしていないけど、軽蔑しています。それもただの遊び、Aさんの気持ちなどわすれて。なぜかAさんを見ていると、すぐにきたないとかへんなというイメージがうかんできます。理由などないのに、まるで心がいじめなさいと指示しているかのようにAさんを遊び心で意地悪をしているのでした。

書き出しに、悪口を言った、軽蔑していたと、Aさんにしたことを書いている。主語は「みんな」理由は大嫌いとなっている。次に、主語の「私」に「も」（例外ではないことをあらわす副助詞）をつけ「（Aさんが）あまり好きではない」、理由は「わからない」とした文がある。「自分」が「みんな」と一緒に悪口を言ったり軽蔑していたかどうかがわかりにくい。「みんな」がAさんをいじめるのは「大嫌い」だとしているから「（Aさんのことが）あまり好きではない」自分は「少しだけいじめている」ということになるだろうか。

休み時間の様子を「しょっちゅう（Aさんへの）悪口、いやがらせがある。その時にAさんは「やめてだあ」と言うが、無視して、〃呪いゴッコ（指導者の造語）〃をしつこく繰り返している。」と記述している。主語は省略されているが「みんな」であろう。

ここでは、「私も」という書き方で自分もいじめの仲間であることを認めているが、「何回かつけられて」と書いて、「いつもやっていたのはではない（何回か）」、しかも「みんなにつけられて仕方なくやった。自分から進んでやったのではない」と訴えている。

この文には「あそびで」という言葉が使われている。これは——たとえば、「ドッジボールではボールをぶつけられていやな気持ちになる子がいる。でも、そんなことを気にしていたらあそびは成立しない。私だって、ドッジボールでボールをぶつけられて、痛いときも我慢した。（Aさんも）あそびだから我慢するのは当然だ」と——Aさんの「やめてだあ」を無視する正当な理由をあげて読み手を納得させ、いじめを正当化する言葉である。「あそびで」と書くのは、私たちには悪気はなかったという主張と考えてよい。G児は、「いじめではなくあそびだと思っていた。Aさんは「やめてだあ」と言うから、わたしはやりたくなかったけど、みんながつけてくるからしかたなくやった」と言っている。G児には、自分たちがやったことは「いじめという悪いことだ」と分かっている。罪悪感があるから「情状酌量の余地がある」と繰り返し訴えるのである。

「私も何回かつけられて他の人に「タッチ」と言っていたのでした。」という書き方は不自然だ。主語は私なのだから、「いました。」と結ぶところを「のでした。」と結んでいる。この文末は、たとえば「彼はいじめだと知りながら意地悪をくりかえしていたのでした。」と、書き手が、他人の行為や心情について事実だという判断を示す時に使う。

G児の作文には、最後にもう一つ「私」を主語としながら「のでした。」と結ぶ「理由などないのに、まるで心がいじめなさいと指示しているかのようにAさんを遊び心で意地悪をしているのでした。」がある。どちらも、自分の意志でやったのではなく「何か」にやらされたと主張する書き方である。あやつられている自分は自分ではない、だから他人を主語とする結び「のでした」を使うのである。自分は悪事に参加していなかったとアリバイを主張する記述といえる。

G児は、「心がいじめなさいと指示している」と書いた。心がG児の行為を決めている。心と自分自身を別のものとしているのは、G児の実感であろう。身体の内から胸のあたりに沸き上がってくるものがG児の行為をコントロールしている。G児はそれを「心」と表現したのだろう。それは、大河原氏のいう「思想（八六頁）」と言い換えてよい。G児の「思想」は「なぜかAさんがみにくく見え、たたいたりけったりはしていないけど、軽蔑しています。なぜかAさんを見ていると、すぐにきたないとかへんなというイメージがうかんできます。」という文にはっきりと表れている。なんのためらいもなく級友に対して「みにくい」「きたない」「へんな」とはっきり言えるのは、それがG児の「思想」になっているからである。それはAさんを見るたびに胸のあたりで膨らみ、Aさんをいじめるという行動を起こさせている。いじめの現場で使われる「ムカつく」という表現はそんな「感じ」なのかも知れない。

級児童の作文の大半に同じ傾向を認め、クラスのいじめがそれまでの私の認識よりもずっと深刻であることが分かってきた。そして、今までの指導が児童のいじめを止められるものではなかったと知った。

根本的な解決のためには児童の思想を変えなければならないと考えた。それには、なんとかして児童に「葛藤」をさせることが必要である。理論を口にして謝ることで、状況に関わり合いを持つことを避けようとする児童を、有無を言わせず状況の中に置き、状況とまともに向きあわせ、葛藤させる指導を展開しなければならない。児童が深刻な状況に身を置き、考え、悩み、自らを見つめる経験を積み重ねれば、（多く経験させれば）児童の中に思想が形成される。具体的な指導として、

（ア）いじめについての担任の考えを話したり、児童の作文を紹介（音読）する。

（イ）担任の話や児童の作文について話し合わせ、感想・意見を書かせる。

を考えた。記述の前には「抽象的な書き方をしてはいけない。具体的な記述をするように」と、注意した。抽象的な言葉、まとめた書き方――例えば「いじめはよくないことがわかった。私が悪かった。反省している。二度とこんな馬鹿なことは繰り返さない。○○さんごめんなさい。」といった文――は、状況の外から眺めた文である。事態を自分に直接関係のあること、自分の事としてとらえていない。このような文を書いている児童の中で葛藤は生じない。思想が形成されず、行動は変容しない。状況の中に身を置いて葛藤している児童の作文は記述が具体的である。思想は（行動としての）物の見方を規制する。すなわち、作者の見た事物は、その作者の思想の先端である。作者が身の周りの多くの事象のなかから、どのような物を切り取って（選び取って）いるかということで、その作者の思想がわかる。記述が具体的でなければ、作文指導は児童の行動を変えられない。

翌十月二十一日（金）五校時の作文指導でも、記述に入る前に「何があったか具体的に本当の事を書きましょう。」「ごめんなさいとかこれから仲良くしますという作文はだめです」と繰り返した。この時間に、一人の女児が次の文章を書いた。

【寝られなかった】O

私はそのことを家でずっと考えていて夜はあまり寝れませんでした。寝た時刻は12時半ごろでした。（中略）私はもう絶対にAさんに「とける」「きたない」とか言わないように気をつける。（中略）昨日家に帰ってお母さんに言ったら、お母さんに「ほんなん言うていいと思うとんえ。」と言われた。私はお母さんに「これから言わんように気をつける。」と言った。そしたら、お母さんが「ほんなんでいいと思うとん。」と言った。私は泣いた。おもいきりしばかれた。とてもいたかった。しばかれてしばかれてした。私は最後にお母さんに頭をおもいきりたたかれました。私は泣いて泣いてしまいました。そしたらお母さんが大きな声で「明日学校に行ってAさんにあやまりな。」と、おもいきりいがった（いがる＝大声を出す）。私は泣きながら「わかった。」と言いました。お母さんがあんなにおこったのははじめてです。私は学校に行ってAさんにあやまった。

母との会話を書いている点や「最後にお母さんに思いきり頭をたたかれました。」という記述に代表されるように、表現が具体的である。作者児童が母に自分のしたいじめを話すという困難な状況の中に進んで身を置いて葛藤し、内側から状況を言葉でつかみ取っていることがわかる。先に示したG児の文章と違って、事態を自らの視点でとらえている。自分の行為を人間として悪いことだと認め、母に殴られたことを当然の罰ととらえている。作者である児童は作文を書いた日（担任がいじめを発見し注意した翌日）の朝、A子に謝っている。この日A子に謝ったのはこの児一人だけであった。このことは、児童にとって（謝るといった大人から見ると簡単に思えることでも）行動に移すことがいかに困難かということと、状況を認識することで思想が形成され、あやまるという児童にとっては大変難しい行動に踏み切れたことを物語っている。A子は、

その時はうれしかった。あやまってくれたからだ。（言い終わった）Oさんが席に帰り着くまで、その言葉が耳のそばで響いていた。

と、書いた。「そのことばが耳のそばでひびいていた。」という詩的な記述は、A子のうれしさが大きかったことの表徴と思われた。十月二十二日（土）第二校時、児童作品【寝られなかった】を紹介し、「家の人に言いましたか、言ったのならその時の様子を思い出して、言わなかったのなら、どうして言わなかったかを書きなさい。」と指示（課題）した。そして、まだ言っていない人は、必ず家の人に話しなさい。次の作文の時間にはその事を書いてもらいます。と加えた。指導を続ける中で、「担任教師の言葉には、児童を葛藤せざるを得ない状況に追い込む力はない。」と感じた。もっと児童と近い者から発せられた言葉でなければ効力がないと考えた。仲のよい友人の声が一番であり、級児童の作文を示すのは確かに効果があるが、さらに、保護者の協力を得れば児童の変容に大きな力となると考えての処置であった。次の時間には、男児Oが次の作品を書いた。

【止める】O

僕はお父さんにほの事を言うことにした。（中略＝引用者）僕は帰ってお母さんに言うてみると「そんなに

悪い子だったん。」と言われてけられる。お父さんはもっとひどい。だって兄ちゃんが言うとはります（※はります（びんた・平手でほおを打つ））。僕も言うとはります。妹はけるだけ。僕はそう思って言うのをやめようかなと思った。けど、僕は決心したから。お父さんとお母さんと一緒におこっとる時に言うと思いきりはりまされる。優しい時に言うと「明日あやまれ。あやまらんかったらはりますぞ」と言う気がする。（中略＝引用者）僕は決心した。だれかがいじめられていたら助けたい。けど両方、つまり、けんかになっていたら一人をおさえる。できれば二人おさえたいが、もし、僕がやっていたら自分から止めて行く。けられてもたたかれてもいい。とめることが先だと思っている。一回とめたことがある。B君とC君が僕の家の前でキャッチボールをしていたら二人が文句を言って喧嘩になった。壁に頭をうったりしていた。僕がC君を止め、B君をお兄ちゃんが止めてけんかが終わった。家に入って二人を離した。それを止めた勇気があるのでだれが喧嘩をしても止めてやりたいです。

記述が具体的である。状況の中に身を置き、葛藤しているからであろう。この作者児童も、事態を善悪の判断でとらえ、道徳的に悪いことをしたと認識している。両親に話すという行為は、（この児にとって）どれほどの罰を受けるか知れない「こわいこと」のようだ。行為に対する罰の大きさが、悪事の大きさにつりあうものだと考えると、児童は自分がしたことがどれほど悪い事であったかに気づいているといえるだろう。実際に親に話そうと考え始めた時から、すでに状況の中で格闘している。だから、作者は、「とてもこわい」といった観念的な表現を用いていない。その恐怖は、自分が父や母に叱られたこと、兄や妹が叱られるのを見た時のこわさを思い出すという形で作者に迫って来ている。また、本気でいじめを止める行動に出ようと考えた彼を身のすくむような恐怖心が襲っている。彼はとっさに「僕は勇気があるから大丈夫だ」と自分に言い聞かせ、励まして、自らの気持ちを奮い立たせる必要があった。そのためには、今までで一番勇気を出した場面、――友達同時がお互いの頭をコンクリートブロックに打ちつけ会うはげしいけんかを、夢中になって止めた――を思い出して、自分の勇気を確認する必要があったのだ。「ぼくならできる。こわがることはない。僕にはできるんだ」と言い聞かせるために。「クラス全員を敵にまわしてでもいじめをやめさせよう」と、本気で考えたとき、恐怖心を克服するために自分を鼓舞する必要があったのだろう。気持ちの動きを具体的なエピソードで書き表しているのは状況の中に身を置き、ひどく葛藤している証であり、変容（いじめを解決する行動に出る）が期待できる。

この時間には、二人の女児が次の作品を書いた。

【空手】Y

私は4年始の初めの頃はAさんのことをあんまり好きになれなかった。私もBさんと同じように何回か言ったことがある。でも空手を見に行ってAさんと一緒に遊んでいる時は何も感じない。今は先生の話を聞いてから、「とける」とは言わなくなった。そういえば10月にあった空手に私は行かなかった。母が「（あなたが）行かんかったけんAさんたいくつしよったよ。」と言いました。だから11月にある空手は絶対見に行こうと思った。

【朝の活動の時間】F

ほとんど朝の活動の時間はみんないろいろなことをしています。Aさんは、おくれてくることが多いのですが、（Aさんが教室に入ってくると）みんな机をずらします。私も初めの時はまちがいだとしらなくてやってしまっていたのです。でも、今は違います。十月に入ってから、わたしは、Aさんみたいにはならなかったけど、少し学校がいやでした。今でもそうだけど、わたしはその時Iさんとも話してなかった。けんかじゃないけどその日は人と話すのがいやな日だった。二時間目の休み時間にAさんが教室の後ろのドアの所（書棚）にある詩を読んでいた。一人でひまそうにいた。私も遊ぶ人がいないから「Aさん。」と声をかけた。すると「あ、Fさん。」と笑顔をみせて言ってくれた。「何しよったん。」「ん。あのね。詩を読んでたん。」「ふうん。」私はちょっと聞いてみた。「あんな、Aさんはみんなにとけるとか言われてもいやじゃないん。」「そりゃいやだけど、もうなれとるん。」「へえ、すごいね。」と私は言った。その時の私は友達になってあげようという気だったのだけど、けっきょくはずかしくて、言葉がでなかった。「Aさん、友達おる。」「いるよ。」「たとえば。」「ううん、」わからん。」「……。」Aさんは一階への階段をおりて行って、わたしもおりました。そして、「まって。」というと「こっちだよ。」と言いました。私は追いかけて追いかけました。三階まで上がると、キンコンカンコンと鳴りました。でも、とてもおもしろかったです。

【空手】を書いたY児も【朝の活動の時間】を書いたF児も、クラスでも一二を争うくらいおとなしい。二人は状況の内側に入って悩んだ末、自分は二度と「溶ける」とは言わないと決め、――クラス全員を敵にまわしていじめをやめさせることはとてもできそうにないから――自分にできる最良の方法を見つけだした。それは、クラスの児童が見ていない場所で（兄の空手の練習についていった時や休み時間）Aさんを励ますことだったのである。二人の性格を考えると、先の【止める】を書いた児童の状況認識と優劣はつけられない。この児童なりに精いっぱい状況と格闘し、自分を見つめ、自分のなすべきことを探っている。いじめをなくすために児童が起こす行動は個に応じたものであるはずである。すべての児童が全く同じ方法でいじめ解消に立ち向かうことを望むのは、個を生かすという大切な視点を失うことになる。【空手】や【朝の活動の時間】の作者のような体力のないおとなしい児童に、勇気を出してクラス全員に向かって「やめなさい」と言えなければいじめをなくす努力をしたとはいえない。とか、何にもしなかったのと同じ・加害者のままだ。と教えるのは、おとなしい児・弱い児を自己否定に追い込み、苦しめ、追いつめる危険性をはらんでいる。

【寝られなかった】【止める】【空手】【朝の活動の時間】の作者たちは、自分から困難な状況に身を置いて葛藤し、状況を認識したが、クラスには、そのようにできない児童がいた。児童のうちの何人かは担任が指示したにも関わらずクラスのいじめ事件について、保護者に話していなかった。そこで、保護者の協力を得るために、学級通信に「クラスにいじめがあります」と記し、匿名で児童の作文を載せた。発行は十一月五日（No.19）十一月八日（No.20）十一月九日（No.21）十一月十日（No.22）十一月十一日（No.23）十二月八日（No.24）さらに、愛知県の大川内君の事件から、担任が学んだ事、保護者に協力願いたいことを記したNo.25を十二月九日に発行した。クラスのいじめを公表した最初の学級通信を発行した十一月五日の夜、A子の母親から「いじめを学級通信で取り上げていただいてありがとうございます。」との電話があった。他の保護者にも予想以上に衝撃を与えたようで、偶然私と会った保護者が深刻な様子で「大変ですねえ。」「すみません出来の悪い子で」と声をかけてこられた。十二月十五日、十二月十六日に実施した個人懇談では、保護者一人一人に、クラスのいじめ事件と担任の指導の顛末を話し、「児童の家庭での様子に変わったところがあったら、「取り越し苦労に終わるか」と思うようなちょっとしたことでも知らせて欲しい」と協力を要請した。懇談の中で、いじめの事が載り始めてから学級通信を一度も見せていないM子という児童がいることが分かり、「お子さんに見せてもらって下さい。」と話した。明くる日、母親と児童の作文が届いた。母の文章には「叱られると思って見せなかったようです。二人で話し合い、M子は目に涙をためていました。」とあった。

十二月十七日（土）第二校時には、「勇気を出して見せることで、M子は変われた・成長した」と、M子の件を級に知らせた。その後、「私は、いじめた側が、悪いことをした者が得をするような学級、学校、社会にはしたくない。いじめに加わる者は私の敵だ。勇気を出して、いじめられる子の味方になろうとする者には全力で支援する。」と話した。話し始めると自分の言葉に自分で酔ってしまう悪い癖がでて四五分間話してしまい、予定していた記述の時間は取れなかった。十二月二十日（火）には、「いじめられている児童に味方をする友達が出たら、あなたはどうしますか。正直に書いてごらん。」と話した後、記述に入った。

年が明けた三学期、一月二十四日の作文の時間にM子といつも一緒にいるSという女児が次の作文を書いた。

【学級通信】S

2学期のいじめのことについて書いてある学級通信を、私はなかなか父母に見せられませんでした。毎日毎日見せようか見せんとこうかまよいました。いじめについて書いてある学級通信を親に見せると何を言われるかドキドキします。私は何枚か学級通信がたまったころ、母に見せようと思いました。私は、でも、とてもこわくて見せられませんでした。とうとうたくさん学級通信がたまってしまいました。私は、見せようと、とうとう決心しました。今まで見せなかった学級通信を持って、一階に行きました。母が台所で、晩ご飯を作っていました。台所に行って、私はわざと、「はいこれ、学級通信。ちょっと渡すん忘れとったんよ。読んどいてな。」と、私はすましたように言いました。すぐ渡してから、私は、台所を逃げ出して違う部屋に行きました。しばらくすると母が来て「S子もいっしょに、ほの子をいじめたんえ。」と私に聞きました。私は、小さな声で、「うん。」と言いました。母は「どんなことしよったん。」と聞きました。「くさいとか、きたないとか言よったん。ほれと、タッチもしよった。」と言いました。私は、今にも逃げ出したい気分だった。でも、私は母の顔を見ず、質問に答えるだけだった。父が帰ってから、父にもそのことを話した。父も母と同じようだったが、父の方が話が長かった。私はいやでいやで、言われたことを忘れたい気分だった。

文の乱れは、困難な状況に身を置き悩み苦しんでいる児童の心の現れであろう。記述は全体に具体的である。児童が状況の内側で悩み、解決法を考えている事を示している。

次の作文の時間にはS子の作文を紹介した。S子以外にも、学級通信を親に見せることがつらく何枚もためてしまった事を作文した児童が数名出てきた。この頃から、あたかも腫れ物に触るような態度でそれまで声をかけなかった級友に話しかける児童――相手の気持ちを考えた言動をとろうとする努力に見えた――が目につきはじめ、クラスの雰囲気が変わってきた。児童が変わったと言える。

（3）「いじめ」に立ち向かう作文指導を振り返る

クラスのいじめが深刻であることを認識し、そのことについて作文を課すことが四カ月続いた。いじめについての作文は一〇編に及び、クラスのいじめは表面的には全くおさまっている。A子は友達ができ、――三人で仲良しグループを作って遊んでいる――以前よりもよほど明るく暮らしている。児童は確実に変わった。その事を示す例として、二六人（クラスの児童）が全員で昼の休み時間に「凍りおに」をしたことがある。A子もその中に含まれていたし、これまで外で友達と遊んでいるところを見た記憶がない（と児童が作文した）NやTも「一緒に遊ぼう。」と誘ってである。

しかし、完全に解決したと考えてはいない。級のすべての児童が内面（思想）から変容しない限り指導は終わらない。これからも、書くことで「状況の中に身を置いて、状況の内側から自分の言葉で事象を具体的につかみ取ること」（葛藤させること）で自己を確立させる指導を続けていこうと考えている。

今回の作文指導でいじめをなくす取り組みが一応の成果を得た要因が三つある。

一番の要因は保護者である。保護者に恵まれたことが何よりも大きい。いじめに立ち向かう方法は一つではない。私（上田）の選んだ方法が一番よいと考える保護者ばかりではなかったであろう。「作文でいじめを止めることができるのか」といぶかる保護者もいたに違いない。だが、抗議の気配さえ無く、保護者全員が私の指導を全面的に支持し支援してくれていると信じて思い切り指導ができた。個人懇談での私の話は、保護者にとっては、「我が子の悪いところを指摘される」つらいものであったと思うが、静かに聞き、受け入れてくれた。「うちの子もいじめに荷担していたんですか」と質問する保護者はいたが、「そんなはずはない。先生の思い違いだ」と抗議する人はいなかった。家庭で「自分がされてつらいことは、人にしてはいけない。」「悪いと分かっていることはたとえみんながしていても、自分はやってはいけない。」「つらい思いや悲しい思いをしている友達を見つけたら、自分にできることでその友達をたすけなくてはならない。」と、児童に注意したことが、児童の作文から十分に読み取れた。それが、児童の思想となって行動を変えた。担任と保護者が同じことを説き続けたことが大きいと考えている。

次に、学級通信がある。「学級通信」という「新聞」が保護者や児童、教師からなる集団（社会）に通じ合いを実現した。新聞が保護者と担任を結び、児童にとっては、それまで、別の世界であった教室と家庭が一つの社会になった。そうなると、児童は学校であったことを親に隠しておくことができない。それは、新聞が、親に話そうと思っても一歩を踏み出せない児童の背中を押して――自ら困難な状況に身を投じ、葛藤して変容する――勇気を出させたと言い換えてもよい。それにしても、学級通信を読んだ保護者が、いじめの解決に向かう私のやり方を支援し、全面的に協力してくれなければ効果はなかったであろう。

三つ目に、児童にある程度の作文力をつける指導の重要性をあげたい。四月当初から、「自分の思いを自分の言葉で表現できる児童」をめざしてきた。書く力は書くことによってしか身に付かない、との考えを基本に、書く機会をできるだけ多く取るように計画した。毎週二回の作文の時間を時間割に位置づけ、作文の時間には、原則として書くこと（記述）を続けた。また、日記指導を短作文の指導と位置づけ、おもに身の回りの事象から作文の題材を見つける力、すなわち、取材に重点をおいて指導した。意欲を喚起するために、クラス文集、個人文集を作成したり、学級通信に作品を掲載した。

その結果、児童は、作文を書くために必要な、取材、構想、記述、推敲、批正の力を身につけ、自分の思いを自分の言葉で書き表すことができるまでに育ってきた。多く書くことで書き慣れたと考えている。

（平成七年三月二十六日　稿）

参考文献

『状況認識の文学教育』大河原忠蔵　有精堂（昭和五十七年七月十日）
『清輝君がのこしてくれたもの』中日新聞本社・社会部編　海越出版社（平成六年十二月二十六日）
『いじめ事件』毎日新聞社社会部編　毎日新聞社（平成七年二月十日）

自己を見つめさせる教育としての作文指導

――生活をみつめ豊かな意見を育てる――

はじめに

中学一年生の男子が女教師をナイフで刺した。新聞報道には、授業に遅れた少年に女教師は「どうして遅れたのか」と問いただした。「トイレに行っていた」と答えた少年に「トイレにそんなに時間がかかるのか」と返し、授業後さらに廊下に呼んで詰問した。そこで少年はナイフを出し「そんなもの見せてどうするの」と言った女教師を刺したとある。

児童生徒が起こした事件について、教師がそれぞれの立場で自らの分析を試みることには児童生徒理解を深める効果がある。さらに、具体的な方策を見出したり、自らの実践を見直す機会になることを考えれば、児童生徒の事件を、教師が自分に引き寄せて読み解くことの意味は大きい。

私は国語教師としての立場で、事件を表現力という視点から分析したい。少年は言葉で説明する代わりにナイフを見せるという行為にでた。言葉でのやりとりでは解決できない状況だと思うところまで少年は追い込まれたのだろう。コミュニケーションがキャッチボールだとしたら、いくら投げても相手に受ける意志が無いと感じたのではないか。それまでも少年は、ナイフを見せたとたん周囲の雰囲気が急変するという経験をしていたにちがいない。それが少年が身を置く社会では効果的なことばであったと考えられる。少年は経験から、「ナイフに物事の真実をあばく力がある」と錯覚したのかも知れない。「ナイフさえ出せば、相手は正体を見せる。先生だってびびって、ちゃんと俺の言い分を聞きいれるはずだ」と。授業の後、再度廊下に呼び出されたとき、少年はことばによる説明で状況を切り開くべきだった。そうしなかったのは、(残念ながら)状況を打開するに十分な言葉による表現力を彼が身につけていなかったからだ。それまでの教育は、彼にそういった場面で、ナイフを用いないで、言葉による有効な自己表現をする力を身につけさせることができていなかったのだ。

「表現力の不足」が指摘されて久しい。学習指導要領では、国語の作文の時間は「全体の十分の三程度」という表現が、「一年から四年は年間一〇五単位時間、五・六年は七〇単位時間」と時数を明記する表現にかわった。児童の表現力不足が深刻だという状況を反映したものである。指導要領の改訂で作文の時数が明記され、制度上、作文の授業を増やしたにもかかわらず中学一年生の少年が自分の気持ちを表すことばを持っていなかったということは、小学校の国語教育が、子供達に表現力を身につけさせることができていないということである。表現力の不足が不幸な事件の原因の一つとすると、指導者はそれぞれの現場で、表現力を付け得ているかという視点から自らの実践をチェックしなければならない。

昨今の中学生の起こす事件の報道を聞くにつけ、「危機的状況」にあると思うのは私だけではあるまい。この状況を何とかしなければならないと考える最前線の教師(現場で実際に児童生徒の教育に当たっている教師)は、即効性のある実際的な方法——持ち物検査でナイフを取り上げる、生徒から身を守るために護身術の講習を実施する——を求めている。特効薬を求めている。それらの方法は必要な応急処置かもしれないが、決して根本的な解決となることはない。「生徒指導に力を入れる」ということが、「まじめ」「普通」という名の「どんなに不満があろうと規則を守る従順な生徒」を作るために、時には「内申書」という言葉を使ってするしめつけを意味するのであれば、それは、根本の解決から遠ざかる。

「作文を書かせていれば、ナイフを振り回す児童生徒がいなくなると考えているのか」と反論されることになるかもしれないが、児童生徒に、ことばによる表現力を身につけさせることを省いて児童生徒の非行を止める指導の効果があがるとは思えない。

児童生徒を教育することを仕事にする者・教員がしなければならないこと、それは、教科の学習を通じての解決である。教科の指導がいつの時代でも教員が一番大切にしなければならないことではないか。そして、それが、根本的な解決に向かう、最も重要な方向と考えられる。そのためには、指導者自身が常に自己の実践を見直していかねばならない。

1　ことばを持たない子供達（子供達のことば・語彙の実態）

「むかつく」ということばがちまたに氾濫している。すっかり日常の言葉として定着し、誰でもが（大人でさえも）使っている。一昔前には「むかつく」の代わりに「頭に来た」ということばが使われていた。本来「むかつく」というのは、腐った食べ物を食べて嘔吐しそうな感覚を表す言葉である。Gバタイユの分析によると「腐乱した死体」を見たときの感覚に行き着くことばだという。けっして、生きている人間に向かって使うことばではない。「おまえはむかつく」というとき、その言葉を使用する者には、相手が腐った死体に見えているのだろうか。「いじめ」の場面でよく使われたとか。人間相手にはとてもできそうにない行為を平然とする児童生徒の心の中では、被害者が腐った死体に見えていたのか。いじめの場面で使われた「ばいきん」・「くさい」という言葉は同じようなイメージから生じたことばであったのかも知れない。

「むかつく」という言葉を使う彼等は、考えが「頭にこない」で、胃で感じ、「むかつく」のである。「きれる」は、その延長線上にあることばのように思われる。それは考えることを止める宣言以外のなにものでもない。ことばからも考えない子どもが増えていると推しはかることができる。

生理的な感覚が彼等の行動を支配していて、全体に貧弱な語彙しか持たない。ことばを駆使して考えようとする姿勢が育てられていない。物事を深く見つめ、物事の意味を考えてその本質にせまろうとしない。彼らの表し方は、思考の結果の自己表現でなく、感じるままの自己の表現といえよう。

2　自己表現力の不足ということ

自己表現力の不足ときくと「話し方を知らない」と考えることが多い。ことばがコミュニケーションの手段であるという面ばかりを強調しすぎると、たいていは方法論にいきつくようである。そして一つの「話型」をもとにした話し方の練習がくり返される。話し方、書き方のマニュアル本がよく売れているそうだ。結婚式のスピーチなど、マニュアル本にのっとってなされることが多い。そういった状況は「話す内容を持つ」こと、「話す内容を考え・見つける」力を身につけることの指導が欠けていることを示している。

大切なのは「話し方」の「方法」ではなくて、話す内容を持たせる＝「中味を育てる指導」である。それは、ものごとの意味を考え本質にせまる行為の結果得られるモノである。

3　生活の中の事象を自分なりに読み解くこと

話す内容を持つためには、生活の中の事象を自分なりに読み解くことが大切になる。事象の「意味」を考えることである。それは表面だけで判断したり、人がした意味づけをそのまま鵜呑みにすることの反対の行為といえる。

時には事象の表皮を切り開いて内側を見たり、事象の周りにある小さなモノを拡大鏡で大きくして真実にせまることである。それ故、不断から心にメスや、拡大鏡を持たねばならない。そんな児童を育てる指導が必要となる。そのためには、すぐれた文学「表皮を切り開いて事象の真実をみせている作品」を深く鑑賞すること、自分の身の回りの事象をとりあげ、メスや拡大鏡を使って真実に迫る経験を積ませる必要がある。

4　「長野五輪」のテレビ中継・新聞記事を教材とした国語科の作文指導の実践

六年生を対象（男子一七名女子一七名。計三四名）とした。教材は、長野五輪の団体ジャンプのテレビ中継とその結果を報じた新聞の切り抜き。そして、『モチモチの木』（光村図書　三年の教科書）。「国語科単元学習」の形態をとった。指導時間は計五時間であった。以下にその概要を示してみる。

（1）二月十七日火曜日　（三／五）テレビ中継視聴

「日本が冬季五輪を開催するのは二六年ぶりです。国家的行事ですから、国民としてぜひとも応援をすべきだと考えます。今日は授業として、長野オリンピックのジャンプ団体を見ます。しっかり応援しましょう」そう告げて、テレビのスイッチをオンにした。そして、授業時間に換算すると三時間を費やして、児童とともに長野五輪ジャンプ団体をテレビで観戦した。悪天候のため一時間遅らせて始まった競技では、一回目のジャンプを終えた時点で日本チームは四位、原田の七九・五m（三五・六点）のジャンプは「前回のリレハンメルの悪夢の再現か」とのつぶやきを教室に生じた。だが二回目、四選手がそろってK点越えのジャンプを決め、日本は逆転の金メダルをとった。ドラマチックな試合であった。教室は「やったあ金メダルじゃ。」「よかったよかった。」の歓声でうまった。

(2) 二月二十五日金曜日　(二／五) テクストを使った作文指導

（ア）二月十八日の新聞の切り抜き（長野五輪の団体ジャンプの金メダルに関する記事や写真）を黒板に張り、四人の一回目と二回目のジャンプの距離と得点、それぞれがジャンプを終えた時点での日本チームの順位を板書した。さらに、岡部の「やる気にさせてくれた人がいました。」「気合いがはいり、力以上のジャンプができました。ありがとうございます原田さん。」、原田の「みんなさあ、最高だあ。おれじゃないよ、みんなだよ」「つらかったあ。」とインタビューに答えた言葉を板書した。そして、チームで一番の成績をあげた岡部は長野五輪個人ジャンプのノーマルヒルで選手から外されていたこと、チーム内では二番目のジャンプをした斉藤は個人のラージヒルで決勝に進めなかったこと、斉藤と岡部が原田とともにリレハンメル五輪のチームメイトであったことを話した。また、リレハンメルでジャンプを失敗し日本チームの金メダルをふいにした原田の家には、リレハンメル五輪の後、嫌がらせの手紙や電話がたくさんあったらしい、それでも笑顔で選手を続ける原田はいつか「スマイリー原田」と呼ばれるようになったことを付け加えた。

（イ）続いて、『モチモチの木』を読み聞かせた。読み終わって、①「豆太はどんな子ですか」、②「豆太は何をしましたか」、③「豆太のしたことについてじさまはどう言いましたか」と発問し、①「おくびょうな子」、①「五歳になっても、夜中におしっこに一人で行けない子」②「病気のじさまを助けようとして、裸足で、霜の降りた夜中の山道を二㎞も走って医者様を呼びに行った」③「人間優しささえありゃあ、やらなきゃなんねえことはきっとやるもんだ。それを見て他人がびっくらするわけよ」という反応を得た。このうち、じさまのことばを板書した。そして、「じさまと豆太のおとうはどんな人」と問い、「おとうは熊とくみうちしてあたまをぶっさかれた」「じさまは六四歳の今も、鹿を追いかけて岩から岩へとび移る」という答えを板書、どちらも「きもすけ」であること確認して書き添えた。次に、このたびの『モチモチの木』の学習で中心の発問「豆太のじさまとおとうはなぜこんな、他人が見てびっくりするようなことをしたんでしょうね」をした。児童はだまりこんだ。教室はとまどいを持って真剣に悩む空気に満ちたまましんとして時間が流れた。しばらくして「豆太のため」という答えが出た。

おとうもじさまも猟師であったのだろう。家族を養うために「やらなきゃなんねえこと」をしたのだろうと説明した。

（ウ）そして、原稿用紙を配り、「モチモチの木と日の丸飛行隊」について作文するよう指示した。

文学作品の鑑賞において、主題に迫るために「発問―応答」のやりとりだけで授業を組み立てると、主題に迫る発言をした児童（能力の高い児童）に充実感がある反面、主題に関係のない意見・感想を言った児童は、相手にされない。そんな児童は自分が存在しているのに指導者に見えない・透明人間になったような感じ（透明感）を抱き、「透明なボク」とつぶやくのではないだろうか。だが、作文は、ひとりひとりが自分の精一杯の力で取り組むことができる。そして、でき上がった作品は優劣に関わらず全員の意見を同じ価値で扱う（全員の作品を載せた文集を作る等）ことが可能である。そして、授業に参加する全児童に、「認めてもらえた」という充実感を味わわせることができる。

5　作品に見る児童の「言うべき内容・意見」の形成

紙面の都合で、級児童の全作品を扱うことはできない。総合的な国語力の観点から、（いわゆる）低位・中位・上位にあると思われる児童の作品をひとつずつ扱うことにする。

きもすけってなに　　　　H男

2時間目に先生が『モチモチの木』を読みました。この『モチモチの木』は二年か三年の時にならいました。先生が読んでいる中に「きもすけ」ということばが出てきました。「豆太のお父さんは熊とくみうちして頭をぶっさかれたほどのきもすけだった」と書いてあったのです。「じさまはきもをひやすような岩から岩へとびうつりだって」と書いてありました。やっぱり（じさまも）きもすけという名前なんだろうと考えました。ぼくははじめ人間の名前なんだろうと思っていました。先生が「きもすけ」とは度胸のある人のことだと言いました。まあいうたら、勇気がある人すごい人である。

ぼくはそんなに勇気がないのできもすけにはなれません。でも、ぼくには友達がいるので、ひとりでに勇気がわいてくるので何をしてもがんばれる。ぼくが一番がんばっているのが人にやさしくしてあげることです。でも、ぼくの友達はいいなと思いました。また、友達はいやだったときに話を聞いてくれました。でもいい友達とケンカをしてしまうことがある。それでもやさしくしてくれます。

ぼくもじさまみたいに度胸がある人になりたい。そしてみんなみたいにやさしくなりたいです。

H男は〝教科の〟学力では、クラスで低位の児童である。組立ても表現も六年生として巧みとは言えないが文章に味がある。普段の彼には、話す内容を持つことは難しい。だが、H男は彼なりに豆太や岡部・斉藤のしでかした「びっくりするようなこと」の意味を友達への愛だと読み解いている。「友達がいるのでひとりでに勇気がわいてくる」と表現している。友達の優しさを受けて、自分はいつか勇気のある人になれるだろう。強くなるために自分も友達に優しくしていかなければならないと結んでいるのは、彼が「長野五輪の団体金メダル」という事象の真実に行き着いた証と考えてよい。

優しさは無限のパワー　　　　六年　Ｆ女

『モチモチの木』で、じさまは「人間やさしささえありゃあ、やらなきゃなんねえことはきっとやるもんだ。それを見て他人がびっくらするわけよ」と言う。

「人が見てびっくりすること」オリンピックの金メダルもそうだろう。長野五輪で日の丸飛行隊は歴史的な大逆転で金メダルをとった。「四年越しのドラマが完結した」とテレビでアナウンサーがさけんだ。

私はいままで人を変えるようなやさしさを実行したことはないだろう。実行するチャンスが目の前にあったかも知れないけど、ない。

長野五輪の岡部選手、斉藤選手はチームメイトの原田選手のために今の私みたいに意識なんかせずにやさしさが持てたのだと思う。人のためにつくすだけで無限のパワーが自分の中から引き出せるということを今年の長野五輪で知ることができた。

『モチモチの木』の豆太も同じだろう。じさまのために自分をつくすだけで、医者まで走っていける無限のパワーを引き出せた。私が豆太と同じ状況におかれていたらどうしただろう。もしかしたら、逆に、いつもトイレには一人で行けて、いざというときに何にもできなかったかも知れない。生きていくために、人とうまくつながるために、私がするかも知れない行動よりも豆太の行動の方がずっと必要だろう。

今までは「やさしさ」が、人を変える無限のパワーを引き出したりするなんて思っていなかった。人によろこばれるだけのものだと考えていた。でも、『モチモチの木』や長野五輪で「やさしさ」が秘めているいろんなはたらきを知ることができた。

F子は総合的には中位にいる児童である。彼女は、指導者が提示した二つの教材を比べ、自分の中で意見を組み立てている。F女は、豆太や岡部・斉藤の変容を「無限のパワー」という言葉にまとめている。そして、その「無限のパワー」のもとは「やさしさ」だと書いている。「無限のパワー」という言葉を見つけたとき彼女の中で、「長野五輪団体ジャンプの金メダル」を自分なりに読み解いたという喜びがあったに違いない。それは、事象の真実をメスや拡大鏡を用いて明らかにする行為と言っていい。

岡部選手の「やらなきゃなんねえこと」　六年　T男

長野五輪で一番ぼくの頭に焼きついているのは「ジャンプ団体」、二回目の岡部選手のジャンプだ。
その時、日本チームは原田選手の失敗ジャンプのせいで4位だった。原田選手のジャンプを見て、ぼくは「あああ、また原田選手じゃ、リレハンメルの時と同じじか」とかっがりしていた。
ところが、その次の岡部選手のジャンプは１３７ｍで、最長不倒になった。斉藤選手も１２４・５ｍそして原田選手も１３７ｍのジャンプ、船木選手が１２５ｍで見事に金メダルをとったのだ。

その時ぼくは「人に優しくしたり、優しくされたりした人は変わる」ということを思い出した。インタビューで岡部選手は「やる気にさせてくれる人がいました。ありがとう原田さん。」と、言っていた。「ぼくはただ一生懸命しただけです。」とも言った。

『モチモチの木』で、豆太のじさまは「人間やさしささえありゃあ、やらなきゃなんねえことはきっとやるもんだ」と言う。

ぼくたちがヒーローと呼んでいる岡部選手自身は「やらなきゃなんねえこと」をやったと思っているだけなのだ。

体育のサッカーで負けたときは「おまえのせいじゃ」と言いたくなる。負けそうになったときも「ああっ、あいつのせいじゃ」とあきらめたくなるときがある。だれでもそうしたときがあるだろう。しかし、「日の丸飛行隊」にはそんな人はいそうにない。「やらなきゃいけないこと」と思って「人に優しくした」岡部選手が１３７ｍ飛んで「優しくされた」原田選手が１３７ｍ飛んだのだ。

四年前のリレハンメルオリンピック、「ジャンプ団体」で、原田選手は、ほぼ確実といわれた金メダルを失敗ジャンプでふいにした。それから一年ほど、ずっと嫌がらせの手紙や電話などが来たそうだ。おそらくそれを代表だった岡部選手や斉藤選手も知っていただろう。

いつも、試合に負けても笑っていて「スマイリー原田」と呼ばれていた原田選手が、金メダルが決まったとき、泣いていた。その時初めて口にした「つらかったあ」という一言がこれまでの四年間の苦労やつらさのあらわれなのだ。

こんなことは何もジャンプ団体だけでなく、ぼくの身の周りにもたくさんあるのだ。

日の丸飛行隊は優勝したとき最高の笑顔で抱き合っていた。ぼくも、そんな笑顔で話し合える友達がほしい。そのために「優しく」していきたい。「やらなきゃなんねえこと」をしたいと思った。

T男は、岡部の「やる気にさせてくれる人がいた」ということばを「やらなきゃなんねえことを教えてくれた人がいた」と書き換えて、モチモチの木のじさまの言葉と重ねている。さらに、斉藤・岡部がリレハンメルからのチームメイトであったことから、原田への嫌がらせを二人が十分知っていたであろうことも見抜いている。そして、ヒーローの岡部が実はただ「やらなきゃなんねえことをした心優しい人」だと事の真実にせまる記述をしている。T男はいわゆる能力の高い子である。彼が長野五輪の金メダルについての「友情が取った金メダル」「チームが一丸となって」といった報道に接していることは十分に考えられるが、他人の言葉をそのまま使うのでなく、そのことの意味を自分なりに追求し、「やらなきゃなんねえことをやっただけの岡部選手」ということばを探りあてたことは、事象を自分なりに読み解く活動、メスや拡大鏡を用いて真実に迫る活動がなされたと考えられる。

級児童の作品すべてに共通しているのだが、三名の児童とも自分のことを書いている。自分を見つめようとする姿勢が身についてきている。それは、作文が本来的に持っている作用である。そして、彼らの作文が観念的な営みで終わらず、行為につながる可能性を持っていることを示している。

6　学習指導についての考察

児童の作品からの判断であるが、目標とした「意見・話す内容を持たせる」ことは達成できていると考える。

こういった指導の積み重ねが、考える子ども、さらに「自分をみつめる」子ども、適切なことばを駆使して状況を切り開いていくことのできる子どもを育てることになると考える。

学習指導が「話す内容・意見を育てる指導」になるかどうかを分けるものは、一つは児童の生活に密接に関連する題材を用いるかどうかにある。「生活」に密接に関連した教材を用いた指導は「実の場」となる。学習者は、強い興味・関心を持って取り組む・必要感を持って活動する。それ故、私たち指導者はアンテナを高く掲げて、常に教材を求めていなければならない。児童の興味関心を教材選びの中心に置くということは、児童に迎合することではない。児童が興味関心を持つべきモノに興味をもたせるように導くことが教師のつとめである。

さらに、今回の『モチモチの木』のようなすぐれた学教材を重ねて用いることも有効だと考える。それは、児童の心にメスを持たせるべく手を引くことになる。そういう指導で児童の内に望ましい思想を形成するよう計画しなければならない。児童を中心にした学習ということばが、「上に立つ人々は部下や年下の人々の話を聞くときには、十分相手に話させ、しかもその至らぬところ、誤っているところは、穏やかに人間的に訂正してやることが大切である。」〈桑原武夫〉という意識を教師から奪ってはならない。

児童生徒の事件を予防するためには、児童把握、児童と教師の好ましい人間関係を築いておくことが欠かせない。作文指導は児童把握にきわめて有効である。また、それぞれの児童の作品を同じ値打ちに扱うことで「認められている」という感じを抱かせ、教師と児童の好ましい人間関係を築くこともできると考える。

（平成十年三月二十七日　稿）

Ⅱ

生涯学習に生きる読書生活の指導

――読書生活を見つめ向上させる工夫――

はじめに

「生涯学習社会に生きる国語学力」＝「生きる力として求められる国語学力」を、野地潤家先生のいわれる「要素的学力」「基礎的学力」「総合的学力」ととらえ、現代の課題（ややおろそかにされてきた言語生活力）を焦点的に記入したのが【資料Ⅰ】の表である。私（上田）は、教室における一時間一時間の実践が「国語科の学力構造」のどこに位置づいているか絶えず確認するよう心がけてきた。一昨年まで勤務した牛島小学校での実践の構造を整理すると【表1（生きる力としての国語学力）】のようになる。

取り出してみると、「学級文庫」「読書会」「読み聞かせ」「詩の黒板」「作文指導・日記指導」「朝会での校長先生の話」「学習記録」といった指導が特徴といえる。

昭和二十六年改訂版「小学校学習指導要領国語科編（試案）」の国語能力表をもとに「国語能力のチェック表」（前掲六～九ページ）を作成し児童の国語能力の実態を知って指導するよう努めた。読書の習慣をつけることと、書く力、発表する力をつけることに力を入れた。

【資料Ⅰ】

○ことばの生命を感じ取る言語感覚の錬磨↕ことばの自覚
○言語活動に伴う明晰な思考力・現実認識力の育成
——生きた具体的な場において——

生きる力として求められる国語学力—現代の課題を中心に

的　　　学　　　力

言語生活力

1 全身を傾けて聞くことによって，言葉の響きに人の心を覚える力
2 自己の考えを育て，言うべき時に言うべきこと伝える力
3 聞き・話し・書き・読む生活に自他の問題を発見する力
4 自己の言語生活を見つめ，評価する力［収穫・成就感・課題］
5 言語生活への識見を高め，新しい言語文化の創造に培っていく力

礎　　　的　　　学　　　力

聴　解　力・話　表　力

1 要点を落とさずに一回で聴き取る聴解力
2 的確に聞き分け，対話・問答ができる応答力
3 自己の考えを持ち,生き生きと発表する力
4 話し合いの方法を身につけ話し合うことによって，よりよい考えを作り上げる討議力
5 話し合いによって問題を解決したり，自他の新しい課題を発見し，その解決への道筋をつけていく仲立ちをする司会力

的　　　学　　　力

・語　彙　力　　・文　法　力

発　動　的　態　度

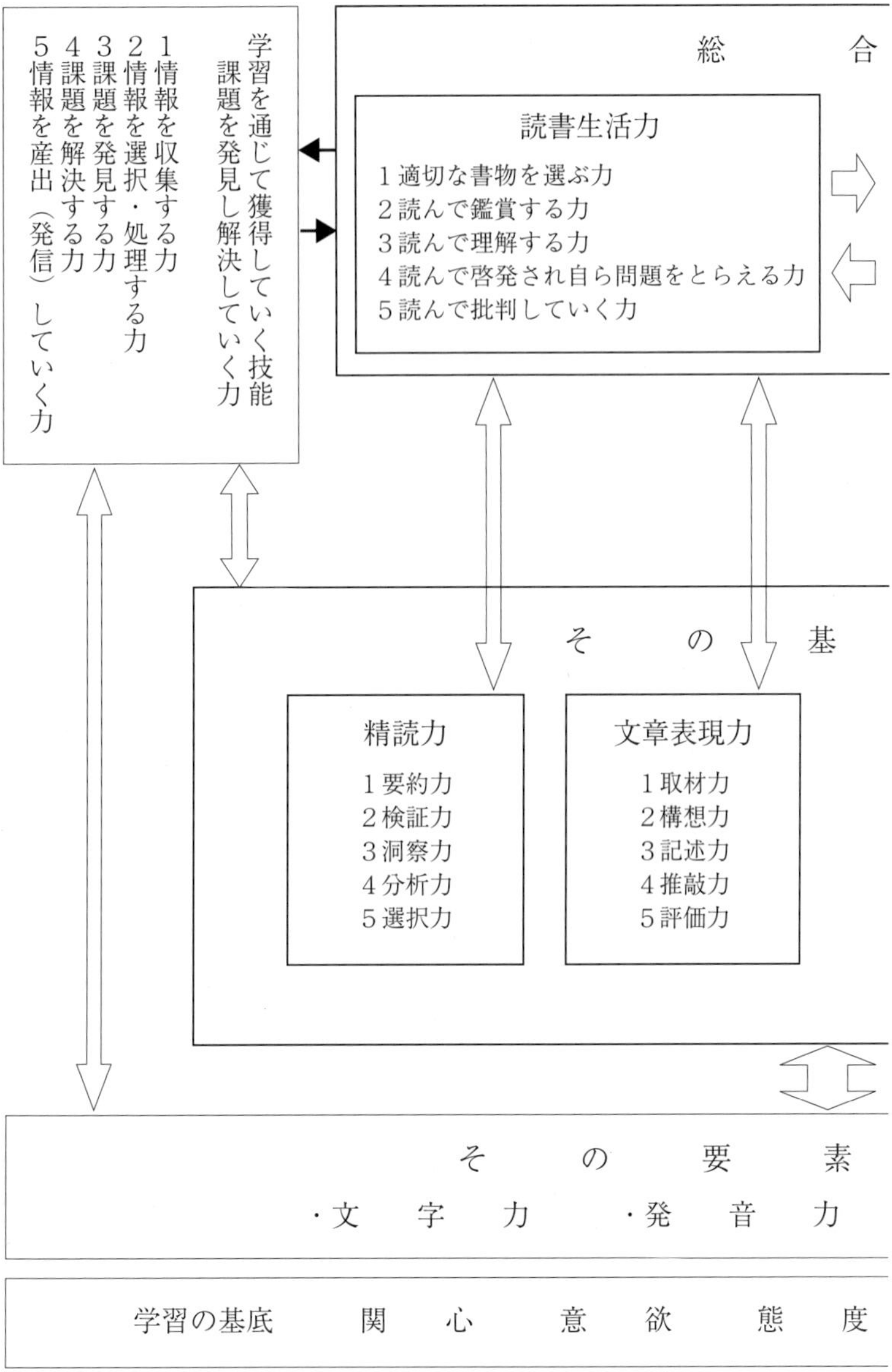
学習を通じて獲得していく技能
課題を発見し解決していく力
1情報を収集する力
2情報を選択・処理する力
3課題を発見する力
4課題を解決する力
5情報を産出（発信）していく力
総　合
読書生活力
1適切な書物を選ぶ力
2読んで鑑賞する力
3読んで理解する力
4読んで啓発され自ら問題をとらえる力
5読んで批判していく力
そ　の　基
精読力
1要約力
2検証力
3洞察力
4分析力
5選択力
文章表現力
1取材力
2構想力
3記述力
4推敲力
5評価力
そ　の　要　素
・文　字　力
・発　音　力
学習の基底　関　心　意　欲　態　度

表1　生きる力としての国語学力

生きる力としての国語学力

（平成九年度　牛島小学校第四学年の実践の位置づけ）

学　　力

F　読書生活力

1適切な書物を選ぶ力
2読んで鑑賞する力
3読んで理解する力
4読んで啓発され自ら問題をとらえる力
5読んで批判していく力

①学級文庫　F
年間を通じて読みを誘い適切な書物に触れる

②読書会　F・D・B
・ワルのぽけっと十月
・ぷう一等あげます二〜三月

③読み聞かせ（年間を通じて）F
・兎の眼

④毎日変わる詩の黒板（年間を通じて）F

⑤詩を読みましょう　F・C
「お気に入りの詩の発表会」五月
「アンソロジー作り」十一〜十二月

⑥作文指導（年間を通じて）D
週二時間時間割に位置づける

⑦日記指導「二日に一回短作文を提出」D
・グループ日記（年間を通じて）

⑧メモを取りながら（年間を通じ　帯単元）B
・朝会での校長先生の話

⑨**学習記録**　E・D・B・
「毎時間一枚・年間を通じて使用」

学　　力

C　精読力

1要約力
2検証力
3洞察力
4分析力
5選択力

D　文章表現力

1取材力
2構想力
3記述力
4推敲力
5評価力

学　　力

彙　　力　　・文　　法　　力

発動的態度

総　合　的

E　言語生活力

1全身を傾けて聞くことによって，言葉の響きに人の心を覚える力
2自己の考えを育て，言うべき時に言うべきこと伝える力
3聞き・話し・書き・読む生活に自他の問題を発見する力
4自己の言語生活を見つめ，評価する力［収穫・成就感・課題］
5言語生活への識見を高め，新しい言語文化の創造に培っていく力

⑩清掃工場の見学　B・E
・「見学報告会を開こう」五月

⑪説明的文章　C・E
・カレーの旅　六～七月
・単元・蝶をさぐる（「海を渡るチョウ」「花を見つける手がかり」重ね読み）十一月
・アーチ橋のしくみ　十二月

⑫調べて書く（発表会）B・E
・インターネットで県立図書館に行く　十二月
・雪のあるくらし　二月

⑬物語・伝記　C・E
・古いしらかばの木　四月
・たかの巣取り　五～六月
・一つの花　九～十月
・ごんぎつね　十一月
・おじいさんのハーモニカ　三月
・アンリ＝ファーブル　一月

⑭語彙・語句・漢字の指導　A
・国語辞典の使い方　五月
・漢字の音と訓　九月
・漢字の組み立て　九月
・間違えやすい漢字（発表会）十月B

⑮文法事項の学習　A
・こそあどことば　十二月

⑯話す聞く　B・E
・自己紹介（発表会）四月

基　礎　的

B　聴解力・話表力

1要点を落とさずに一回で聴き取る聴解力
2的確に聞き分け，対話・問答ができる応答力
3自己の考えを持ち，生き生きと発表する力
4話し合いの方法を身につけ話し合うことによって，よりよい考えを作り上げる討議力
5話し合いによって問題を解決したり，自他の新しい課題を発見し，その解決への道筋をつけていく仲立ちをする司会力

A　要　素　的
・文字力　・発音力　・語

学習の基底　関心・意欲・態度

【表1】の「①学級文庫」「②読書会」「④詩の黒板」といった指導で読書生活力をつけることをねらった。読書生活を充実させるためには、本に関心を持たせることが大切である。「③読み聞かせ」はそのことに効果がある。また、読みたいと思う本がでたとき、図書館や本屋へ行くことは習慣にならないとおっくうなものである、読もうという意欲がよほど大きくない場合は、わざわざ図書館や本屋へはいかないで終わる。教室の「学級文庫」として、すぐに手にできる場所に本を置くことで、おっくうな手順を省いて意欲を直接本を手にするという行動につなぐことができる。実際に本を手にし、読むことで本が好きになれば、やがて、「おっくうな」という障害を乗り越えて図書館や本屋に足を運ぶようになると考えている。

「④毎日変わる詩の黒板」は学級文庫の本を手にする必要性を持たせ、日常的に詩に親しませることをねらった。

字がぎっしり詰まった本、分厚い本を最後まで読むためには、一度でもそういった本を読み通したという経験に支えられた自信が必要である。二度の「②読書会」では、かなりの長文を扱い、自分たちの力で最後まで読み通すという経験をさせることを目標とした。

「⑨学習記録」――原則として一時間の授業で（B4袋とじに印刷した学習記録用紙）一枚を使う。授業開始時に配布し授業終了時に回収する。年度末には、一人一人が自分の一年分の学習記録を整理して製本する――で、記録の大切さを知らせることに力を入れた。児童には、「（学習記録には）板書を写すのは当然だが、授業の中での先生の話を聞いて、ひらめいたこと、感じたこと、考えたこと疑問等をメモすると、より豊かな記録になります」と話していた。書く力のうち、メモを取る力をつけることを重視した。東京書籍の四年生の教科書には、「⑩清掃工場の見学」――実際に清掃工場の見学をして報告会を開く――という単元がある。工場の人の説明を聞きながらメモをとることが単元の成否を分けると考えられる。これに備える作業として、聞いたことをメモする力をつけようと「⑧年間を通じて朝会の校長の話をメモし、年度末にまとめて作文する」帯単元を構想した。また、できるだけ多くの単元のおわりにクラスでの発表会（⑤⑩⑫⑭⑯）を置き、児童に学習のゴールを意識させるとともに、発表力をつけ、真剣にメモを取りながら話を聞く態度も育てようとしてきた。「⑥作文指導」としては、週二回の作文の時間を時間割に組み入れ、書く機会をできるだけ多くとった。また、⑦日記指導を短作文の指導と位置づけ、主に「題材を見つける力」を育てようとした。

平成十年度と平成十一年度には教頭職となったため、担任学級がもてなくなった。しかし、希望がかなって週に一時間だけ作文の指導に入り込む形で国語科の指導に関わることができている。学級を担任する教師と話し合って、教科書に〈作文〉とある単元はわたしが指導を担当することになった。光村五年の教科書では一学期に「私の読書記録」、二学期に「みんなの読書生活」という作文単元がある。読書生活につながる指導、その基底となる文章表現力の指導を主に担当している。

今回の発表は、平成十一年度の実践で、「生きる力として求められる国語学力」のうちのB聴解力・話表力、D文章表現力とF読書生活に培う指導の実践報告である。

1　単元「みんなの読書生活」

（1）対象　徳島市助任小学校　五年三組　三三名

（2）単元設定の理由

五年三組の児童の多くは、本に親しむことの少ない生活をおくっている。彼らを見つめる中で、自らの読書生活に劣等感を持っているのではないかと感じた。「もっとたくさん本をよまなければ」と思いながら「分厚い、字ばかりの本を根気強く読み続けることができない」自己を「人よりも劣った人間」と考えているように思える。「できない」「わからない」だから「おもしろくない」という気分は、授業に集中せず、よそ見をしたり友だちに話しかけたり、学習記録の余白に落書きをしたりする児童が幾人もいるという状況をつくりだしていた。授業中に注意をすることもあった。

光村五年の教科書には一学期に「私の読書記録」、二学期に「みんなの読書生活」という書くことと関わる単元がある。これに備えるため年度当初から、入り込みの授業の初めに本の一部を読み聞かせて紹介した。また、担任の出張や年休で自習の監督がまわってきた折りには、その時間の課題が終わり、残された時間に本の読み聞かせをした。指導者が注文した本の一覧を提示し（注文はたいていなじみの本屋にＦＡＸで行うが）それらの本の載っている新聞の新刊案内や書評の切り抜きを見せたり、注文した本が届いた時には「これが昨日届いた本です」と見せたりするなど、指導者の読書生活を紹介することもあった。

一学期に実施した単元「わたしの読書生活」は、読書日記（書名、読んだページ数、ひとこと感想、読書時間を毎日記録するページ、読み終わった本を記録するページ、読みたい本を記入するページからなる）を一週間つけ、自分の読書生活を振り返って作文する学習であった。それまでの児童の様子からある程度予想はしていたが、「読みたい本のページ」に本の題を書いた児童は（二三名中）四名（五冊書いた児童一名、二冊書いた児童が一名、一冊書いた児童が二名）であった。あとの児童は「読みたい本のページ」が空白のままであった、読みたい本を見つけることができる児童、それは心に本を持っている児童である。大村はま氏は、

一般に「読書」と言えば、「読む」ということに直結してしまうが、単なる読書にとどまらず、読書生活

として考えてみた場合、読むことの前に、読むべき本を探す仕事がある。読書力が育っていても、本の選択を誤ったとしたら、優れた読書力も発揮できないわけである。

読書生活指導は、ぜひ、本を探し、本を選ぶことから始まらなければならない。どこに行けば、そして何を見れば、本を探すことができるか、その見るべきものはどのようにして入手できるか、それも指導に含まれなければならない。

（『大村はま国語教室　第八巻』筑摩書房、一九八四年九月、一八五頁）

と述べている。たくさんの漢字を覚え、教科書をすらすらと読み通す力を持っていても、読むための本がなければ読書はできない。いつでも読みたい本を何冊か心に持っている児童にすることは読書生活の指導において重要な位置を占める。

単元「みんなの読書生活」の終わりには、どの児童も『読みたい本は？』との問いに、本の名前が出せるようになることを目標にした。今回、クラスの友人や保護者、助任小学校の教員に読書についてのアンケート調査を実施して、自分と周りにいる人たちの読書生活の実態を明らかにし、作文にしてクラスで報告しあう活動をとおして読書について深く考えさせたい。また、自らの読書生活を偏見に捕らわれずに冷静に見つめさせ、そして、「わたしはけっして劣ってなんかいない。先生も含めて周りの人たちとそんなにかわらない。」と、心を安らかにさせたい。その安心の上に立って、読書の楽しさを知り、読書生活の門をくぐらせたいと考えて本単元を設定した。

（3）単元目標

ア　自分たちの読書に関するさまざまな疑問をもとに進んでアンケート調査をし、要旨のととのった文を書くことができる。
イ　事実と意見を区別して述べ、相手によく分かる文章にまとめることができる。
ウ　読みたい本を心に持つことができる。
エ　図書館・図書室や本屋で見つける以外にも本の見つけ方があることを知る。
オ　主に次のような言語能力を育てる
〈読む〉
・教科書の教材文「五年一組の読書生活」から、要旨を読みとることができる。
〈書く〉
・アンケート結果を資料として、読みとり、報告の文章を作成することができる。
・学習の記録を残すことができる。
〈聞く〉
・発表者が発表しやすい態度で聞くことができる。
・メモを取りながら発表を聞くことができる。
〈話す〉
・班で司会者を立てて話し合う要領を知る。
・固有名詞や数字は少しゆっくり、はっきりと発音するように心がけて発表することができる。

(4) 学習材

・教科書教材　　調査したことを「みんなの読書生活」　光村図書五下

・その他の学習材

1「こどもの本のもくろく」一九九九年　あかね書房
2「理論者の児童書目録」一九九九年～二〇〇〇年
3「けやき書房の子どもの本」一九九七年四月
4「筑摩書房　図書日録」一九九九年
5「新日本出版社　こどもの本」一九九九年
6「学校図書館・公共図書館向け　新刊・好評必備シリーズ」理論社
7「ポプラ社の　子どもの本」九九年　（二冊）
8「小峰書店　99　図書館総合目録」
9「学習に役立つ本」一九九九年～二〇〇〇年　ポプラ社
10「春陽文庫目録」一九九七年
11「97角川文庫の名作一〇〇」
12「河出文庫解説総目録97～98」
13「文春文庫解説目録」一九九七年十月
14「集英社文庫97解説目録」
15「ハヤカワ文庫解説目録」一九九七年四月
16「現代教養文庫解説目録」社会思想社
17「中公文庫解説目録」一九九七年四月
18「東京創元社文庫解説目録」一九九七年五月

19「新潮文庫解説目録」一九九七年四月
20「光文社文庫解説目録」一九九七年六月
21「ちくま文庫　ちくま学芸文庫　解説目録」一九九七年
22「岩波文庫　解説目録」一九九七年　Ⅱ
23「福武文庫　解説目録」一九九七年
24「中野書店在庫だより古本倶楽部」九八号　一九九九年八月
25「中野書店在庫だより古本倶楽部」九九号　一九九九年九月
26「中野書店在庫だより古本倶楽部」一〇〇号　一九九九年十月
27「中野書店在庫だより古本倶楽部」一〇一号　一九九九年十一月
28「中野書店在庫だより古本倶楽部」九二号　一九九九年二月
29「中野書店古書目録」平成十一年九月　六八号
30「西秋書店古書目録」九五年十月
31「西秋書店古書目録」九九年十月
32「渥美書房　国語・国文学　文献目録」No.55
33「渥美書房　国語・国文学　文献目録」No.56
34「本の雑誌12」一九九七年　特集　記憶の本棚
35「これから出る本」一九九九年　No.7
36「これから出る本」一九九九年　No.14
37「岩波書店の新刊」一九九九年八月

38「出版ダイジェスト」みすず書房の本　No.15　一九九九年夏
39「出版ダイジェスト」みすず書房の本　No.16　一九九九年秋
40「子どもの本の選び方・与え方」鳥越信　大月書店　一九八二年十月
41「読書について」ショウペンハウエル　斎藤忍随訳　岩波書店
42「本とつきあう本」光文社文庫　昭和六十一年十一月
43「読書家の新技術」呉智英　朝日文庫　一九八七年十月
44「本を読む本」M・Jアドラー／C・V・ドーレン　講談社学術文庫　一九九七年
45「私の読書法」大内兵衛　岩波新書　一九六〇年十月
46「私の読書と人生」清水幾太郎　河出新書　昭和三十一年十一月
47「文学入門」桑原武夫　岩波新書　一九五〇年五月
48「私の読書」「図書」編集部編　一九八三年十月
49「読書術」水田洋　一九八二年九月　講談社現代新書（二冊）
50「読書と社会科学」内田義彦　一九八五年一月　岩波新書
51「図書館であそぼう」辻由美　一九九九年五月　講談社現代新書
52「本はどう読むか」清水幾太郎　一九七二年十一月　講談社現代新書
53「ホメロス　オデュッセイア　上・下」松平千秋訳　岩波文庫
54「知的生産の技術」梅棹忠夫　一九六九年七月　岩波新書
55「生きるための一〇一冊」鎌田　慧　岩波ジュニア新書
56「子どもに読ませたい50の本」筒井敬介　乾孝　一九六三年九月　三一新書

57「読むことからの出発」現代新書編集部　講談社現代新書
58「読書の方法」外山滋比古　一九八一年十一月
59「自分をつくるための読書術」勢古浩爾　一九九七年十一月
60「特集・本の雑誌1」本の雑誌編集部編　平成七年十一月　角川文庫
61「特集・本の雑誌2」本の雑誌編集部編　平成七年十一月　角川文庫（二冊）
62「特集・本の雑誌1」本の雑誌編集部編　平成七年十一月　角川文庫
63「書物」森銑三　芝田宵曲　一九九七年十月　岩波文庫
64「最新版　本をさがす本」本の探偵団編集　一九九七年　フットワーク出版
65「ぼくはこんな本を読んできた」立花隆　一九九五年　文芸春秋
66「書物と生活」紀田順一郎・山下武　一九八一年　柏書房
67「書物と人生」紀田順一郎・山下武　一九八一年　柏書房
68「読書案内　小学校編」日本文学協会編　一九八二年　大修館

・学習の手引き　四種類

（5）学習指導計画（一一時間）

【第一次】（二時間）

・教科書教材「みんなの読書生活」を読み、読書についてのアンケート調査をして、結果をまとめて作文し、発表会を開く学習の予定を知る。　難語句、新出漢字の学習……二時間

【第二次】（五時間）

・クラスの児童が読書についてどんな疑問を持っているかを調べる。　新出漢字の学習……一時間

・クラス児童の読書についての疑問をまとめ、分類したことをもとに班分けし、班で話し合って、アンケートでどう質問するかを決める。さらに、アンケートの形式を決め、アンケートを作成する。……一時間

・作成したアンケートを配布（大人用、児童用）説明する。児童用は説明を聞きながら記入、大人用は授業後依頼、一週間以内に回収して集計してグラフ等にまとめる。……三時間

【第三次】（二時間）

・グラフや表を読み、手引きを使って「草稿」を作成する。……一時間

・草稿をもとに作文する……一時間

【第四次】（二時間）

・班で発表会の練習をする……一時間

・クラスで発表会を開く……一時間

（6）学習・指導の実際と留意した点

【第一次】

教材文を読み、手引きプリント（資料No.1）を使用して「みんなの読書生活」から調査の手順を読みとり、確認する。どんな調査の方法があるかと尋ね、児童の発言を板書し、手引きに載せた調査法と併せて指導者が説明した。その後、「今回はアンケート調査をする。」と告げた。教科書に載っている「五年一組の読書生活」（児童作品ということになっている）は、テーマと調査法、発表の方法を読みとり、手引きに書き込むという学習であっ

た。よほど簡単にしたつもりの手引きだったが、記入する鉛筆の動きが遅く、いかにも自信なさそうな児童が三分の一程度見られた。手引きの設問に答えて記入できれば必要なことは読み取れたと評価することに決めていたので何度も念を押すことはせず、軽く扱った。

黒板の半分を開放し、児童が、教材文に含まれる意味の分からないことばを自由に書くスペースを作った。指導者が本文を音読しながら、それらの言葉と出会ったところで、文の中でのその言葉の意味を説明した。

資料No.1

調査したことを　◆作文　手引き①　　　　氏名（　　　　）

五年一組の読書生活　　　　竹沢　千恵

わたしたちのグループは、クラスの人の読書生活について、それぞれがテーマを決めて調査しました。わたしが受け持ったのは、一組のみんなが、今、どんな本を読んでいるか、四月から十月の間に何冊くらい読んでいるか、男女で比べるとどうなのかということです。

まず、今読んでいる本の種類について、みんなにアンケートをとってみました。本の種類は、整理しやすいように、物語・伝記・科学読み物・民話・その他の五つにまとめました。

上の表が、その結果です。いちばん多いのが、物語で十五人、次が、伝記の十人です。あとは、科学読み物、民話、その他の順でした。わたしが予想したとおり、物語と答えた人が、一番多くいました。このことから分かったのは、何かを調べたり、資料として本を利用したりする人より、楽しむために読書している人が多いということです。

次に、みんなの読書日記を借りて、四月から十月までに読んだ本の数を調べてみました。男女別で比べてみると、男子が一人平均二十七さつ、女子が三十六冊でした。女子の方がやや上回っています。

読んだ本の数をグラフにしてみました。個人個人で、かなりの開きがあるのが分かります。読書日記によると、一番多い人は、なんと百三十五さつ、少ない人は、二冊でした。わたしは、一番多く読んでいた米山さんに、インタビューしました。米山さんは、一日平均、三十分は本を開くということでした。

さらに調べているうちに、興味深い話が一つあったので、紹介します。この半年間に、二冊しか本を読まなかったと答えたのは、内山さんでしたが、インタビューしてみると、内山さんは決して本が嫌いなのではありませんでした。四月に読みだした「クレヨン王国の十二ヶ月」が心に残った内山さんは、時間をかけて何回も読み返したそうです。もう一さつも、同じシリーズの本で、こちらも毎日少しずつ読み進めていったと言うことでした。「クレヨン王国」のシリーズには、一冊が三百ページ近くある分厚い本もあるそうです。

読書する喜びは、一人一人ちがうものだし、読み方や楽しみ方もそれぞれにちがうのだということが今度の調査で分かりました。


（国語五下「大地」光村図書、二一八～二二〇頁）

1　調査すること・したいことを決める
2　調査の方法
　アンケート　本で調べる　人に聞く（インタビュー）　見に行く　インターネット
3　調べた結果をまとめる　作文
4　まとめたものを発表する　↓　発表の方法

プリントして配る　作文を読む　対話（たいわ）形式の発表　鼎談（ていだん）形式での発表　ビデオにまとめて見せる　OHPを使う　模造紙（もぞうし）に書いた表を貼（は）って説明する　インターネット上にホームページを開く

☆竹沢さんが調べたことをまとめた文章を読んで答えましょう。
①竹沢さんの（1　調査したいこと）は何ですか？
　a　竹沢さんのグループのテーマ
　b　竹沢さん個人のテーマ
②竹沢さんが使った（2　調査の方法）は何ですか？
③竹沢さんはどんな（4　発表の方法）を使っていますか？
こんなことを調べたいと思いついたときには、その理由も考えておくといいです。
そして、まとめて作文するときのために、調査の結果の予想も必要です。
竹沢さんの文章から、○○について調査しようと思った理由を見つけてみましょう。
また、調査結果の予想をしているところを見つけましょう。

新出漢字の学習は、毎時間三字程度を扱う。学習記録（資料№2）に指導者が手書きした篆書と解説を手がかりにして、何という漢字か考えさせた。挙手する児童が出始めた頃を見計らって、指導者が、一人の児童を指名して漢字辞典を手渡す。指名された児童は漢字辞典を使って篆書で示された新出漢字を見つける。指導者は、児童が見つけた漢字が合っているかどうかを確かめたあと、見つけるのに要した時間を知らせ、板書する。児童が辞書から見つけた漢字は、指導者が大きく板書して筆順を示したあと、全員そろって「そらがき」をし、筆順を確認する。その後、学習記録の□に丁寧に書き込み、ふりがなをつける。そのあと（学習記録に記しておいた）漢字の持つ意味を指導者が読みあげて確認する。児童は、漢字の意味を聞いたあと、新出漢字を含む熟語を考えて発表する。児童が発表した熟語を、指導者は板上に学習者は学習記録に書く。読み方が同じでも違った漢字を使った熟語を発表する児童が必ずいるが、その時にはだまって国語辞典を手渡し「調べてください。」と指示する。児童が見つけたら、どんな漢字を使っているかを発表させる。児童は、この熟語の学習で、必要感を持って新出漢字を回数多く書き、漢字の意味を考える。指導者はその熟語を含む例文を示すよう心がけている。

資料No.2　学習記録　（新出漢字の篆書　解説　意味　〈熟語〉は児童が記入する）

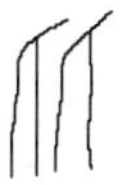

人を二つ並べて「ならぶ」「くらべる」意味をあらわす字

①ならべてくらべる……比較（比べる）

②同等のものとしてならべる

③たとえ　④わりあい

〈熟語〉

匀が「平らにする」意味と「キン」という読み方を示してる。

土がついて、土を平らにすることを表している字

〈熟語〉

①ひとしい……均一・平均

【第二次】

読書生活について疑問に思うことを調べるプリント（資料No.3　アンケート）を配布し、説明を聞きながら記入するよう指示した。残りの時間で学習記録用紙を使っての新出漢字の指導。指導者が不断の児童と接する中でとらえた疑問を文にして載せていたので、アンケートの「その他」の欄への記入は多くはなかった。

資料No.3

読書について　――私の質問――

助任小学校五年（　）組　氏名（　　　）

1～6の質問の中で、自分も聞きたいと思うものに○をつけなさい。それから、「その他」のところには、1～6以外の、自分が聞きたいと思う質問を書きなさい。

1．わたしが家でぼんやりテレビを見ていると、「テレビばかり見てないで読書でもしたら……」と家の人に注意されます。どうして先生やお家の人は本を読め本を読めと口ぐせのように私たちに言うので

しょうか
2. 何でも読めばいいという人もいますが、ためになる本でなければ読んではいけないのでしょうか。
3. マンガの本を読むと頭が悪くなるってほんとうですか。
4. 読書をするとどんないいことがあるのでしょうか。
5. 今私たちが読む本でいちばんよい本は何でしょうか。
6. 一ヶ月に必ず二〜三冊読まなければならないでしょうか。
7. ふつう、一日に何時間くらい本を読んだらいいのでしょうか。
「その他」

児童の読書に関する疑問の集計結果（資料No.4）を配布し、コメントを挟みながら読み上げて説明した。

資料No.4　アンケートの集計結果

「読書について私の質問」　5年3組　アンケートの集計結果
1. わたしが家でぼんやりテレビを見ていると「テレビばっかり見ないで読書でもしたら」と家の人に注意されます。どうして先生や家の人は本を読め本を読めと口癖のように言うのでしょうか（7名）
2. 何でも読めばいいという人もいますが、ためになる本でなければ読んではいけないのでしょうか（11名）
3. マンガの本を読むと頭が悪くなるって本当ですか（12名）

4. 読書をするとどんないいことがあるのでしょうか（6名）

5. 今私たちが読む本でいちばんよい本は何でしょうか（11名）

6. 一ヶ月に必ず二〜三冊読まなければならないでしょうか（3名）

7. ふつう、一日に何時間くらい本を読んだらいいのでしょうか（8名）

「その他」

・マンガの中にもためになるものはあるのでしょうか

・「マンガ日本の歴史」という本があるけれど、そういうマンガもだめなのでしょうか

・ためになる（と言われている）本でも、その人（読む人が）「自分にはためにならない」と思う本は読まなくてもいいのでしょうか

・本を読みなさいといわれた時にマンガを読んでもいいんですか

・雑誌などを読んでもしようがないと言う人がいるけど、本当でしょうか

・童話はためになりますか

・推理小説はためになるでしょうか

・読書の中にマンガはふくまれますか。週刊誌はどうですか、新聞はどうですか

・カセットテープに吹き込んだ物語（たとえば「坊ちゃん」）を聞くのは読書でしょうか

・広告や商品のカタログを読むのは読書でしょうか

・地図を見るのは読書でしょうか

・一日にたくさん読んで、他の日はあまり読まないのと、毎日少しずつ読むのとどっちがいいのでしょう

・読み始めたら最後まで読まなければならないでしょうか
・夜に本を読むのはなぜいけないのですか
・本はどうやって見つければいいのでしょうか
・本を読んだ方がいいと思うのですが、なかなか実行できません。こんなわたしが本を読めるようになるいい考え（工夫）はありませんか
・本を読む場所はどこがいいでしょうか。机で読まなければいけませんか

マンガを読んでいて「マンガを読むのは読書ではない」「もっとためになる本を読みなさい」としかられる経験を持つ児童が多いせいだろうか、一番支持者が多かったのは「マンガはためにならないのか」を問う質問であった。児童は、「読書とは本を読むことだ」という時の「本」とはどんなものかについて疑問を持ったのであろう。アンケートを通して本と本でないものとの境界線を探ることは、児童の興味をかき立てるにちがいないと考え、指導者の考えた質問項目を載せた。また、「ためになる本とはどんな本か」を明らかにするための質問を加えた。アンケートの集計結果に基いて九つの班を作ったことを話した。それぞれの班のメンバーと課題を記したプリントを配布。それぞれの班の課題は、次のように決めた。

一班　「読書」ってどんな本を読むことなのか
二班　読書時間（先生、保護者、級友）
三班　一ヶ月の平均読書冊数（保護者、先生、級友）
四班　助任小学校の先生がすすめる本、すすめる漫画

五班　おうちの人がすすめる本、すすめる漫画
六班　クラスの友だちがすすめる本、すすめる漫画
七班　読書場所（先生と保護者）……読書の工夫
八班　本の選び方（先生、保護者、級友）
九班　本を読むとどんないいことがあるか（保護者、先生、級友）

七、八、九班は発表時の資料としてアンケート結果のほかに本を使って自分たちの班の課題と関連する記述を探すよう指示した。用意していた本やパンフレットなど六八点を教卓に並べて「単元が終わるまで自由に使いなさい」と話した。六八の学習材の中には児童には難しすぎるものも多く含まれている。最初はいろいろな本を手に取るだろうが、最後には児童用図書の目録に落ち着くと考えた。

小学校の児童には、ときには、目の前に膨大な量の本を積み上げて度肝を抜くといった生理的なやり方で、心を揺さぶり、活動への意欲を高める方法が有効だと考えてきた。六八の学習材の中には、指導者が読破していない本も多く含まれている。「本を探す方法を知ることを含め、本を読む工夫や本を読むことでどんないいことがあるかについて書いた本がこんなにたくさんあるのか！」と驚かせることがねらいであったので、児童が驚くほどの冊数をそろえることを優先して、あえて持ち込んだ。教卓に出現した本の山を見て「こんなにたくさん本を探す本があるの……」というつぶやきが聞こえるなど、予期した通りの反応であった。

班に分かれて自分たちの班が調べる事柄についてのアンケートの質問と形式を決める話し合いを持った。司会者を決めて話し合うことに慣れていないため、班ごとに「話し合いの手引き」（資料No.5）を用意した。役割を交代して何度か話し合い、班の全員が司会者の役を経験するよう指示した。話し合いが終わった班からアンケー

トづくりを始めた。

資料No.5　話し合いの手引き

話し合いの手引き（七班）「読書場所調べ」

○　アンケート調査の対象……（先生やおうちの人）

司会　今から（読書の場所）を調べるアンケートをつくる話し合いを始めます。

司会　どんな質問をしたらいいと思いますか。

A　どこで本を読んでいますかと聞けばいいんでしょう。

B　自由に書いてもらうのですか。

C　ある程度例を書いて○を入れる方が答えやすいし、整理もしやすいと思います。

A　たとえば、上田先生のよく言う「トイレ」とか、「列車やバスといった移動中の乗り物の中」、「畳やソファーで寝っ転がって」というふうに例を出しておくわけですね。たしかにその方が答えやすいですね。

司会　集めて集計するときの事も考えておくのは大切なことだと思います。例をあげておくということについて意見をお願いします。

C　例にあげた場所以外で読む人もいるでしょうから、「その他」という枠を作っておいて、自由に書けるようにしておかないといけないでしょう。
B　それだと書きやすいし、処理もしやすいですね。賛成です。
A　トイレ読書をどんなふうにしているか実際に僕たちが調べてみんなに知らせるのもいいと思います。イラストをいれたりするとよく分かって楽しいと思います。
B　それ以外の変わった場所で読んでいる人の事も調べて紹介したいなあ。
C　先生がたくさん持っている読書に関係した本で調べていくつか紹介するというのはどうでしょう。
司会　アンケート調査以外に、自分たちで「読書に関係する本」を読んで調べるという意見が出ています。調べ方について、意見をお願いします。
A　調べる期間も短いし、あまり手を広げすぎると、期間内にできないのではないでしょうか。
司会　できる範囲のことかどうかを考えるのはとても大切なことだと思います。
B　私は、今までに出た意見でいいと思います。
司会　ほかに意見はありませんか。では、今まで出た意見をもとに実際にアンケート用紙を作りましょう。

班ごとの話し合いには、指導者も適宜参加し、次のような助言をした。

八班には、図書室や本屋で見つける以外の本の見つけ方（図書目録）を使って、読みたい本のベストテンを選ぶよう話した。

四班、五班、六班には調査結果からベストテンを見つけて発表するよう指示した。「それぞれのベストテンにあがった本は図書室にあれば借り出して、なければ本屋に注文して揃え、五年生の終わりまで教室におきましょう。」と話した。購入する本の代金は私（上田）が支払うことにした。保護者や先生、級友の薦める本を実際に手にして読むことができると知って、それらの班の児童に活動の目標ができ、学習への意欲が高まることを期待してのことである。

九つの班が作った質問を指導者が一枚のアンケートにまとめて印刷した（資料No.6）大人（教師と保護者）用と児童用の二種類を作成し、児童用は授業で配布・説明し、記入する時間をとった、大人用は「先生方には私が依頼して回収する、保護者用は依頼の文書とともに持ち帰ってお家の人に渡し、次週の作文の時間までに回収する予定です。」と話した。

資料No.6　アンケート用紙　大人用

「みんなの読書生活」アンケート　　　　性別（　女　・　男　）

1　次のようなものを読むことも読書と言えるでしょうか。「読書と言える」と思われるものに○を入れてください。項目にあがっていないもので「これを読むのは・見るのは・聞くのは読書だ」と思われるものがあれば、「その他」の（　　）に記入してください。

・マンガ　・週刊誌　・新聞　・広告や商品のカタログ　・六法全書　・詩集　・絵本　・写真集
・ファッション誌や、車、アウトドア、コンピュータといった趣味の雑誌　・電気製品などの使用説明書
・地図　・百科事典　・国語辞典　・漢字辞典　・歳時記　・文学小説　・家庭の医学　・電話帳
・古書店の目録〈出版社発行の目録〉

・カセットテープに吹き込んだ名作文学（例えば夏目漱石の「坊っちゃん」等　を聞く）
・名作文学をアニメにしたビデオ（たとえばビデオ「アニメ版源氏物語」等　を視聴する）
・その他（　　　　　　　　　　　　　）

2　平均すると一日に何時間くらい読書をしますか。

3　五年生の児童なら一日平均何時間くらい本を読むのが適当だと考えますか

4　平均すると月に何冊くらいの本を読みますか。

5　マンガはためにならないから読んではいけないという意見があります。例えば、「日本の古典」といったものも読んではいけないのでしょうか。

・どんなマンガもだめ
・マンガによる。たとえば「次のようなマンガ」は読んでもよい。理由があれば□に書いてください。

※「勉強の役に立つものはよい」といった書き方でも、具体的に（たとえば「火の鳥」）本の題名を書き込むといった書き方でもけっこうです。

6　幼少年時代にどんな本をお読みになりましたか?特に印象に残っている本を教えてください。お子さんにも読ませたいとお思いになる本には○をつけてください。

7　それらの本がその後、今日までの人生になにか影響を与えたとお考えになりますか?何か思い当たられることがありましたら、お聞かせください。

8　あなたの読書の場所を教えてください。（いくつ○をつけてくださってもけっこうです）

・机に向かって　・夜寝る前など布団（ベッド）の中で　・喫茶店　・ソファー（畳）に座って
・ソファー（畳）に寝転んで　・駅や医者等の待合室　・食事をしながら　・トイレ　・風呂
・電車やバス、飛行機、船といった乗り物での移動中
・その他（　　　　　　　　　　　　　　　　　　　　　）

9　どんな方法で読もうと思う本を見つけていますか。（いくつ○をつけてくださってもけっこうです）
・図書館（図書室）で見て気に入ったら　・本屋で見て気に入ったら　・出版社（古書店の）目録
・読んだ本のうしろにある図書の案内　・新聞の書評　・新聞の新刊案内　・図書新聞
・例えば「文学入門」や「生きるための一〇一冊」といった良書を紹介した本から
・読んでいたら本の中に書名が出ていた　・講演で紹介された　・友達から紹介された
・先生から紹介された　・テレビで話題になっていた
・『図書』〈岩波書店〉「本の窓」〈小学館〉といった版元PR誌　・その他（　　　　　　）

資料No.6　アンケート用紙　児童用

「みんなの読書生活」アンケート　　児童用　5年　　組　性別（女・男）

1　平均すると一日に何時間くらい読書をしますか。
2　五年生の児童なら一日平均何時間くらい本を読むのが適当だと考えますか。
3　平均すると月に何冊くらいの本を読み終わりますか。（　　　　　）
※この質問の本は、マンガや週刊誌、辞書は入りません。図書童にあるような本だと思ってください。

4　マンガはためにならないから読んではいけないという意見があります。例えば、「マンガ日本の歴史」「マンガ日本の古典」といったものも読んではいけないのでしょうか。
・どんなマンガもだめ
・マンガによる。たとえば次のようなマンガは読んでもよい。理由があれば□に書いてください。

※「勉強の役に立つものはよい」といった書き方でも、具体的に（たとえば「火の鳥」）本の題名を書くのでもいいです。

5　今までにどんな本を読みましたか。特に印象に残っている本についてお聞かせください。
6　（5の質問で答えた）本を読んだことが、その後、今日までに、どんな役に立ったと思いますか。思い当たることがあったら書いてください。
9　どんな方法で読もうと思う本を見つけていますか。（いくつ○をつけてくださってもけっこうです）
・図書館（図書室）で見て気に入ったら　・本屋で見て気に入ったら　・出版社（古書店の）目録
・読んだ本のうしろにある図書の案内　・新聞の書評　・新聞の新刊案内　・図書新聞
・例えば「文学入門」や「生きるための一〇一冊」といった良書を紹介した本から
・読んでいたら本の中に書名が出ていた　・講演で紹介された　・友達から紹介された
・先生から紹介された　・テレビで話題になっていた
・『図書』〈岩波書店〉「本の窓」〈小学館〉といった版元ＰＲ誌　・その他（　　　）

集まったアンケート用紙を質問ごとに切り離し、集計用紙といっしょに茶封筒に入れて担当する班に配った。

アンケートの集計作業はどの班も協力し合って熱心に取り組んだ。集計作業が比較的簡単で速く進む二班と三班の児童には、職員室にあるコンピュータの表計算ソフト（「ロータス123」）を使ってグラフ作りを体験させた。コンピュータの操作の多くは指導者が行い、児童には表に数字を入力する作業と、数字の入力された表からグラフを作成したり、棒グラフの色や模様を変えたりする作業をまかせた。一〇分弱の短い時間でグラフを作ることができることから、児童には「コンピュータは表に入力した数字からグラフを作るのに便利な道具だ」ということが理解できた。児童が実際にコンピュータを使って表を作り、グラフを描くといった学習形態をとるためには最低でも班に一台（九台）のコンピュータが必要である。職員室の一台のコンピュータだけでは無理である。全児童がコンピュータに親しむことが今回の学習のねらいではない。コンピュータはどんなことに便利な道具かを知ることと、コンピュータを使ってグラフを作るという活動がコンピュータの好きな児童を喜ばせ、活動への意欲を高める効果があると考えたのである。他の班の集計結果からグラフを作る作業は指導者が担当した。いきなりグラフを受け取る児童は、「どうやって作ったのだろう」という疑問を持つだろう。その疑問には、二班と三班の児童がコンピュータを使ってグラフを作ったときの様子を（生き生きと）友達に話す「教室の会話」で答えるのがよい（十分だ）と考え、授業中に時間を使って詳しく説明することはしなかった。

【第三次】

教科書教材「五年一組の読書生活」を読む。「五年一組の読書生活」の構成にならって作成した手引き（資料No.7）に、グラフや集計表から読みとった数字を書き入れ、感想を書いて草稿を作る。授業前の休み時間に指導者が記入してみたが、少し悩むところがあった。使いこなせない児童がいるのではと心配になったが、時間がない。そのまま教室に持ち込んだ。

資料No.7　発表原稿の草稿を作る手引き

五年三組の読書生活　　五年三組・（　）班　氏名（　　）

わたしたちの班は、（　）について調査しました。

※どうしてこの調査をしたのか、どんなふうに調査したのかを説明しましょう。

（　）が知りたくて、（　）に向けて、アンケートをとりました。

※アンケートの結果を（印刷して配ったり、黒板にはったりして）それを指しながら、

これがその結果です。

一番多いのが（　）で、一番少なかったのは（　）です。

※自分の予想と比べる。

わたしは（　）と予想していたのですが、

※予想が当たったか、それともはずれたかを書く。

（　）。

※調査結果から、自分が興味を持ったことについて書きましょう。

さらに調べているうちに興味深い話があったので紹介します。

（　）。

このことから（これは）、

（　）

に、気づきました。
を、発見しました。
だったのかなあと思いました。
・おもしろいことだと思いました。
・そういうものかなあと思いました。
・これはどういうことだろうと思いました。
・これは不思議に思われます。
・これは問題だと思いました。

懸念したように、一班と二班がまったく記入できない。前もって指導者が記入していた手引きを例として示し、一班と二班に渡した。他の班も苦労しながら手引きの空欄を埋め、何とか草稿を作っていた。

草稿をもとに原稿用紙に作文した。前時にあつめた草稿（手引きに記入したもの）を見ると、そのままでは報告の文章にならないのではないかと思われたので、児童の作成した草稿をもとに、九つの班それぞれに、児童がグラフから読みとったものをできるだけ取り入れた範文を作成し、配布した。（資料No.７に「七班のために作成した範文」を示す。）

資料No.７　「七班のために作成した範文」

調査したことを　学習の手引き　　　五年（　　）組　氏名（　　　　）

まず、この手引きの例文の（　）にことばや数字を入れて文章を作りましょう。それを読み返しながら、原稿用紙に作文します。そのときには、手引きで作った文章のとおりでもいいのですが、できれば、自分で考えて少しつけたしたり、けずったりするといいですね。（書き直すときには）そうすると、自分の文章になります。

自分の書いた作文の間違いをなおしたり、読み返して思いついたことを付けたしたり、「ここはけずった方がわかりやすい。」「これとこれは同じ事をくりかえしている」といったふうに、書き変えながら写すと、書きうつせば書きうつすほど文が良くなるし、作文が上手になるのです。

例　文

五年一組の保護者（ほごしゃ）の方がどんなふうに読書をしているかを知るためにアンケート調査（ちょうさ）を実施（じっし）した。

「一日に何時間くらい本を読みますか」という問いに三十分以内と答えた人が女性に（　　　）人、男性に（　　　）人いた。

三十分～一時間が、女性（　　　）人、男性（　　　）人、一時間～一時間半が女性（　　　）人、男性（　　　）人だった。一時間半以上読む人はいない。答えを書かなかった人が二人いた。

「今読んでいる本」という問いには複数の人が同じ本の名前を答えるということはなく、みんなバラバラだ。

「これから読んでみようと思う本」という問いにも複数の回答者が同じ書名をあげることはなかった。

ぜひ読んで下さいとみなにすすめる本では、何人かが同じ本をあげているのは二冊、「大地」二人、「レ・ミゼラブル」二人、だった。

子どもに読んで欲しい本を第一位から第五位に分けて書いてもらったが、一番たくさんの人がすすめた本は「赤毛のアン」だ。第一位に一人、第三位に二人、合計五人いた。第二位は「若草物語」、この本を第五位にしていた人が四人いた。ほかに、何人かの人がすいせんしたのは、「十五少年漂流記」「坊ちゃん」「フォレスト・ガンプ」「トムソーヤの冒険」で、いずれも二名だった。

※ここまでで作文を終わってもいいです。が、できれば、調査結果から自分が興味を持ったことを見つけて、続けて書きましょう。たとえば次のように書くといいのです。

五年一組の保護者には毎日本を読むという人が多い。男性の八十％、女性の三十九％が一日に三十分以内の読書を続けている。三十分から一時間読む人は、男性では二十％、女性では五十％いる。一日の読書時間は女性の方がやや長いと言える。

女性の中に一日に一時間から一時間半読書をする人が一人いて、この人が一番の読書家だ。

毎日の読書時間は決して多くはないが、たいていの人が、「是非よんで欲しい本」や「子どもに読ませたい本」をあげているのは、本は人生を豊かにすると考えているからだろう。どの人も少なからず自分の生き方に影響を与えた・人生を変えた本と出会っているに違いない。

全員に書き上げさせたいので、「これを参考にしなさい。このまま写して作文を仕上げてもよい。もちろん自分の考えと違うところは、自分の考えをもとに書き換えるのがいいのです。」と話した。半数程度の児童が範文をそのまま写した。今まで書いてきた成果から見て書く力が育っていないとは思えない。アンケートを読みとって作文をするという経験がないため自信がないのであろう。何度か書き慣れれば、このジャンルにも自信が生まれ、書けるようになると考えられる。全員が時間内に報告の文章を書き上げた。

【第四次】

他の班の調査結果を発表会前に知ると。発表を聞く興味が薄れる。自信を持って発表をさせたい、失敗をさせてはならないと考えて、全員をまず図書室に集め、班ごとに分かれて発表会のための準備や話し合いをさせた。一班から順に教室へ移動して指導者を相手に発表の練習をした。発表の手順や態度を指導し、ＯＫが出たら図書室へ帰って次の班と交代させた。

発表者には「発表会までに家で一〇回は読む練習をすること、そのうちの一回か二回は家の人に聞いてもらうように。」と話しておいた。

クラスでの発表会は、各班、持ち時間四分程度、学習記録用紙に「班」と「発表の題目」をプリントした手引きを持たせ、思ったこと、考えたこと、疑問等をメモしながら発表を聞くように指示した。発表会は緊張した雰囲気の中で行われた。七班は「三上（馬上、枕上、厠上）」の、例として「トイレ読書の図（本棚を備えた洋式トイレのイラスト）」をプリントしたものを資料として配った。八班は自分たちが図書目録を使って選んだ「読みたい本のベストテン」をプリントして配り、九班は「シュリーマンがオデュッセイアを読んでトロヤの遺跡を発見した話」と「月へロケットを飛ばす事に貢献した二人の博士が共に少年時代に『月世界旅行』を読んでいた話」をプリントして配った。また、九班はシュリーマンの話をするときに「オデュッセイア」の本（実物）を示した。

発表会の司会は指導者が担当した。一つの班の発表が終わるごとに「質問はありませんか。」と聞いたが一度も質問はでなかった。指導者が「わたしは学習記録（手引き）にこんなふうに感想を書きました」と感想のメモを読み上げた。全員が学習記録（手引き）に一生懸命書き込んだ。指導者の感想発表は、書き込むための時間を確保することと、書き込む内容の参考（範文）になるように意図したものである。発表者は先に練習して指導者のＯＫがもらえたことが自信になっていたり、家での練習の成果もあり、堂々と発表した。九つの班の発表が終わった後に、指導者が用意した資料のプリントを配り、発表会の感想を織り交ぜながら発表会のまとめをした。聞いている児童の様子には、九つの班の発表を集中して聞いた心地よい疲れが見えた。

（7）学習者の反応

▽一班の発表を聞いて

・漫画も読書に入ってよかった。
・漫画や本の背表紙を読むのも読書なのかなあと思った。
・国語辞典や百科事典を読書としている人がいたのでびっくりしました。
・図鑑も新聞も読書なんだ。地図も……、意外だった。詩集は一位すごい。
・早口でよく分からなかったけど、大きな声で発表できているなと思った。

▽二班の発表を聞いて

・大人もわりと本を読んでないいんだと思った。
・大人でも二〇～三〇分なのに、クラスの女子は五〇分～一時間なんだなと思った。でも、クラスの男子は〇～一〇分で大人より少ないと思いました。
・三〇分読むと答えた人が一番多い。大人は少ししか読まないくせに、子どもには一時間は読ませたいと言う。
・大人は三〇分しか読んでいなかったなんて知らなかった。

・大人はあまり読まないのに、ほんとうに子どもには読ませたいんだなということが分かった。
・よく声が聞こえた。
・女子はたくさん本を読んでいるなと思った。
・大人よりも子どものほうがたくさん本を読んでいることを発見しました。
・ちょっぴり早口だけどはっきりといろんなことが聞こえた。二五分くらい読む人が多いけど、五年生は一時間ぐらい読んだ方がいいという人が多い。

▽三班の発表を聞いて

・一〇冊～一五冊も本を読むと答えた人がいてすごいと思った。それと、女の人の方がたくさん本を読むことが分かった。
・お家の人は本を読みなさいと言っているけど自分は少ないと思った。
・月に二〇冊も読む人がいたので、五の三に本の大好きな女子がいることが分かった。
・クラスの女子には一一冊以上読む人がいるんだなあと思った。
・一ヶ月に二冊読むと答えた人が多かったらしい。クラスの女子で二〇冊も読む人がいるらしい。二冊読んでいる人は分厚い本なのかなあ。
・大人より子どもの方が読んでいた。大人は本を読めと言うけれど子どもより読んでいないと思った。

▽四班の発表を聞いて

・漫画は読んだらいけないという人がいなかったのでほっとしました。

・手塚治虫の漫画が多かったなあと思った。
・すすめられた本・漫画は全部読んだことがない。
・一位が「坊ちゃん」、先生方はだいたい「坊ちゃん」なんだ。
・先生は「坊ちゃん」や「赤毛のアン」など名作ばかりだった。
・一位だった「坊ちゃん」を読んでみたいと思いました。
・勉強に役立つ漫画は読んでもいいということが分かりました。
・何か読もうかなあ。
・「坊ちゃん」はどんな本かなあと思った。
・勉強を教える人は勉強になる本をすすめるのだなあと思った。

▽五班の発表を聞いて
・「赤毛のアン」の本などぼくの知らない本がたくさん出ていました。
・「ルパン」と言ったとき私も読みたいと思った。
・「赤毛のアン」を読んでみたいと思いました。
・「赤毛のアン」が一位、その他には「アンデルセン童話」と「若草物語」だった。
・「ルパン」など推薦の多い本を読んでみたいです。
・お家の人と先生のすすめる本・漫画はよく似ていると思いました。
・薦められる本の中にはたくさん読んだことのある本があった。
・わたしのお母さんも「赤毛のアン」を買っていたし、四班の発表でも「赤毛のアン」が出ていたので、いい本だということが分かった。
・歴史漫画が一位とは思いませんでした。

▽六班の発表を聞いて
・無回答の人が二七人いたらダメ。
・じぶんのすすめた「ナルニヤ国物語」が一位だったのでうれしかったです。
・伝記漫画がたくさん出てきました。
・一位「ナルニヤ」だった。漫画の一位は学習に役立つ漫画なんだって。
・「ナルニヤ国物語」が一位だったので、今度読んでみようと思う。

▽七班の発表を聞いて
・布団の中で読む人が多いんだなあと思った。
・ぼくも寝ころんで読む。
・トイレで本を読む人四人。
・乗り物に乗って本を読むと酔うんじゃないかと思う。
・寝ころんで読む方が座って読むよりわたしは苦しい。
・わたしはベッドで、寝る前、……ちんじょう。
・ことばがていねいで声がよくとおっていた。
・トイレに本棚を置いている人がいるとははじめて知った。

▽八班の発表を聞いて

・わたしは本の見つけ方は本屋で買うついでにする。
・本屋で見つけるという人がいちばんたくさんいました。
・一位本屋、二位図書館、わたしは図書館がいい。
・インターネットや本屋でそのまま買う等、いろいろな見つけ方がありました。
・いろいろなやり方で本を選んでいるのだなあと思った。
・本は買って読む人が多いということを知った。
・ベストテンを紙に書いて作ってすごいと思った。それに本を本屋で買う人が多かったことにびっくりした。
・本は借りると思っていたけど買う人が多かった。
・インターネットの人もいた。いいいなあ。外国では本は借りて読む。

▽九班の発表を聞いて

・子どもの時に本を読んで大人になってロケットを発明したなんてすごいな。
・眠れないときに本を読むと眠れるなんて聞いたことがありませんでした。
・九班も紙に印刷してよく内容がわかった。
・アンケートに答えるのが難しかったようでたくさんアンケートに答えてない人がいたそうです。
・本を読むとすばらしいことがおこるなんて今まで考えたこともなかった。少しびっくりした。
・読書をしたらあこがれや夢に少しでも近づけるのかな。（努力努力）サリバン先生の本を読まなかったら先生になっていなかったのかあ。

・本を読むといいことがあると九班の人たちが言っていました。プリントにも書いていました。
・始めるときや終わるときにみんなで声を合わせて礼と言っているのがすごいなあと思いました。。
・みんないろんな時に本を利用しているんだなあ。本を読むとこんないいことがあるんだなあと思った。
・本は夢をうんで未来を開いてくれると思った。

発表会のあと、八班の児童が近づいてきて、「先生ベストテンにあがった本はほんとうに全部買うのですか」と聞いた。「図書室にないものは買う予定です。」と答えると「クレヨン王国のシリーズはたくさんあるのですけれど、全部買うのですか」と心配げに話した。「そのつもりですけど。」と答えて教室を出た。次の授業は学校の創立記念日で欠課になったので、まだ学級文庫にベストテンにあがった本をそろえる作業は始まっていない。なじみの本屋に頼んで注文用紙を持ってきてもらい、児童の手で記入させようと考えている。注文した本が少しずつ届くのは楽しいものである。その気分を五年三組の児童全員に味わわせたい。

(8) 評価について

次のような観点について評価した。
①進んでアンケート調査をし、要旨の整った文を書くことができたか。
②事実と意見を区別して述べ、相手によく分かる文章にまとめることができたか。
　アンケートの結果を読みとって自分の力だけで文を書き上げることができたかという観点でなく、手引としての範文の視写も含めて書き上げたかどうかを見る。
③読みたい本を心に持つことができたか。

④図書館・図書室や本屋以外にも本の見つけ方があることを知ることができたか。
⑤指導者の個別指導は適切であったか。（自己評価）

3　成果と課題

（1）成　果

読書生活の門をくぐらせたい。そのためには児童の心に「読みたい本」を何冊か持たせることである。さらに本の探し方がさまざまにあることを知り、本を探すことに興味を持たせたいと考えて取り組んだ単元であった。

教科書にある単元であり指導書は、アンケート調査の結果を読みとり、そのことを分かりやすく伝える報告の文章を書かせることが目的になっている。児童の実態をみたとき、その活動を自力で仕上げるためには、資料としてのアンケート結果のグラフや表を読みとる力、読みとったものをもとに要旨の整った報告文を書く力は——教科書に児童作品として載せられている文章を基準にすると特に——不足していると考えられた。

児童にとって単元の最後に作品が仕上がらないということはつらいことである。その一事で作文嫌いになる場合もある。全員が報告の文章を書き上げ、達成感を味わうことを大切にしなければならない。そこで、指導者が作成した範文の視写も報告文を書いたと認めることにした。どの程度手をひくかということは児童の実態によって決まるものである。範文をそのまま写して提出する学習では、それぞれの児童がこの単元で収集した資料をもとにして書くであろう文章を予想し、一人ひとりにその児童が書きたいと思う文を示すことが効果的であろう。できるだけそれに近づく方向で取り組み、九つの班のそれぞれに、自分たちの班が作成した資料をもとに、児童が書くであろう作文を思い浮かべながら、指導者が書いて、範文としてみた。ある者は範文をそのまま写し、ある者は自分の意見と合わないところは書き換えて、とにかくクラスの全児童が原稿用紙に二枚から三枚の報告の文章を仕上げることができた。

単元の途中に書かれた児童の授業後の感想に。

上田先生は本がたくさんあるが、その本をさがす本もたくさんある。上田先生は本を探すとき、「新聞の紹介を見るか、本屋のパンフレットを見る。」と言った。上田先生が本を探す本は『読書案内』や、『本とつきあう本』などがあり、ほかにもたくさんある。

というものがあった。指導者が本を探す方法として新聞の書評や出版案内の切り抜きを見せたこと、主に八班の作業のために教室に持ち込んだ六八点の本やパンフレットを見たことが児童の印象に残ったようである。本は書店や図書館で探す以外にもさまざまな探し方があるのだということに興味を持ったとみえる。また、発表会の感想に、何人もの児童が、教師や保護者がすすめる本の一位・二位について「どんな本だろう」「読んでみたい」と書いている。アンケートの項目を決めるために児童に実施した「読書についての疑問」に「どんな本を読めばいいのですか」と答えた児童が多くいたことと結んで考えると、多くの児童が今回の学習で「読もうと思う本」を見つけたと考えられる。

この単元の間に次のような出来事があった。

一学期に、授業中椅子の背もたれに腰を下ろし座席に足を乗せていて注意をうけたことのあるU女が、「マコチン」を読み聞かせた後――時間の都合で最後まで読めなかったので、「図書室にあると思うからどうしても続きが読みたい人は図書室で借りて読んでください」と話して授業を終えた――私に近寄って来て「マコチン」の載っている『ろくべえまってろよ』の本を借りたそうな顔で見るので「読みたいのなら貸してあげますよ」と言うと、ぱっと表情を明るくして持ち帰った。二週間くらいたった頃、読み終わったその本を返しに来た。そして「『ワルのぼけっと』の本を貸してくれませんか。」と、遠慮気味に言った。すぐに手元にあった『ワルのぽけっと』を渡し「ゆっくり読んで、読み終わったら返してください。」と言った。

なぜか教卓のすぐ前が指定席になっているG女は、授業中ひっきりなしに、学習記録の余白に漫画を書いていた。私がこの単元で持ち込んだ本の中に『漫画についてぼくが話そう』という本が混じっていた。少し読み聞かせると、授業のあと勢い込んで私に近づき、「貸してください。」と言った。その場で彼女に渡した。今まで私が見た中では一番いい表情で受け取り、大事そうに抱えて席に帰っていった。

児童が読みたいと思う本を用意し、実際に手にする機会を持つことの大切さと効果を感じるできごとである。

(2) 課　題

今の児童の実態では、学級文庫に読みたいと考える本が並べば必ず手にして、読み始めるであろうが、分厚い本を最後まで読み通せる児童は多くない。できれば、四～五人の班を作り、読み手を交代しながら少しずつ読みすすめ（音読）ていく読書会を持ち、とりあえず一冊の厚い本を読み終えるという経験をさせ、自信を持たせることが必要で有効な手段である。そのことを実施するためにはどこでその時間をとるかということを中心に担任と相談をしなければならない。

一週間に一時間の入り込み授業を担当している者としては、授業の最初にできるだけ本を話題にしたり、時には学級文庫の本を手にとっておもしろそうな所を読み聞かせ、読もうとする意欲を高め、持続させるような支援をしていくことになる。

アンケート調査の結果をグラフにし、それを読みとって報告の文章を書くという学習では、グラフを読みとる力の必要性を強く感じた。グラフから多くのことを発見すれば書く材料が豊かに持てる。書くことがたくさんあるということは、書く意欲が強くなるということである。今回の実践において、報告の文章を書く場面で児童が苦労したのは、報告の文章を書く経験がないために自信が持てないということのほかに、書く材料を豊かに持つことができなかったことも大きな要因と考えられる。

今回は、草稿を作る手引きに不備を感じながらも時間におわれてそのまま使用し、手引きに手引きを必要とするような授業をするはめになってしまった。いつでも児童の実態にあった手引きを作成することのできる力をつけることを目指して研鑽を積んでいきたい。


（平成十一年十二月二十日　稿）

外国文学に親しむ
――指導者の翻訳を読む・手伝う――

1　はじめに

『日本人はなぜ英語ができないか』（岩波新書、一九九九年七月十九日）の中で鈴木孝夫氏は「現在経済大国として世界規模の通商網を広げ、あらゆる種類の複雑きわまる国際対応を迫られるようになった日本は、日本語の国際通用性がなきに等しい現状では、諸外国との交渉や交流の主要な部分を、今や国際語の資格をもつ英語に頼らざるをえないのが現状です。（五頁）」と述べ、国際語として英語を身につけることを社会が要請しているといぅ。

このことに関して数学者の藤原正彦氏は、「言語」（一九九九年一月号）に「平成十四年度からは、国語算数を三割減にして、小学校で英語が導入される予定となっている。「英語イコール国際人」という神話にとらわれる限り、事態は悪化する一方と思う。数年の海外生活を通して痛感したのは、真の国際人となるために、東西の名作名著や日本の文化や伝統に精通していることが、流暢な英語とは比べものにならないほど重要だということである。」という意見を寄せている。また、一二カ国語を操る数学者のピーター・フランクル氏は、その著書『ピーター流外国語習得術』（岩波ジュニア新書、一九九九年十二月二十日）に、「ほんとうに外国語がうまくなりたいと思ったら、じつはまず「日本語がうまい」ことが先決です。（中略＝引用者）外国語を勉強する段階を通して、自分の母語ももっとうまくなるのが理想ではないでしょうか。（八四・八五・八六頁）」と記している。

藤原氏、ピーター氏は、国際人イコール英語と考え、あせって早期からの英語教育に走るあまり、母語（日本語）の教育がおざなりにされる傾向に警鐘を鳴らしている。国際社会で認められる真の国際人を育てるために、高い次元の英語力を身につけさせるためにも、しっかりと母語（日本語）の力を身につけさせることがことに基礎段階の小学校においては大切だと考える。

小学校における英語教育を示唆するものとして、鈴木氏は「日本では長い間、ある人が外国語（ただしその時々の先進国の言語）ができることは、その人が社会のエリートだということと同義であり、まわりの人々から羨望の眼差しで見られるのが常でした。そして外国語ができるということが、まるでその人の人物までも優れているという笑うべき錯覚をすら生むようになっているのです。私はこのようなかたよった外国語に対する見方を払拭しない限り、日本人は国際化時代において適切な言語的対応を外国に対してとることが難しいと思うのです。（鈴木孝夫『日本人はなぜ英語ができないか』岩波新書、一九九九年七月十九日、一六頁）」と話し、「何についても自由に英語で話せるようになるためには、じつは殆どの人がいらないと思っている読書、つまり英語で書いたものを読むことも大切なのです。（鈴木孝夫『日本人はなぜ英語ができないか』岩波新書、一九九九年七月十九日、一一五頁）」という意見も述べている。基礎段階の英語教育では、英語が特別な人の専有物ではないということを知らせ、（多くの人が敬遠する）英語の本を読もうとする姿勢を身につけさせることが大切であると指摘している。

小学校の英語教育は、英語に触れることを通して日本語（母語）の力を磨き、英語の本を読もうという意欲を持たせ、英語は特別な人たちの専有物ではないということを知らせることを目標としなければならない。中学・高校における英語習得のためにも、重要度を増してきている小学校の英語学習の目標を組み込んだ単元を国語科において構想し実践してみた。

2　単元「アウルムーン」と「月夜のみみずく」――二つの訳を読み比べよう――

(1) 対象　助任小学校　五年五組　三三名

(2) 単元設定の理由

現在本校で使用している国語教科書にはどの学年にも一つか二つの翻訳文学が収録されている。これは小学生が授業で間接的に外国語（外国文化）に触れる数少ない貴重な機会と捉えることができる。

どんな名訳であっても、原典を現代語・日本語訳したという点では、たとえば『マンガ源氏物語』と同じである。それが小学生が全く読めない英語（外国語）の本であっても、原典を示したり、他の訳と比べたりする指導が望ましいことは古典文学の指導と同じである。二〇年ほど前、はじめて翻訳文学を扱うことになったとき「日本語訳のこの言葉は原書ではどんな単語を使っているのだろう」という素朴な疑問を持った。「原典を指導に生かしたい」と考えて本屋や図書館を探したが見つけることはできなかった。徳島では思うように洋書が手に入らなかったからである。しかし、だいぶ事情が変わってきた。高松には洋書専門のフロアのある書店ができているし、インターネットの「アマゾン・コム」を利用すれば、自宅に居ながらにして洋書が注文できる。

教科書教材の原典を教室に持ち込み、日本語に訳したものとして翻訳文学を扱うことは、児童が英語に触れながら日本語の力を磨く指導になり得ると考えて本単元を設定した。

（3）単元目標

教科書教材「月夜のみみずく」（光村図書五年下）は詩人工藤直子が「Owl Moon」（by Jane Yolen and John Schoenherr）を日本語に訳したものであることを知らせ、他の日本語訳（指導者の訳）と比べさせることによって、翻訳は訳者によってさまざまに違ってくることを分からせたい。詩人の訳を繰り返し読むことで、日本語の良さを感じさせたい。英語を日本語に訳すことに興味を持たせ、将来（中学で）英語を学習したときには自分も英語の本を読んでみようという意欲を持たせたい。その場合、逐次の解釈をしていくような学習でなく、朗読を重視した日本語の持つ独特のリズムを味わわせる事を目標とした。

（4）学習指導計画　全五時間

【一時間目】教科書教材「月夜のみみずく」の原典にあたる英語の絵本を示し、訳者である詩人の工藤直子の紹介をする。／教科書教材「月夜のみみずく」を音読させる。音読にあわせて、英語の絵本のページをゆっくりと繰って児童に見せる。／指導者の日本語訳を配り、読み聞かせる。次時からの学習予定を伝える。

【二時間目】工藤直子訳「月夜のみみずく」を一人一人交代しながら音読させる。工藤直子訳と上田正純訳の違いを見つけ、手引きに記入させる。

【三時間目】工藤直子訳「月夜のみみずく」をくり返し一人で音読させる。二つの訳の違っている個所を書き出させ、そのうちの何個所かについて解説する。

【四時間目】「月夜のみみずく」を音読させる。／原典にある最後の（英語の）一文を自分なりに訳させる。

【五時間目】まとめ・学習記録の製本と学習をふり返っての作文

（5）学習指導の展開と児童の反応

二〇〇〇年三月一日（月）三校時　一／五

工藤直子氏の著書（『のはらうた』ⅠⅡⅢ、『ふくろうめがね』）を示し、いくつかの作品を読み聞かせながら、氏が、「自然が好き、大きくなったらふくろうになろうと思うくらいふくろうが好きだった」ことを知らせる。原典（英語の絵本『Owl Moon』〈by Jane Yolen, illustrated by John Schoenherr, Philomel Books New York〉を示しながら、教科書教材「月夜のみみずく」は工藤さんが英語の絵本を日本語訳したものだと話す。「月夜のみみずく」を児童に（一人ずつ交代して）音読させる。音読に合わせて絵本をゆっくりめくりながら児童に見せ、指導者のコメントをはさむ。原典の絵に児童の熱い視線が集中した。

読み終わって、「この本は英語で書かれています。中学生になればみなさんも日本語に訳することができます。私も自分で訳をしてみました。今から配ります。」と話し、指導者の訳した「アウルムーン」のプリントを配る。「工藤さん訳と上田正純訳の違うところを探していきましょう。上田正純訳を読みます。」と話して、時折原典の記述（英文）を読み、いくつかの英単語の意味を説明しながら上田正純訳の「アウルムーン」を読み聞かせた。授業の最後に本時の感想を記入させた。

児童の反応（学習記録の「本時の授業の感想」から抜粋）

①同じ物語でも先生と工藤さんで訳が変わって（違って＝筆者註）いたので不思議でした。今は英語が読めないけど、覚えれたら訳をやってみたい。

②英語を訳す人によっていろいろ言葉が違ってくるんだなあと思った。それで何で（挿し絵）が（原典と教

科書では）左右反対なんだか疑問だ。

③「月夜のみみずく」という本は英語で書かれていたんだとはじめて知った。

④今日の授業は英語が多かった。英語は全然知らないけど、何だかうれしくなった。先生のは「。」が多くて、工藤さんのは「詩」だから、「。」がなかった。

①の感想にあるように、英語の本を読むことへの興味を記した児童が数名いた。二つの訳を比べるという学習に興味を持って取り組んだ様子が、④のように細かい違いを発見した感想に表れている。③は、原典を間近に見たことの喜びを記したものと言える。一度、それもきわめて短い時間見せただけなのに、原典と教科書で絵の向きが反対になっていることに気づき、それを感想に書いた児童が多くいた（②）。

児童の原典に対する興味の大きさが伝わってくる感想が多かった（②③④）。これは本単元の学習全体に強い興味を持ったことの表れである。この一事だけでも、児童を直接原典に触れさせることの意義はあると考えた。

（※①～④は児童の感想の番号、以下同様）

二〇〇〇年　三月二日（火）　一校時　二／五

本時の学習記録用紙を配ったあと、前時の学習記録に記された授業の感想を五つ読みあげ、コメントした。叙事詩について短く説明した後、一人ずつ交代して「月夜のみみずく」を音読させた。音読が終わって、学習記録の例にならって工藤直子訳と上田正純訳が違っているところを書き抜くように指示した。

二つの訳の違っている部分を書き出す作業開始から四～五分は、全員が一心不乱に取り組んでいたが、五分を過ぎた頃から、手を休める児童が二〜三人見えだし、「わからん」とつぶやく声が聞こえた。「違うところがなければ一つも書き出さなくていいのですけど、ないですか」と話す。児童が困ったような顔をしたのが気になった。

指定した作業時間の残りが二分を切った頃、作業が児童の国語力では難しいすぎると感じたので、「工藤さんがこう書いているところを私はどう書いているか見つけてください。」と言って、二つの訳のきわだって違っている部分の工藤直子の訳を板書した。授業時間の終わりに学習記録に本時の感想を書くように指示した。

児童の反応（児童の学習記録「本時の授業の感想」から抜粋）

①上田先生と工藤さんとの訳を比べるのが多くて全部できなかった。
②ちょっとめんどうくさいと思ったけど、上田先生が黒板に書いてくれたから楽だった。
③むずかしかった。いっぱいあってやりにくかった。
④探すのは難しかった。
⑤先生はなんでパパをお父さんとしなかったか？しゃりっとを工藤さんはカタカナでシャリッととしなかったのか？ちんまりも少し思い出せない日本語。

感想にそのことを記述した児童が多くいたことから（①②③④）、訳の違ったところを書き出す作業は児童には難しかったと分かる。訳者によって訳が違ってくるということは実感できたようだ（①〜⑤）。授業の途中の手引き（板書）は効果的であったと分かる（②）。繰り返し、細部までことばに注意しながら何度も読み返しているのであろう、わずかの記述の違いを見つけたり、訳者の選んだことばに疑問を持ったりしている（⑤）。

二〇〇〇年三月三日（金）　四校時　三／五

学習記録を配ったあと、一ページずつ絵本の挿し絵を見せながら、そのページの英文の工藤直子訳を児童が音読する（席の一列が一ページ分を受け持つ）。児童の音読に続いて同じページの上田正純訳を（指導者が）読み聞かせる。読み聞かせながら、適宜コメントをはさんだ。比べながらの音読が終わって、「学習記録に上田正純の訳を書いています。同じところを工藤さんがどう訳したかを書き抜いてください。」と話し、作業に入る。

学習記録に本時の感想を書かせて終わる。

児童の反応（児童の学習記録「本時の授業の感想」から抜粋）

①いつもの本読みより今日の本読みは長く感じた。
②今日は読むのに時間がかかってあまり調べられなかった。
③英語を時々言われてあまり分からなかったと思う。自分なりに……
④直子さんはぴたりやキラキラなどということば（擬音、擬態語）をいっぱい使っていた。
⑤みみずくの声はホウホウホホホホウーか、フォーフォーフォフォフォフォーか……どっちだろう。
⑥先生が訳を書いてくれていたので楽だった。

気になる英単語の意味を説明し、絵やストーリーの展開についてコメントをはさみながら二つの訳文を交互に読むという音読に三〇分以上費やした。意味を説明した英単語は二六個、ストーリーや絵に関するコメントは一五回であった。授業の運びにのれないでいたことが①②③の感想に表れている。しかし、気が散って私語を始めるといった児童は少なかった。学習後に授業を思い出しながら（自らの）授業記録を書いてみて、あらためて児童のこの単元への興味の大きさに気づかされた。時間を重ねるたびに二つの訳の細かな違いを見つけ疑問・感想が生まれている（④⑤）。児童が記述に注意しながら、繰り返し読んでいることが分かる。

二〇〇〇年三月四日（土）二校時　四／五

学習記録用紙を配り、一ページずつ絵本の挿し絵を見せながら、そのページの英文の工藤直子訳を、児童が音読する。席の一列が一ページ分を受け持つ。音読の後、『Owl Moon』の最後の一文（The kind of hope that flies on silent wings under a shining OwlMoon.）の英単語の意味と、この叙事詩の訳のポイントが「カインド　オブ　ホープ」にあること、「カインド　オブ　ホープ」の訳にはこの物語をどう読んだかがあらわれることを話す。「工藤さんは『なんだかわくわくするもの』と訳し、上田は『希望』と訳しているけれど、『希望のようなもの』が正確な訳です。『希望のようなもの』って何でしょうね。」と問う。

上田訳　アウルムーンが輝くと、希望が静かな翼をつけて飛び立つんだ。
工藤訳　月がまぶしくかがやく夜に　なんだかわくわくするものが　静かにつばさをひるがえし　光の中をとんでいく

児童から「みみずく」という声があがった。「そう思ったらそう書いていいのです。でも、フクロウが飛ぶと言いたいのなら、「カインド　オブ　ホープ」の変わりに「アウル（みみずく）」を使えばいいんじゃないかなあ。」

と答えた。児童の鉛筆の動きが鈍いので、「こんな月夜には、父さんやおまえ達の、不思議な物に（自然の美しさ・神秘）会いたいという気持ち（心）が翼をつけて飛ぶんだ。だから、そわそわ、わくわくして家にじっとしていられなくなって、アウリングに出かけるんだ」と例を板書した。そして、「板書した訳が気に入ったら、そのまま写してもいいです。もちろん工藤さんの訳が気に入っている人はそれを写したらいいし、プリントの上田訳が気に入っている人はそれを写してもいいです。自分で考えてもいいしね。どれを選ぶかは自分で決めるのです。」と話す。残り五分で二つの訳の違いを探す学習を終えての感想を書かせる。感想の例を指導者が次のように板書した。「月夜のみみずく」（工藤さんの訳）に出てくる女の子はとてもかわいい。「アウルムーン」（上田先生の訳）に出てくる女の子はしっかりしている。年齢が違っているのだろう。みみずくを見に行くのは、工藤さんの訳ではとても楽しそうだけれど、上田先生の訳だと寒くて、こわくて、雪を踏み割りながら長い道のりを歩くので大変そうだ。わたしはとても行けそうにない。

児童の反応（児童の学習記録「本時の授業の感想」から抜粋）

①上田先生と工藤さんの文は全然違うなあと思った。やっぱり読む人が感じたように書いたからかなあと思った。工藤さんはよっぽどふくろうが好きなんだ。

②（前略）上田訳の（主人公の少女の）年が小さい。それは「パパ」と言うことから分かった。工藤訳では「父さん」と言っているから少し年が上ではないかと予想される。

③（前略）この授業で楽しかったのは、自分で訳をしたのを書くということでした。悩んだり考えこんだりしながら書くので、できたときはとてもうれしく感じたからです。（中略）全部の英語を訳するのは難しいと思うけど、やってみたい。

④工藤さんの訳は子どもっぽい。上田先生の訳はなんか大人っぽい。本当はどんなのが正解なのか知りたい。でも、たぶん答えは一人ひとりちょっとずつ違って本当の答えなんかはないと思った。

⑤上田先生と工藤さんの訳すのがちょっとずつ違うので、一人一人が違うようなことってこんな所にあるんだなあと思った。私も英語が分かってきたら、訳してみたいなあと思いました。（後略）

英語を訳して、自分なりの日本語の文を作ることは思っていたよりもむずかしかったようだ（③）だが、楽しかったと書いている。少々難しくても興味があれば難しさを乗り越えて楽しく取り組めるのだとわかる。「英語を学んだら訳してみたい（英語の本を読んでみたい）」と書いている（③⑤）。英訳の大変なことを体験した上で書いていることに大きな意味がある。英文を訳すことの楽しさを知り、読むことへの強い意欲が生じたと考えられる。また、①④⑤は、英文を読む（訳す）ことは特別な人たちの特権ではなく、だれにも自分なりの読みを持つ「読者としての権利」があることに気づいた感想と言える。

指導者の書いた例文を参考にしたものが多く見られたが、指導者が、「工藤訳の方が上田訳より主人公の女の子の年が若い」と書いたのに、児童の感想では逆に工藤訳の主人公の女の子が年上で、男勝りでしっかりしていると自分なりの感想が書かれている（②）。

「父さん」と呼ぶ方が「パパ」よりも大人っぽい呼び方だと書いた児童もいる（②）。一語一語の記述に注意しながら繰り返し読み、詳しく深い読みが成立したと考えられる。工藤氏の訳を子ども向け、女の子っぽい、女の子が言っているようだと読み、上田訳を大人向けと読んだ（④）ことは自分なりの感想を持てたという点で素晴らしい読みと言える。

二〇〇〇年三月六日（月）二校時　五／五

四時間分の学習の記録を返却、四時間目の学習記録に書かれた全児童の「本時の感想」を記したプリントを配り、読み上げる。この単元全体の感想を「学習をふり返って」という題で書かせた。作文を提出させ、学習の記録に表紙をつけてステイプラーで綴じさせた。

児童の反応「学習をふりかえって」から抜粋

①（前略）最後の方では英語を日本語に訳すやつをやりました。これはむずかしいけどおもしろかったです。N男／②（前略）この詩はジョイン＝ヨウレンという人が作って工藤直子という人が訳している。それと上田先生が訳したものと比べたが、だいぶ違う詩になっていた。だからたぶん百人の人が同じ詩を訳したら、みんなちょっとずつ違う詩になるんだろうなと思った。I男／③上田先生と勉強して一番印象に残ったのは英語だ。上田先生はすらすら読めるのに、ぼくはつまる。それは「月夜のみみずく」だ。英語の訳でぼくは困ったけどけっこう読めた。ちょっとおもしろくなった。（好きになった）（後略）T男／④私が「月夜のみみずく」を読んでびっくりしたのは、本当は英語の本だったということです。（後略）S女／⑤叙事詩を読んだのははじめてだったので、最初読んだとき、詩か作文か分かりませんでした。「月夜のみみずく」の工藤直子訳と上田先生訳の違いををさがしたり、一部分自分たちで訳したりしてとても楽しかったです。Y女

英訳に関しては多くの児童が「難しかった」と書いている（①③）が、なぜかその後に「楽しかった」と続け

た児童（①③⑤）が多かった。多くの児童が「またやりたい」「英語ができるようになったら一冊の本を全部読んでみたい（訳してみたい）」と書いていた。オリジナルと思っていた教科書教材が英語の物語を訳したものだったと知って「驚いた」と書いた児童も数名いた。

3　成果と課題

単元全体を通じて児童は指導者の予想を遙かに超えて意欲的に取り組んだ。原典を持ち込んだこと、「自分の身近にいる人・指導者がまさか詩人と同じように英文の訳ができるとは……」といった驚きがそうさせたと思える。単元のねらいである翻訳文学の学習において英語に触れ、学習を通じて日本語のすばらしさを知り、日本語の力（読む力、鑑賞する力）を伸ばしたいというねらいは十分達成できたと考えている。さらに、英語を学習したなら、その力を使って英語の本を読もう（日本語訳しよう）という意欲も生じている。なによりの成果は、「読む人によってさまざまな訳があっていいし、学習者自身もその仲間に入ってよい」と書かれた感想に表れているように、英語が特別な人のもの・特別なものではないと分かったことである。

三時間目の授業の後、白紙の学習記録を出した児童、――前時には提出せずに机の引き出しにしまい込もうとして「書けていなくてもいいから出しなさい」と注意され、おずおずと出した男児――が近寄って来て、「工藤直子さんの詩集を図書室で見つけました。」と瞳を輝かせて話した。「図鑑で驚みみずくと大みみずくを見つけるのはしなかったの?」と尋ねたら、ちょっとにっこりした。いい表情であった。詩人・工藤直子への興味が確かに高まっている。さらに、音読が楽しかったと感想に書いた児童も数人いた。日本語の美しさを何となく感じはじめたことの表れといえる。

はじめての試みであったため、課題も残った。児童の国語力（とくに読みとる力）に応じて、児童の作業が難しすぎないように適切な手引きを作成すること――二時間目の手引きを使った学習は「難しかった」と書いた児童が多くいた。学習記録を読み、授業記録を書く中で、児童の国語力の把握が深まり、三時間目の手引きはその事を考慮して作成したので、児童に好評であった（三時間目の児童の感想⑥）。また、自分の訳に思い入れが強くなって授業の中で自分の訳を扱う時間が多くならないようにと心がけていたものの、事前に主題に関わる単語を五つ程度選ぶという備えができておらず、二六個の単語を取り上げ、間延びした時間にしてしまった。児童の興味が強くなければ授業が成立しなかったであろう。最後の時間に「月の下を飛ぶカインドオブホープって何」と聞いた時に「ふくろう」と答えた男児への説明が行き届かなかった。後になって思えば、「みんなの希望がフクロウに姿を変えて飛ぶんだ。（フクロウはみんなの希望なんだ）」と答えて、認めてやり、一層、訳することへの興味を強くすることができなかった。これも準備不足のなせる技と反省している。今後、反省点を克服すべく修養を積んでいきたい。

（平成十二年三月二十日　稿）

Ⅲ

楽しく学ぶ語句・語彙の指導

――単元・発表会「覚えてください私の漢字」――

はじめに

国語研究会で「国語科の指導について、話し合いたいことがあれば、自由に」といった時間があると、必ず漢字指導の話が出る。効果を上げているとして出される指導は、新出漢字を百回、繰り返し練習させる、朝の五分間テスト漢字十問テスト、といったテストを実施して、間違えた漢字を数多く書かせるといったものが多い。練習する回数やテストの形式に違いはあるものの、いずれも「何回も書かせて、テストをして覚えさせていく。」というやり方である。私の勤める学校でも同様の漢字指導が熱心に行われている。昨年度の第五学年の作文単元「毎日をより楽しく◆作文　こんな学校ならいいな」で、「学校生活を振りかえって、こうすればもっといい学校・楽しい学校になるだろうと思われることを自由に書きなさい」と示したところ、「どうして毎日漢字練習の宿題が出るのだろう。もっと漢字練習の宿題が減ればいいのに……」と書いた児童がどのクラスにも数名いた。

大村はま氏は漢字指導について、

単元学習は過去の反省にたたないとできないと思うのです。たとえば、書き取りの場合、練習させてテストをして覚えさせていくというのがこれまでの方法です。

けれども、日本の漢字教育というのは、そういう方向で、もうどれくらいの間やってきたでしょうか。そして、今若い人が字を書けなくて、問題になっていますね。そういう、実際の様子を見ることが必要だと思います。そうすると、常識的にも、その方向はだめだと思うのがあたりまえではないか、漢字のベタ書きをさせるとか、よく習ってきなさいよとか、ちょっとした短文に入れて書かせるとか、間違いやすい字を書きだしてこれだけ覚えてこいっていうとか、テストをするとか、朝の五分か十分だけやらせるとか、みんなやらせていると思います。その結果がちっとも良くないわけでしょう。そしたら、その方法ではだめではないかと考えるのが教師の良心だと思うのです。知らん顔をして、きょうもその同じ方法をやるということは教師の良心が許さないという気がします。新しい方法をとってもだめかもしれませんけど、すくなくとも、そのベタ書きだとか、五分間テストだとかでない方法を考えてみようと思うのが、教師の良心だと思います。

私の国語単元学習「国語教育研究65号」昭和五十二年十月

（『大村はま国語教室』筑摩書房、第一巻、三五九頁）

と、述べている。多くの国語教室で、工夫のない漢字学習が、「若い人が字を書けなくて困っているという問題」を無視して、ずっと続いていることを、「教師の良心が許さないと思う」と記し、「新しい方法」をとるように強く勧めている。氏の提言がなされたのは今から二〇年以上も前のことだが、私の回りも含めて、「練習させて、テストをして覚えさせていく」という従来の方法から新しい方法に変わっているようには思えない。漢字のベタ書きは何も考えずに回数多く書かせることで覚えさせる指導といえる。これは、「漢字には一つ一つ決まった意味がある」ということを意識せず、「同じ音であれば意味を考えずに漢字をあてる間違った使用」という問題の原因になっていると考えられる。
大村はま氏は、さらに、

漢字を使いこなすには、一字一字が書けるだけでなく、漢字を使ったことばがわからなくてはなりません。たとえば、いまここに「営」という字があります。この「営」という字が書けても、もし「公営」ということばを知らなかったら、「公営の託児所」と書こうとしても書けません。また「あの農場をやっている人は……」という、「やっている人」というところをまとまった熟語で書こうとしたとき「経営」ということばをしらなかったら「経」という字、「営」という字、そのものは知っても「経営」とは書けず、この二字が覚えてあったことは、さしあたり役にたつていないことになります。またこういうこともあります。「周」と、「週」と、両方ともそれぞれよく知っていても、さて「創立十周年記念」と書くとなると、「一周」ということばと、「一週」ということばとがはっきり区別されていないと「周」という字「週」という字を覚えている、というだけでは、ちょっとうまくいきません。漢字は、どうしても、ことばとして、文の一部であることばとして勉強しないと、使いこなせないようです。

（大村はま『やさしい漢字教室』共文社、八頁）

と記し、「漢字を文の一部であることばとして学ばせる」ことの大切さを説いている。そのために「わかる」ための学習に加えて、「あらわすため」の学習を行う必要があることを次のように述べている。

いま、あらわしたいことがあるのです。自分の夢を、頭のなかだけで考えているのでなく、実際、目にもみられるようにする。「はい、これです」と、実際にあらわす――そういうことをいうことばがほしいという場合です。そのとき「実現」ということばを思いつき、そして、それが書ける。つまり前のがわかるためならば、これは、あらわすためといえましょう。このほうをいっしょうけんめいにしますと、書こうと思ったことが書け、話そうと思ったことが話せますね。ゆたかな表現力をもつことになりそうです。

（大村はま『やさしい漢字教室』共文社、一〇頁）

今回の実践はこの大村はま氏の提言にこたえようと、「新しい方法をとってもだめかもしれませんけど、すくなくとも、そのベタ書きだとか、五分問テストだとかでない方法を考えてみようと思うのが、教師の良心だ」という言葉を支えに、文脈のなかのことばとしての漢字学習をめざした単元である。「ベタ書き」や「五分間テストでない」自分なりに考えた漢字指導の方法である。この単元は「わかる」ための学習のひとつであり、「あらわす」ための学習は、それがもっとも必要感を持つ作文指導の場で実施しようと考えている。私自身は現在、担任学級を持っておらず、入り込み授業・飛び入り授業の形で国語学習に関わっているため、できていないが、本来、ことばの学習は、「生活の中で」「言葉の生きて働いている場・姿で」なされるべきである。子供だちと一緒に生活する中で、いつもチャンスをねらって取り組むことでそれが実現できると考える。

1　単元「覚えてくださいわたしの漢字」の計画

（1）対象　徳島市助任小学校　五年二組　三九名

（2）単元設定の理由

児童に国語の力をつける話が出ると、もっぱら漢字指導に向く。そのうらには、漢字への配点に傾きすぎた国語テストの存在がある。漢字を覚えさせればテストの点数が上がる、そのようにテストの点数の上昇を国語力がついたことの証とする考え方と、たくさん書かせて暗記させるという、今までの漢字指導法がある。漢字を暗記させ、配点を高くする恣意的な国語テストに対応することに腐心するのではなく、語彙指導としての漢字指導が指導の目標でなければならない。

大村はま氏は国語科の学習における語彙指導の大切さを「ことばを本当に身につけるということは国語教育の全体かもしれないのです。一つのことばが本当に身につく。たとえば教育ということばがどういうことか本当にわかるということは、大変なことではないでしょうか。教育とは人を育てることなどといってすませているのならかまいませんけれど、教育とはなんだということが、本当に分かっているかとなりますとそれは大変なことです。教育ということばがわかったときには、一人前の教師であると言ってもいいような、そういうことですので、私は語彙指導というのはそういう覚悟でやるべきことと思います。」（『大村はま国語教室』第九巻、四四〇頁）と記している。ことばを本当に身につけるためには五年生にどのような漢字指導を展開すればいいかということに留意して単元を構想した。

一つのことばが本当にわかるためには、まずことばの（辞書的）意味を知る必要がある。聞いたことがあるけれど意味のはっきりしないことばはそのままにしておけず、意味をはっきりさせるために辞書で調べる児童・おっくうがらずに辞書を引く児童に育てなければならない。そのためには、辞書の使い方を知らせるだけでなく、児童が必要感を持って辞書を引く場をつくり、辞書がどのようなときにどんなふうに役に立つかを体験させることが有効だと考える。

さらに、辞書的な意味を知らせるだけでなく使用語彙として身につけさせるために、その漢字を含むことばを文章の中で用いることができるようにしていきたい。

倉沢栄吉氏は「子どもは、遊びのような学習のような、一体化したようなものを本質的に求めている。それが学習に転化しなければならない」(『大村はま国語教室』第一巻、一四頁)と語っているが、この単元ではゲーム的要素をとりいれ、「一種の知的ゲーム」となるように留意した。

各自に自分の担当する漢字(私の漢字)を一字ずつ与え、その漢字のクラスでの正答率を競わせる。

各自の作った短文を使って作成したテストを実施し、各自自分の漢字を採点する。さらに、自分の漢字のクラスでの正答率をだし、正答率をあげるための発表会「わたしの漢字の覚え方」を持つ。

児童は四年生で漢字辞典の使い方を学習しているが、五年生の第一学期に、漢字辞典の使い方が十分に身についていない児童や、使い方を知ってはいるが学習に役立てた経験のない児童がいる。クラスの半数以上の児童が漢字辞典を引くことに慣れていない。それらの児童には、使用に熟練する(速く引く)ことへのあこがれに似た気持ちがある。そこで、児童に漢字辞典を渡し、新出漢字を引き当てるまでの時間を計って知らせ、スピードを競わせる。

(3) 単元目標

ア. 学習者が漢字に興味を持ち、楽しんで漢字学習をする。

イ. 漢字辞典の使用に習熟し、辞書に親しみ積極的に辞書を活用しようとする態度を育てる。

ウ. 新出漢字を含む熟語がぴったりとおさまる短文をつくることにより、新出漢字を使用語彙に近づける。

エ. 漢字の組み立てや意味を知り、自分で考えた覚え方を発表するための原稿を書くことができる。

オ．主に次のような言語能力を育てる。
〈読む〉
教材文を読み、要点をつかむことができる。
〈書く〉
漢字の覚え方についての自分の考えを発表原稿に書くことができる。
語句の意味に注意し、適切な使用を心がけて作文できる。
学習の記録を残すことができる。
〈聞く〉
要点をまとめながら聞き、必要によってはメモを取りながら聞くことができる。
発表者が発表しやすいような態度で聞くことができる。
〈話す〉
発表原稿をもとに、級友をまえに自分の考えを伝えるため、話すことができる。

（4）学習材

・「漢字のなりたち」教科書教材（光村図書五年上）
・『例解小学漢字辞典　特製版』三省堂　（一九九七年四月一日　第一刷発行）編者……林四郎／大村はま
・学習の手引き　二種類

（5）学習指導計画（七時間）

【第一次】　一、二、三時間目

○例解小学漢字辞典〈三省堂〉を使いこなすために、また、漢字そのものに興味を持たせるために、漢字についての「聞いたことはあるが正確な知識ではない話」を学習する。

一時間目　六書（『例解小学漢字辞典』「ものしり巻物」）

二時間目　書体「篆書、隷書、楷書、行書、草書」（『例解小学漢字辞典』「ものしり巻物」）

三時間目　漢字の画数と筆順（『例解小学漢字辞典』「ものしり巻物」）

○一時間目には、授業の約束ごと、学習記録の記入の仕方を指導し、単元の概略を知らせて学習活動への見通しを持たせる。

○新出漢字の学習は　一、二、三時間目に共通

・篆書をもとに漢字のなりたちを説明し、なりたちと意味が関係していることを知らせる。

・実際に新出漢字を『例解小学漢字辞典』で引く。指導者が指名した児童が、一つの新出漢字を引く。そのほかの児童は、だまって見つめながら心の中で声援をおくる。引き当てるまでの所用時間を指導者が計って級児童に知らせる。

・新出漢字を正しい筆順を確認しながら学習記録に清書する。

・新出漢字の意味を確かめる。指導者が板書し、児童は学習記録に書く。

・新出漢字を使った熟語を発表する。新出漢字と読み方が同じ他の漢字を使った熟語を発表した児童には『国語辞典』を手渡して、自分の発表した熟語を引かせる。引き終わったら、結果（自分の発表した熟語にはどんな漢字を使っているか）を級児童にむけて発表する。

・指導者が、その熟語の使い方の例を含んだ短い話をする.

【第二次】　四、五時間目

四時間目

○各自が自分の漢字を一文字決め、その字を使った熟語がぴったりおさまる短文を作る。

短冊に書き込んだ短文を提出させ、指導者がＢ四の白紙に張り付けて（一枚に十問）テスト用紙を作成する。

五時間目

○テスト実施と採点

・各自が自分の漢字を採点しながら、正解者には○、間違えた児童に×をクラス名簿に記入する。

・間違えた児童のテスト用紙に、採点者がていねいに正解の漢字を書く。

【第三次】　六、七時間目

六時間目

○先のテストで明らかになったクラスの児童のそれぞれの漢字の正答率と国立国語研究所の調査結果（正答率）を資料（手引き）として使い、正答率という観点から漢字について考察する。

○考察と、指導者の範文を参考にして、自分の漢字を覚えてもらうための発表原稿（約一分・三〇〇字）を書く。

○全員が自分の漢字を覚えてもらうための発表をする「発表会　覚えてください私の漢字」を開く。

2　学習指導の実際

毎授業後、指導者が授業を振り返って記録したもの、学習記録に児童が記した授業の感想を次に示す。

【第一次】

一時間目（六月十四日）授業記録

授業の前にプリントを配布する約束にしていたが、慣れていないために、チャイムが鳴ってもまだできていなかった。プリントを配り、三種類のプリントを黒板に貼って全員が三枚もらっているかどうかを確認した。

○関心・意欲の喚起

単元の進め方を話し、「覚えてください私の漢字」と単元名を板書。

五年生になって習った漢字のうちから一人一漢字を担当し、それをみんなに覚えてもらうようにする。「正答率」と板書し、「正答率一〇〇をめざす。」と話した。

○授業のルールについて

続いて、授業を始めるときのあいさつのし方を決める。

担任（乾先生）に協力をしてもらって、座っての礼と立礼を実演する。

「二通りの礼を比べてどう思いましたか?」と聞く。

座ったままの礼は「失礼な」という感想が出た。その他の感想は（あまり発言に慣れていないのか）出なかったので、森鴎外が「成人として官吏として将校として洋行し、立礼を知らざるがために屈辱を受けた。」を紹介し、日本にはそういう風習がなかった。畳文化であったせいであろう……。それに比べて欧米は椅子文化だから立礼が行われていたのだろうと、話す。

上田が改めて教室に入り直し、実際に立礼の練習する。「これからの私の授業はこういう始め方にしましょう。」と話す。

○学習記録の書き方を説明

手引きを用意し、（先に六年生の児童が書いた学習の記録の実物をプリントしたもの）を示し、二段に分かれていますが、上の段には板書を写す。下の段は「思ったこと、わかったこと、考えたこと、疑問に思ったこと、わかりにくかったこと、思い出したこと、先生の言った冗談……などもメモするとよい　と話す。下段のメモ欄に書かれた感想をいくつか紹介する。

○六書の説明

「六書」（『例解小学漢字辞典』「ものしり巻物」）をプリントしたものを教材文として使用、「象形文字、指事文字、会意文字、形声文字、転注、仮借」について説明する。

象形では鳥と烏を例に挙げて説明した。また、形声が一番多く、漢字全体の八〇％以上だと話した。その後、大人が「ふううん……」と、うなる、それは学校で勉強してかしこくなったなあという感想です。大人に話をして「ふううん……」といった感想を受け取ることができるようなことをいっぱい作るために学校にきている。ためしに廊下ですれ違う先生や、おうちの人に「りくしよって知っている?」と聞いてごらん。全部すらすらといえる人は少ないでしょう。りくしょをしらなかったら、教えてあげましょう。「ふううん。すごいな。さすがに学校へ行って勉強しているだけのことはあるなあ。」と、きっとほめらるよ、と話した。

○新出漢字の学習

「学習記録」の用紙（資料1）にあらかじめ指導者が書いてある「漢字のなりたち」を二人の児童に読ませる。

資料1　学習記録用紙

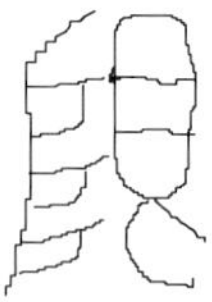

（形声）

王は玉で「見　ケン」が「ゲン」とかわって読み方をしめしている。「ケン」は「はっきりする」意味を持ち、玉をみがいて光がはっきりと出てくることを表す字。

【意味】①すがたをあらわす

②いまある

〈熟語〉

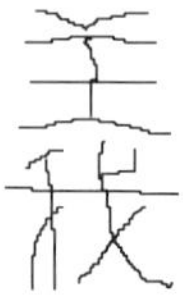

（形声）

が美しい意味を表し、（我　ガ）が儀式用の武器の意味と「ギ」とかわって「読み方」をしめしている。

「正しくふみおこなうみち」を表す字。

【意味】①すじみち

感想・疑問・発見など

②意味

③代わりのもの

間髪をいれず、一番前の席の指導者から見て一番右に座っている児童に漢字辞典を渡し、学習記録の篆書と解説がしめしている漢字を引かせる。引いている児童の支援に、当該漢字を楷書で板書し、振り仮名をつける。「二分以内に引けなかったら先生が引きます」「みんな、辞書を引いている人に心の中で声援をおくりましょう」と話し、ストップウォッチでタイムを計る。「現」は、一分一六秒で見つけた。

指導者が筆順についての話（注意）をしながら板書するのにあわせて、児童は学習記録の□に書く。意味が二つあると説明しながら板書、（児童は学習記録を見ながら聞く）それぞれの意味で使われている熟語を発表させる。発表した熟語ごとに二つのうちのどちらの意味かを問う。

児童の発言を取り上げて「出現」と板書、「怪獣がしゅつげんした、と言うときのしゅつげんです。」と説明、同様に「実現」と板書し「夢が実現すると使います。」と、使い方の例を文で示す。「②いまある」の意味で使っている熟語は出なかった。「義」は二分以内に見つけることができなかった。

全体に向けて、漢字辞典の引き方（音訓引き、部首引き、総画引き）を短く説明、指導者が実際に音訓引きで「義」を引いて見せる。児童が驚くようにできるだけ速く引く。その後、二分以内に引けなかった児童のそばで引いてみせ、「次からはひけそうね。」と励ます。

筆順についての話（注意）をしながら「義」を板書、音読みを漢字の右にカタカナで、訓読みを左にひらがなで板書する。

途中で授業の終わりを告げるチャイムが鳴った

「チャイムが鳴ったのは聞こえているのですけど、少しだけ延長します。」と話して、漢字の意味を三つ板書し、それぞれの意味で使われている熟語を聞いてみた。手は挙がらなかった。質問が難しいのが原因であろうと感じた。義務、意義、義足と板書、一番なじみのない意味と思われる「代わりのもの」という意味での熟語について、「義足というのは足をなくした人がつけるものです、木でできていたり、ステンレスでできていたりします。」と、話す。

「学習記録のうしろのあいているところに今日の勉強の感想を書いた人から授業を終わりにします。まだ書いている人がいますから休憩する人は（教室の）外に出ましょう。」と、指示して、学習記録と本時の手引きを集める。感想が書けなくて困っている児童が何人かいたので、「先生の感想は、一生懸命に授業をしたのですがすがしい気分だ」「みなが一生懸命勉強したのでとてもいい気分だ、といったところです。」と感想の例を、提示した。

一時間目（六月七日）の　児童の感想　（学習記録より）

「六書」（漢字のでき方に関する感想）　（一一名）

・漢字は絵やとくちょうからできているんだなあと思いました。

・六書おぼえて疲れた。W

・オレ達ははじめて六書を覚えました。これからいろんな事を学べそう。O

・こんなふうに漢字ができたと思った。I

・六書を教えてもらった。大人になるまでに全部覚えたい。Ｙ
・絵から字ができたなんて、それを考えたなんてすごいなあと思った。私も作ってみたいと思った。漢字は全部に意味があることが分かった。六書のことを聞いてみたいと思った。漢字の作り方など難しかったけど、いろいろな事が分かった。もっともっといろんな事が知りたいなあと思った。Ｋ
・授業が結構おもしろかった。象形文字なども少し覚えた。Ｙａ
・今までしらなかった言葉をたくさん知った。漢字の成り立ちを知った。Ｋａ
・六書なんかしらなかったけど、先生が教えてくれてはじめて知った。
・それらの漢字のべつの意味が加わったり、また、全く別の意味に使われたりした字もある。Ｍ
・上田先生の説明が分かりやすかった。なりたちがよくわかった。

漢字辞典を引くことについて　（三名）

・Ｏｕ君とＮａ君が辞典を引いているとき「がんばれ」と思ってどきどきした。Ｍｔ
・二分以内に漢字を引くのがむずかしかった。漢字の作り方が六つもあることをはじめて知った。
・漢字辞典の引き方が三つもあったのでとても簡単。山・川・木などは絵で表していたとは思っていなかった。――Ｈ

知らなかったことを知って楽しかった・もっと知りたい　（一七名）

・少し難しかったけど勉強になった。Ｇ
・あまりよく分からなかったけど、だんだん分かってきておもしろくなってきた。Ｆ

・よくわかった。Ｉｔ
・私は知らないことを教えてもらったから、とっても勉強になった。ＫＫ
・今日はおぼえまくった。時間がたつのが早かった。Ｓｇ
・漢字のいろいろなことを教えてくれて楽しかった。Ｋｓ
・とても楽しかったので漢字もいっぱい覚えられそう。
・難しかったけどいろいろな言葉を覚えた。ＫｓＫ
・おもしろかった。漢字がとても覚えやすかった。Ｙｔ
・いっしようけんめいしたけど、よくわからなかった。けどすごく勉強になった。ありがとうございました――Ｉｆ
・わからない字があって少し覚えた。
・わからない言葉がたくさん出てきた。烏というのが覚えられた。漢字が楽しくなった。Ｙｄ
・今日はいろいろな漢字を教えてくれてありがとうございました。おもしろかったです。Ｎｉ
・いろいろな漢字の意味があるのを知っておもしろい意味もあった。楽しかった。Ｔｍ
・ちょっと難しかったけど、勉強になった。
・この勉強でいろいろなことが分かりました。それに辞書の引き方があまり分からなかった。分かってよかったです。Ｋｎ
・漢字を作るのがよく分かった。次はどんな漢字を習うのか楽しみです。ＦＯ

指導者のこと　（四名）

・ちょっとつかれたけど、おもしろかった上田先生の言い方がおもしろかった。
・上田先生の話がわかりやすい。Ｙｍ
・サングラスがやくざみたいだった。Ｎｇ
・上田先生、おもしろかった。

その他　（三名）
・今日はあんまりわからなかったけど、今度はわかるようにがんばります。
・いろんなことがあった。Ｓｍ
・つかれた。Ｔａ

二時間目（六月十四日）授業記録

教室に入ってもざわついている。前回教えた立礼のために立つ児童は一〇人程度。全く無視する児童も同じくらいの数いる。

「どうするんだったかなあ。」「もう一度やり直します。席に着きなさい。」と指示し、廊下に出る。「席に着いていないと立ち上がれないでしょう。」と、廊下から注意する。

教室に足を踏み入れると全員が起立、「気をつけをして、胸をはって、」と注意して、黙礼。

「そのようにあいさつをし合うとお互いに大事な人だと思い合っている気持ちがよく伝わります。」と、話す。（自然の家・宿泊訓練が近いので、仲間意識を高めるためか）班ごとに向かいあっている席をもとにもどすように伝えたが、「（担任の）先生がこのままでいいと言った」と強い調子で主張したので、そのまま授業を始めた。

○前時の学習記録に触れる（学習記録の書き方の指導と、本時の授業へのかまえを作ることがねらい）

さて、今日の学習記録（授業の前に配っていた）に名前は書けていますか。

この前の学習記録に「先生がサングラスをかけてやくざのようだった。」という感想がありました。だれでしたっけ……（男子が手を挙げているのを確認）

「先生がサングラスをかけて授業した」と、板書する。

これは補正させてください。前時、どうして色つきレンズのメガネをかけていたかを説明しませんでした。実は目イボができていたんです。こっちの日が腫れて、開けにくくなっていたので、見た人に嫌な感じを与えたくないと思って、眼帯でもよかったんだけれど、読んだり書いたりするのに不自由でしたので、この色つきのレンズのメガネをかけていたのです。

サングラスとは違います。私は車を運転するときにいつでもサングラスをかけているけれど、それは、まぶしいからです。車にはいつでもサングラスを置いています。今日は持ってきました。（手持ちのサングラスを四種類かけてみせる）「タモリだ」という声がいくつかあがる。クラスの雰囲気が少々オープンになってきた。

○「書体」（『例解小学漢字辞典』ものしり巻物）

（新出漢字の学習では、漢字のなりたちを説明するために学習記録に篆書を載せているので、説明の必要がある。それと関連して五つの書体について学習する。）

今日の勉強は「書体」です。「書体」と板書。「「書体」と書きなさい」と指示する。鉛筆が動いていない児童が数名いる。学習記録を黒板に貼り、「ここです。」と、氏名を記入する場所を示したあと机間を回って氏名記入状況を確認、書けていないＴａの学習記録には指導者が代わりに記入し、学習の構え作りを支援した。

篆書について、二二〇〇年前に中国の秦の始皇帝が国内の文字を統一したことを話したあと、いくつか篆書を板書して見せ、「きれいで味があるのだけれど、一つ弱点があるのです。それは……書くのに時間がかかるということです。そこで、篆書を早く書けるように改良したのが隷書です。」と説明した。

続いて、「今皆さんが書いている字はなんていうの」……「『〇〇書で書いてください』と言われたことはありませんか。」と問いかけた。しばらくして女子が挙手して、「楷書です」と答えた。それを受けて、「そうですね。今あなたたちが使っている漢字は楷書です。楷書は隷書を書きやすく美しく、早くかけるようにしたものです。その他に草書、行書があり、全部で書体は五種類ということになります。」と説明した。

「この前の時間六書をならったでしょう。おうちの人や先生に『「六書知っとる？」』って聞いた人いますか。」と問うが、挙手はない。あまり学校で習ったことを家で話したりしないようである。

「聞いたら、六書ってどんなんと聞かれる、そしたらこたえれん。」というつぶやきが聞こえた。うろ覚えだから質問されたら（答えられないので）困る。だから、恐くて聞けなかったというのが本音のようだ。そこで、「今六年生で勉強しているんですけど、ある人が、図書館へ調べに行って、『万葉集どこにあるんですか』と聞いたら、図書館の人が『ええっ……あなた万葉集読むの……』と驚いたと書いていました。その驚かれた様子がなんかいい気分だったようです。学校で勉強するということは、そんな風に周りからおどろかれるような値打ちのあることをいっぱい身につけることです。今日の篆書もおうちでぜひ話してください。」と授業で学習したことを回りの大人に話すことを奨励した。

○新出漢字の学習　《一時間目と同様の手順で進める》

「今日も新出漢字を勉強します。説明を読み進めていきましょう。（二人が音読）読みは……メイ、部首は……しんにょう……、これで音訓引きも部首引きもできますね。さあ、先週残念ながらタイムアップでひけなかったカレ、今日はリベンジです。」と言って、先週引けなかった児童（Ｎａ）に漢字辞典を渡す。音訓引きをしようとしているのがわかるが、辞書の最初を開けようとしている。（この辞書では音訓引きの索引が一番最後にある）おそらく、先週教わった漢字辞典の引き方はうろ覚えで、自分が当たるとは考えなかったため、練習が不十分なようだ。指導者が、児童の持っている辞書の後ろにある音訓の索引を開けて、「あ、い、う、え、お、か、き、く、け、こ、さ、し、す、せ、そ、……」と、読みながらページを繰って、五十音順にならんでいることを確認していった。「たちつてと」あたりまで来たところＮａは、次の「ま」み、む「め」と進んで「め」のところを探せばよいと気づいたようで、自分で見つけようと動き始めた。結局、五六秒で見つけた。この児童は授業後の感想に「辞書引きで二回目ではじめてひけてうれしかった」と書いた。手引されてたどり着いたというしろめたさは感じておらず、自分の力でやりとげたと思っているようで、ホッとした。

新出漢字「迷」を使った熟語の発表で、「メイキュウ」と答えた児童に「メイキュウつてなに」と問い返す。答えることができない「『昨日メイキュウを食べました』は、おかしくない？意味が分からないと食べものだと思ってしまうかも知れませんね。」と言いながら、国語辞典を渡す。「メイキュウに続ける」と、永久と勘違いしているであろうと思われる声もあがる。「メイメイ」と答えた児童にもだまって国語辞典を手渡した。

「効」は篆書を見ると「ぼくづくり」であることがよくわかる。そこで、「『ぼくづくり』は、『むりにさせる意味』の字で、手に棒を持った絵（象形）だ。」と教えた。その前にだれかがひざまずいた絵を書いて、この絵が改めるという字になること、棒を持った手（ぼづくり）の前に教える値打ちのあるもの、その下に子どもの絵を描くと教えるという字になることを知らせ、「昔は棒を持った先生がきびしく指導するのがあたりまえだったのでしょうね。」と話した。

「暴」には意味がたくさんある。児童は、「どの意味で使われた熟語だろう」と、少し悩みながらも、たくさんの熟語を発表した。暴走族、暴行、暴力、と児童が普段聞き慣れている言葉が続いた。「バクショウ」と発表した児童がいた。爆笑が正しい。「バクハツ」という発言もあった。正しくは爆発。正しい漢字を使った熟語を板書した。それ以外にも暴露、暴言などが出た。暴を使った熟語は見慣れた字、聞き慣れた言葉が児童の周りにたくさんあるようだ。暴と爆は形が似ている上に、読み方もよく似ていて、同じ読みをする熟語（暴露・バクロ）があるため、混同しやすい。「次時に『爆』を教えて、使い分ける意識を持たせよう」と考えた。

「損」学習記録の説明を読み、辞書を引きおわった頃にチャイムが鳴った。熟語は「損害」「損失」まで、損耗、破損と指導者が板書して、「授業の感想が書けた人から学習記録を提出しなさい」と指示した。


二時間目（六月十四日）の　児童の感想　（学習記録より）

「書体」（『例解少学漢字辞典』ものしり巻物）に関するもの　（七名）

・れいしょやてんしょやいろいろの読み方がわかった。If
・てんしょはわかったけど、書体はわからなかった。いろんな篆書があっておもしろいと思った。H
・わたしの知らない言葉、隷書、篆書、楷書、いろいろな不思議なことばをならいました。今日の授業はとてもいろんなことを知った。もっとたくさんならいたいです。Ka
・今日は五つの書体をならった。篆書、隷書、草書、行書、楷書などを、昔のことをならって結構楽しかっ

た。――Ｔｙ

・篆書は２２００年前に作られた。今使われている字は楷書という。私は篆書にも書き順があるかなあと思った。上田先生は、黒のあのサングラスをかけるとタモリに似ているなあと思いました。篆書は絵みたいでおもしろかった。Ｔ

・いろいろむずかしい言葉が出た・篆書を書くのはむずかしそう。Ｙ

・キリストの生まれる前……おどろき　上田教頭先生は物知りだ。Ｓｇ

漢字辞典を引くこと　（三名）

・暴の漢字17秒でひけた。新記録らしい。うれしかった。Ｍ

・辞書引き、二回目ではじめてひけてうれしかった。Ｎａ

・国語辞典を引くのが楽しかったです。またわかりやすく教えてください。Ｔｍ

知らないことがわかってうれしい・楽しい　（一三名）

・上田教頭先生の授業は結構おもしろかったです。またやってほしいです。Ｓｍ

・今は草書、行書などがつかわれていた。なぜかマイがメイとなっていたのだ。ぼくとＴａとで国語辞典を引いてたくさん見つかった。この時間いろんな事がわかってまた頭がよくなった。Ｏ

・よくわかるし楽しい、またしたいと思った。上田教頭先生サングラス楽しかった。（サングラスをかけた上田先生は　たもり・ジョージ）Ｙｍ

・おもしろい。わかりやすい。ＫＥ

・今日も楽しくていろいろな意味をおしえてくれて楽しかった。Ｋｓ
・とても意味がよくわかりました。Ｎｉ
・先生は私が知らないことをいろいろ教えてくれるので先生の来る時間はとても嬉しいです。ＫＫ
・今日は前よりすこしだけどわかりました。先生はとてもおもしろくてわかりやすく教えてくれます。私はちょっとずつだけれど、新しい言葉をわかってきています。まだ教えてもらいます。Ｕｍ
・どんなふうに漢字ができているかがわかった。Ｓｍ
・この勉強をしてから昔の漢字や書き順がわかった。Ｇ
・今日は四つの漢字をならった。わすれるかも……。Ｓ
・私は先生がそんなむずかしい昔の漢字を知ってるなんてすごいなあと思った。
・迷の例文で迷路という言葉、知っていたはずなのに説明を聞かなければよくわからないように思った。漢字のでき方はいろいろあっておもしろいとおもった。わたしも漢字を少し作ってみたい。Ｋ
・昔の漢字はわかりにくかったんだなと思った。Ｙａ

疑問が残った　（三名）

・漢字の読みが（員イン）などと下に書いてあるのはなぜかなと思いました。Ｋｓ
・マイがメイにかわった。Ｙｍ
・よくわからない漢字だった。本当に漢字なのか疑った。なぜマイからメイになったのだろう。Ｍｔ

目イボ・サングラス　（四名）

・上田教頭先生が目イボになったといっていましたが、私もなったことがあります。つらかった気持ちがすごくよくわかりました。Ｋｎ
・目イボ、ができていたことを聞いて、「そうだったのかあ」とおもったりして、楽しい時もあったけど、ずっと「お腹がすいたあ」と思っていました。「スイマセン」Ｎ
・ぼくはもっと家にサングラスはあるのかなと思った。ぼくは出た漢字の意味を全部うつすとははじめて知ったので書くのにあせりました。Ｆｏ
・サングラスのひみつがわかった。うれしい。Ｎｏ

声が大きい　（三名）
・ふつうの先生よりもおもしろいけれど、（授業中）声が大きすぎる。Ｙｄ
・先生の授業おもしろいけど、大きい声出さないで。Ｉｍ
・前より声が大きかったからわかりやすかった。Ｙｔ

むずかしかった・たいへんだった　（六名）
・ちょっと写すのがたいへんだった。Ｉ
・今日少しむずかしかった。Ｉｔ
・今日は少しむずかしい字が多かった。でもがんばって写して苦労した。でもけっこうおもしろかった。Ｆ
・つかれた。Ｔａ
・いっぱいボウ（暴）の漢字があったからつかれた。Ｗ

・……記述なし……　Ｏｕ

三時間目（六月十五日）　授業記録

指導者が教室に着いた時には、まだ朝の会が終わりきっていなかった。本日は短縮授業である。そのうえＴＶ朝会が長引いた。授業時間四五分を想定した計画が達成できるかかどうかが不安になった。担任に訳を話して教室に入り、本時に使用する二枚のプリントを配るようにした。

約五分遅れて授業開始。あいさつは、指導者の号令「きりつ、姿勢をただして、まっすぐ私を見て、胸をはって、……おはようございます」で始めた。

席は、（前の授業では辞書を引く際、隣を頼る傾きがあったので）臨時に、全員が指導者と正対するように机の向きを変えた。

「前の時間、気が散る人がいた。友だちの顔がすぐ目の前やすぐ横にあると、つい頼ってしまうものです。今日は机の向きを変えます。理由がわかってもらえたかな。」と短く説明した。

○前時の間違い「爆と暴」を意識して使い、混同を防ぐ二度と間違えない指導

黒板に「爆笑と暴走」　「暴発と爆発」と書いた色画用紙を用意し、

前の時間にたくさんの人が勘違いしていた字を訂正します。爆弾を爆発させるためには火がいる「点火」するのですね。だから火へんがついています。この字は、ボウと読みますバクと読むのはたった一つ「暴露」という熟語のときだけ……特別な読み方です。芸能人が彼女のアパートから出てくるのを写真に撮られたりする

でしょう。人が知られたくないことを暴くのが暴露、暴露本とか暴露記事という言葉がある。と説明した。

○「漢字の画数」(『例解小学漢字辞典』ものしり巻物)

今日の漢字の勉強をはじめましょう。茶色の紙、絵がついたプリントをだしなさい。読みます。鉛筆を持って、先生が読むところに線を入れなさい。と、傍線を引くところを示し、次のように説明を加えた。

・漢字辞典を使うとき、この正しい画数の数え方が役立ちます。
・総画索引・音訓索引も(音訓索引では、同じ読み方の字も)画数順に漢字が並んでいます。
・漢字辞典を引くときには正しい画数の数え方がカギです。カギと、学習記録に記入しなさい。

○「漢字の筆順」

「漢字の筆順(『例解小学漢字辞典』ものしり巻物)」を読みながら、次の説明を加えた。

一の字を書いてみましょう。

縦棒を書いてみましょう。

筆順はこのような手の動かし方によって決まります。そのため、筆順の大原則は左から右、上から下へです。

一番画数の少ない漢字は一と乙、一画の漢字です。一番画数の多いのは、この子ども用の漢字辞典では二四画の字「鷺」、「鷹」、「麟」です。私の使っている大人用の辞書では三三画のソという字、ばらばらになった鹿の群をあらわしている字です。

○新出漢字の学習《一、二時間目と同様の手順で進める》

「さあ今日の新出漢字です。説明を読んで。Ｔａ君」（Ｔａの隣に行って指導者が先に読み、それに続いて二度読ませる）

読み方は「ク」楷書で書くとこんな字ですと説明し「久」と振り仮名「ク」を板書したあと、児童に漢字辞典を渡し、ストップウォッチで時間を計る。筆順に気をつけて指導者は板上に児童は学習記録に清書したあと、熟語の発表に移る。

「キュウと読んで、意味はひさしい……熟語は？」

Ｏが「クオン」と答える。「意味は？」「（辞書に）のっとった。」「のっとったかどうかを聞いてるのではありません。どういう意味かを聞いているのです。どんな時にその言葉を聞いた？」「……。」「それは食べ物ですか？クオンを食べる。朝ご飯のおかずはクオンだった。食堂で注文できます？クオン二つください。……それとも乗り物かな？今日はクオンに乗って学校へ来た……、建物かなあ。ぼくはクオンに住んでいます。……意味を知らずに使うと随分おかしなことになりますねえ。」と、意味の分からない熟語を発表することをたしなめた。

「あなたが辞書で見つけたクオンは漢字でこう書いてありますか？」と尋ね、「久遠」と板書。さらに「この熟語と同じ意味です。」と話しながら「永久」と板書した。「これ、読める人。」と問いかけると、女子が挙手して「エイキュウです。」と正解した。「クオンは、いつまでも続く長い長い時間のことです。」と説明した。

「逆」　読み方は「ギャク」と板書。「篆書ではこんな字ですけど、楷書で書くとこんな字です。三、二、一……はい消えます。」と言って板書した楷書の「逆」を消した。「見てなかった人はなかなか辞書が引けませんねえ。」と注意した。集中力が薄れてきた教室の空気を感じ、再び板書に注意を向けたかった。この時に指名した児童は二分以内に目当ての漢字を見つけることができなかった。

意味を「さかさ」「そむく」と板書、それぞれの意味での熟語を尋ね、児童が発表した熟語を板書した。児童の様子から、日常児童が聞き慣れていない言葉だと感じた熟語は、意味を尋ねた。

「逆襲」は大きく板書。「逆鱗」ゲキリンは、龍の顎の下の逆さに生えた鱗で、それにさわった人は食い殺されることから「逆鱗にふれる」という……故事を話す。

Ｔａに漢字辞典を引く順番が回ってきた。あたった漢字は「仏」である。見ていると、国語辞典と同じように引こうとして、パニックを起こしてしまう。近づいて、音訓引きの索引のページを開き、あ、い、う、え、お、かきくけこ、さしすせそ、たちつてと、なにぬね、の、は、ひ……と指さして読みながらページをめくって行くと、音訓引きは国語辞典の引き方とよく似ているせいか、やり方が分かったようである。自分でページを繰って探し始め、五六秒で「仏」を見つけた。熟語の発表では、「ぶつぶつ」と答えた児童、「セイブツ」と答えた児童にそれぞれ『国語辞典』を渡した。

「試」という漢字を引くのはＯ児の番である。さかんに授業中辞書を引いているので、「もしかして速いのでは……」と、皆の期待が集まる。「あった」という声で近づいてみると、国語辞典を引いていた。「失格、Ｏ君しっかあく。」と叫ぶ。「国語辞典と漢字辞典は引き方がちがうでえ。さっきＴａ君がそれで苦労したでしょう。Ｏ君は失格、本日の失格者二人目。」、和やかな笑いが起きる。

ここでチャイム。

いっしょに「試」を清書、意味を書き、それぞれの意味の熟語を板書。

「では、本時の感想が書けた人から学習記録を提出して、授業を終わります。終わりのあいさつはしません。」と話して授業を終える。

三時間目（六月十五日）の　児童の感想　（学習記録より）

画数「ものしり巻物」に関すること　（七名）

・一番画数の多い漢字が子どもの辞書では24画、大人の辞書では33画とは知らなかった。If
・子どもの辞典の最高は24画、大人の辞書の最高は33画、ぼくはとてもおどろいた。O
・大人の辞書では33画、小学校の辞書では24画まであるとははじめて知った。M
・今日は難しい漢字がたくさん出た。S
・小学生の辞書が24画まで、大人用の辞書が33画までなんてぜんぜん知らなかった。Y
・国語は書く？　私の苗字の画数を調べてみたら22画だった。T
・33画の漢字があるなんてはじめて知りました。

漢字辞典を引くこと　（二名）

・やっぱり。17秒はだれもこせない。I
・国語辞典の方が速くひける。

楽しかった・よかった・よくわかった。（一八名）

・また今回もいろんなことを教えてもらって楽しかった。Ks
・失格者2名、今日はいつもよりよくわかって勉強できた。F
・たのしい。　たのしいよ！　Ym

・とても楽しかったです。また一つカシコクなりました。あと何回くるのですかあ。今度がとてもたのしみです。Ｎ
・今日ならったたくさんの漢字、画数などを聞いて書いて楽しかった。Ｋａ
・スピードが速いけれどついていけました。上田先生はおもしろく教えてくれてとてもよくわかりました。――Ｎｉ
・たのしかった。Ｔａ
・O君が意味のわからない熟語を発表した時、先生が「それは食いもんか」と言ったのがおもしろかった。Ｙｔ
・漢字辞典を引くのが前より速くなったような気がする。漢字はこんなに難しいのもあるのかと感心した。いろいろな言葉がわかった。だんだん漢字のいろいろなことが分かってきた。Ｋ
・いろいろむずかしい漢字や意味があったけれど、おもしろかったです。またしたいです。Ｔｍ
・いろいろ勉強して、漢字が覚えられて勉強になった。Ｇ
・わかりやすい。おもしろい。ＫＥ
・今日は失格者が2人。先生の「中華料理」とO君の「のっとった」というのがおもしろかった。
・仏門という字をはじめて知った。Ｎｇ
・しんにょうはカタツムリみたいというのが気に入った。Ｙｄ
・仏蘭西とかいてフランスと読むのははじめて知った。ＫｓＫ
・私は先生のくる時はとっても楽しみです。それは知らないことを教えてくれるからです。ＫＫ
・仏壇、仏門などむずかしい漢字を覚えていきたいです。逆襲をやりたい。

〈児童　学習記録の　メモ欄〉

・今日の「ボウ」のバクハツは暴に火へんのついた爆、

・大入用の辞書には33画の漢字がある。それは「ソ」という漢字と上田先生は言った。

・つぎは、部首引きをするときでも新記録はでなかった。

・O君が「くおん」と言ったので、上田せんせいが「くおんてなに」といってO君は言い訳をして、「くふう」といった。でも、自分から間違いですとOが言った。O君は国語辞典を使って失格になった。Ｆｏ

難しかった（不安・否定的な意見）　（一二名）

・今日すごく難しい漢字だった。Ｕｍ

・大変だった。Ｉｔ

・記述無し　Ｏｕ

・記述無し

・一回目のときより（新出漢字の数が）二倍になっていたからするのが大変だった。Ｓｍ

・逆襲という漢字が難しかった。Ｎａ

・漢字プリントに消しゴムの跡がいっぱいで見にくいかも知れない。Ｓｇ

・今日は線を引いたり書いたりすることが多かった。つかれた。Ｔｙ

・授業のスピードが少し速かった。Ｙａ

・やっぱり漢字をおぼえるのはつかれる。Ｗ

・落書きをするならメモしたほうがいい。仏という字を調べているとき、少し恐かった。Ｋｎ

・時間をオーバーしないで！　休み時間がなくなる！　Ｉｍ

「第二次」

四時間目（六月十六日）授業記録

本時は、テストの問題作り、児童はそれぞれ自分の漢字を含む熟語を使った文を書く。

・準備物　「漢字の数」「似ている漢字」（ともに『例解小学漢字辞典』ものしり巻物）を児童数プリント、『例解小学漢字辞典』からコピーした四九字の漢字（各一枚）、漢字の一覧表、問題作りの用紙（資料２）

資料２　問題作り用紙

※上の欄に自分の担当する漢字の熟語を使った文を、下欄に出題者の指名を書く。

出題者氏名

答えの漢字を書く

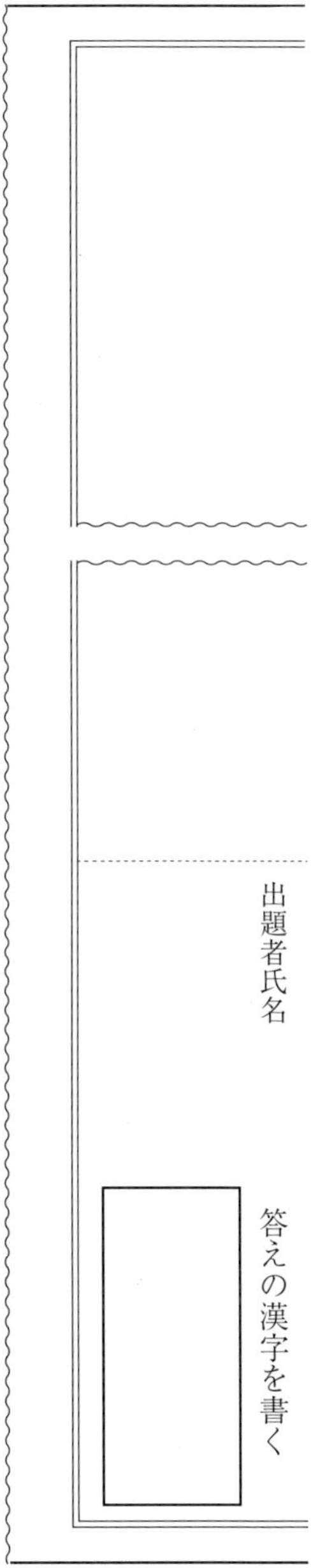

立礼が身につかない。いったん教室を出て、入りなおして立礼をやりなおす。

「先生が入ったら立つ。」と、廊下のすぐそばの席にいるOに注意、にこにこしながら、わざとに立たないで「相手にして欲しい」という信号を送ってくる児童（Ｔａ）がいる。「Ｔａ君、立たないかん。」と親しみをこめて注意、しぶしぶといった様子で立ち上がる。全員が立ったところで、「姿勢を正す、胸をはる、先生をまっすぐ見る、……おはようございます。」と礼をして授業を開始。プリント「漢字の数・似ている漢字」「漢字テスト問題づくりの用紙」配布した。

○「漢字の数・似ている漢字」（『例解小学漢字辞典』ものしり巻物）の学習

漢字の数のプリントを読みながら説明、約二千字の漢字をおぼえれば新聞が読めることを強調した。小学校で習う漢字が一〇一六字であることも知らせた。

○漢字テストの問題作り

a　担当する「わたしの漢字」の決定

「今から、だれがどの漢字を担当するかを決めます。」「四月から今までに新出漢字として勉強した字（板書）はこれだけあります。この中からどれか一字を自分の字として決めますから、しっかり自分の漢字を覚えてもらえるように運動してください。自分の担当する漢字がテストで正答率一位になった人は、私が顔写真をのせた新聞を作ってみんなに配ります。「上田正純の国語教室通信」という新聞を作成します。顔写真は、デジカメで撮影してコンピュータで編集します。」と本時の学習活動について説明し、「では自分の字を決めましょう。この漢字の中に自分の名前や苗字に使われている漢字がある人?」と問いかけた。「河」という字が姓にある児童が二名挙手したため、じゃんけんで決める。「おばあちゃんの名前にある」と言ってきたMには「久」を渡した。Taには『例解小学漢字辞典』より「仏」のコピーを渡し、「どうしてこの字があたったか分かるか」と尋ねると、「ぼくが勉強できんけんやさしい字をくれた。」と答えた。「違う。」と否定し「字を見てようく考えてみ！」と返したが、返事がない。「この前の時間Ta君が漢字辞典でひいた字だろう」と、前時の学習を思い出させ、指導者が「仏」を選んだ理由を説明した。それ以外に、漢字を選ぶ理由を言ってくる児童もいなかったので、残りの漢字のコピーをアトランダムに配り、当たった漢字をそれぞれの担当する漢字とした。

b　自分の漢字を使って、問題文をつくる

◇指導者が実際に問題を作って見せることで要領を知らせる

「私は「提」という字をもらいました。この用紙（資料2）の、一番下のカッコは答えの漢字を書くところですから書いてはいけません。その上に問題を考えた人の名前を書く。ここが上田正純やな。」と板書で示しながら説明。「先生が『昨日出した宿題はやってきたでしょうね。提出は今。』と言った。」と範文を板書した。

◇自分の漢字の意味を意識して、熟語がぴったりはいる文を書くように指導する

「たとえば、「せいかく」と熟語だけを問題文にしたら、「性格」も間違っていないし「正確」もいいわけでしょう。この漢字、この熟語しかはいらないという文を考えてください。たくさん問題文を書く欄があるけれど、たくさんの文を考えていいということです。いっぱい作って隣の子にどれが一番ぴったりおさまっていてよく分かるか聞くといい。」と話した。

◇児童が実際に文を作り、指導者は机間を回って個別に指導する

Ｔａには「六年生になれば修学旅行で奈良のだいぶつを見学する」という文を書いて指導した。Ｉｔは「明日がテストなので算数のふくしゅうをした」という文をはじめ四～五個の文を作っていた。Ｈが「似とるってどんなに作ったらいいん?」と聞くので、「僕は木村拓也ににている」でも「僕は反町たかしににている」でもいいよ。と答える。Ｈの表情から「ソリマチタカシ」が気にいったようだと思っていたら、「ほかにないん。」と聞くので、「『ぼくはお父さんに似ているとよく言われる』というのはどうですか」と答えると、「僕お父さんににとるよ。」と目が輝いた。

児童は楽しそうに興味を持ってやった。作業の進度にはバラツキがある。Ｔａは「仏心」をつかって文を作っていた。「こんな難しい言葉誰も知らんだろう。あなたはわかりますか。」と隣の席の男児に聞くと「わからん。」と答えた。「ほれみなさい。これは誰も正解せんわ。」と、アドバイスすると、「ほなって　ほかにないもん。」と言う。「こんなにいっぱいあるでえ。」と、漢字辞典のコピーにある熟語を指すと、「読み方がわからん。」と言った。このやりとりで、辞書の使い方が十分には理解できていないと分かった。そこで、「熟語の下にちいさくひらがなで書いてあるのが読み方、その下は熟語の意味を書いてある。」と加えた。ほかにも漢字辞典の使い方が

細かなところまできちんと理解できていない児童がいるにちがいない。実態把握が充分でなかった。そのほか、担当する漢字を使った熟語を含む文を作るという作業をきちんと理解できていない児童がいた。できる限り、個別指導で対応した。

「できた人は切り取って先生に出しなさい。どうしても一つに決められない人はたくさん出してもいいです。先生が一つ選んで、次の時間にはみんなが作った文を問題にしたテストを印刷してきます。」と話す。「テストまでは友だちに自分の漢字を覚えてもらうようにしっかり運動しなさい。」と付け加えた。

ここで、学習記録用紙を配っていなかったことに気づく。感想だけでも書かせるため、教室の前のボックスから用紙を取り出し、B五サイズに切って配る。

感想を書いて出した児童から休憩。そろって終わりの挨拶をすることは省略した。

四時間目（六月十六日）の　児童の感想　（学習記録より）

正答率の競争に関する物　（五名）

・正答率100パーセントをねらう。ダメと思う。一番簡単な字にした。
・おれは先生に勝つ。わらったから、あまりつかれなかった。Ｔａ
・テストでとうひょうにするかドキドキした。Ｉｆ
・今日選挙活動をした。
・ちょっと今回のテストは作戦を立ててみました。みんな答えてくれるといいと思います。Ｔ

自分の漢字に関すること　（一三名）

・今日自分の漢字「夢」はあんまり知ってる人がいそうじゃない。W
・今日は問題をつくった。みんなわかるかなあ。S
・「暴力」おぼえてくれい「暴」難しい。Yd
・自分の漢字がきまるまで、すこしドキドキした。KsK
・テストで自分の漢字が出て来なかったので「興」になった。興味にした。みんな知っているかな。
・今日テストであった。「在」っていう漢字なんて超やべえ。
・自分の漢字がちょっと簡単でよかったです。Y
・今日は漢字のテストで、僕は「せいかく」の漢字を書いた。みんな書いてくれるかどうか心配だ。F
・心配だった。O君の漢字は分からない人が多いと思った。Fo
・ぼくの漢字は「質」だった。Ng
・私の漢字は「逆」だった。みんなが分かってくれるといいなあ。
・今日は「識」を使って問題を作った。でも、なかなか思いつかないので、たったの2問しか書けなかった。私は「河」や「非」など簡単な漢字がよかった。そしたら、少なくても。3〜4問は書けていたと思う。――Ty
・今日は漢字の画数が分かった。国語の先生になるのだけはやめようと思った。私の漢字は「圧」、簡単なので、みんな書けるかな。K

楽しかった・覚えられた・わかった・勉強になった　（一六名）

・ついに漢字テストをするときが、次の時間になりました。今までの授業で一番楽しかったです。Ｋｓ
・今日のテストを作るやつを作るのがおもしろかった。Ｎａ
・テストがなかなかできなかったけど楽しかった。ＫＥ
・できれば桜という漢字がよかったけど、黒板に書いてなかったから。まあ楽しかったからいいか。良かった、よかった。
・今日のテストの問題になる文を作るのがおもしろかったです。Ｈ
・おもしろかった。
・テスト作りがおもしろかった。みんなが分からない漢字とか知っている漢字があるので難しかった。Ｙｔ
・楽しかった。おもしろかった。でっかい声ださないで。ｌｍ
・今日の授業はおもしろかった。僕の漢字をみんな覚えてくれたらいいと思う。Ｙａ
・自分の漢字が「雑」に決定。うれしいようないやなような……すっごくおもしろそう。（これからが）私の漢字何人セイカイしてくれるかな。Ｎ
・この勉強をしてテストの漢字がおぼえれた。
・今日は「河」という字を使って、問題を出したのでとても楽しかったです。自分の書いた漢字がみんなにわかるかな。
・今日問題をだしておもしろかった。Ｕｍ
・今日は「損」を使っていろいろな言葉をつくった。とても楽しかった。Ｋａ
・今日も難しいのがあったけれど、楽しかったです。
・漢字のテストのやり方がよくわかりました。Ｎｉ

難しかった　（二名）
・つくるのはちょっと難しかった。Ｉ
・つくるのがむずかしかった。

五時間目（六月十七日）授業記録

テストを実施し、児童が採点、授業後指導者が正答率を出す
準備物　漢字テスト十問ずつ四枚（計四〇問）のプリント（資料3）、自分の漢字が正解してもらえたかどうかをチェックするためのクラスの児童の名簿（漢字を記入できるように加工したもの）人数分

○テスト実施
テストを配布、約二十分をテストの時間に使う。

テスト開始後、ややあって、「僕の作った問題が載ってない。」というアピールがある。同じ児童のを二つ載せて、一人の児童のを載せ忘れている。

黒板に、載せ忘れていた児童の問題文を書き、二つ載っていた児童に「どっちか消すんだったらどっちがいいかな。」と尋ね、それを消して、新しい問題を書き込むように指示した。

真剣に漢字テストに取り組んだ。気が散る児童も数名見られる。「まだ時間がいる人、手を挙げて。」と声をかけ、時間を調節した。

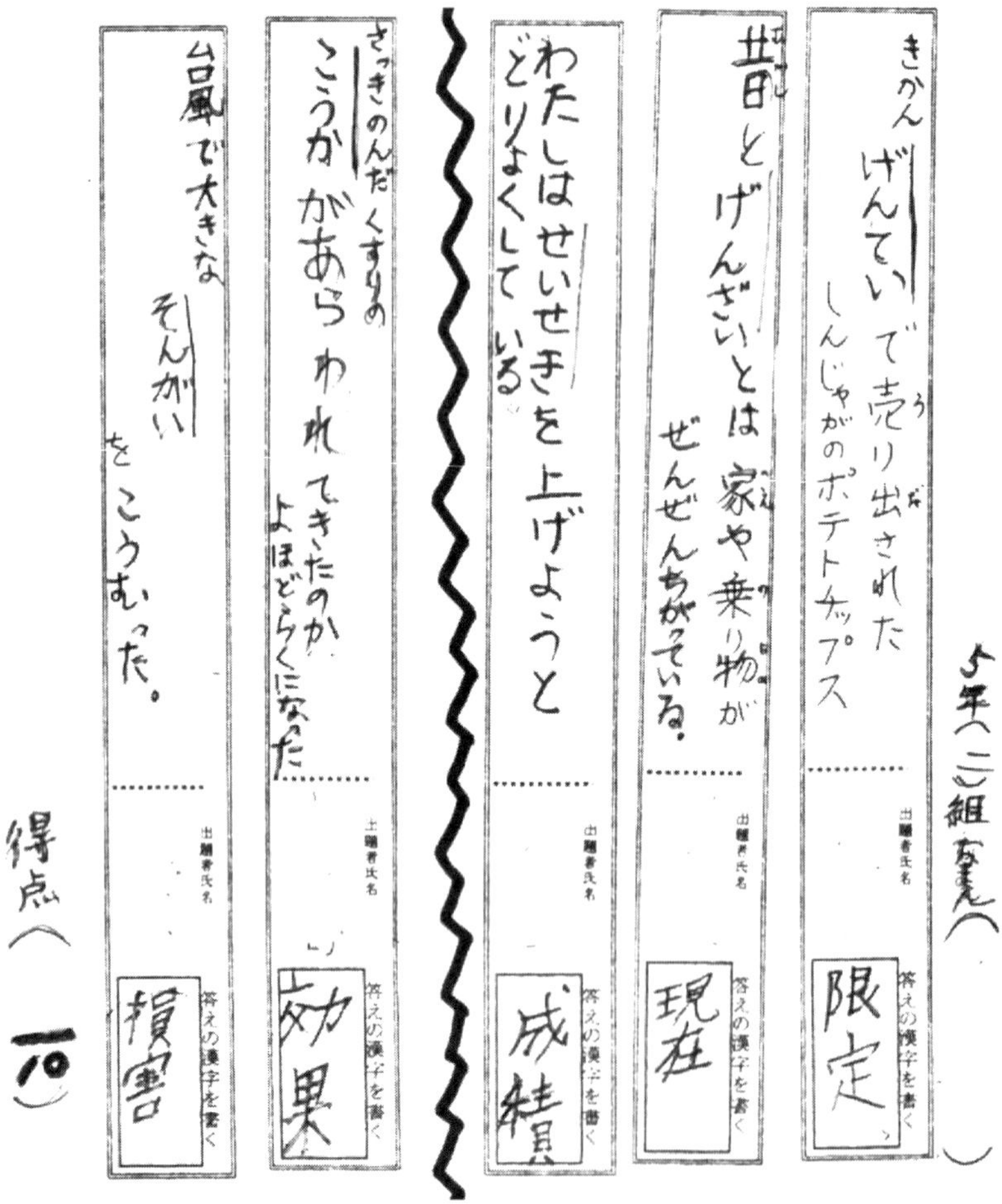
5年（二）組
きかんげんていで売り出されたしんじゃがのポテトチップス
出題者氏名
答えの漢字を書く
限定
昔とげんざいとは家や乗り物がぜんぜんちがっている。
出題者氏名
答えの漢字を書く
現在
わたしはせいせきを上げようとどりょくしている
出題者氏名
答えの漢字を書く
成績
さっきのんだくすりのこうかがあらわれてきたのかよほどらくになった
出題者氏名
答えの漢字を書く
効果
台風で大きなそんがいをこうむった。
出題者氏名
答えの漢字を書く
損害
得点（10）

資料3　テスト用紙（児童作成の問題を貼り付けて作成）

○残りの時間で採点、

ａ　採点の仕方を板書

①　まるかピンをつける。

②　間違っている人には、テスト用紙の下に赤鉛筆で正解を書く。

③　名簿に正解か不正解かを記録。

「自分の漢字だけを採点します。できたらテスト用紙を後ろの友だちに回します。」と話し、採点したプリントを順に送らせた。

自分のつくった問題にだけマルとピンをつけること　と板書。

「間違った字を書いた友だちのプリントには、ピンを入れた後、正しい字を赤で書きなさい。「この字が正解ですって、間違った人に教えるのです。」

「それから、この名簿に、正解した人はマル、まちがえた人はバツを入れてください。あとで受験者が何人正解者が何人かを数えて記入すると正答率が計算できます。」

「自分の漢字を採点したテスト用紙は後ろへ送りなさい。」と話して、黒板にテスト用紙を送る経路を板書、指導者も経由することを付け加え、採点の結果を記入する児童名簿を配布した。採点に入る。採点の結果を名簿にうまく記入できていない児童（Ｉｔ）には個別に指導する。

採点を終了するまえにチャイムが鳴ってしまったが、そのまま延長した。誰もクレームを言わない。

Ｉｔのところでたくさんのプリントが止まっていた。一〇分ほどすぎたところで、「もう終わりましょう。あとは先生がやっておきますから。」と制止するが、Ｉｔは「いや全部つけてから……。」と意欲を見せる。

Ｉｔ以外の児童にはテストのプリントを提出するよう指示して授業を終わる。Ｉｔも一、二分してあきらめ、プリントを持ってきた。

五時間目（六月十七日）の　児童の感想　（学習記録より）

この時間、児童が「感想」を記述する時間はとれなかった。指導者が次の感想を記している。
・自分の漢字に正解者がいると、名簿にチェックしながら、その子の顔を思わず探す。（指導者　上田）

【第三次】

六時間目（六月二十一日）　授業記録

テスト結果の考察と発表の資料を作る。
教室に入る。立礼
漢字テストの集計結果をまとめたプリントと、辞書『例解小学漢字辞典』から、各自の担当する漢字のページをコピーしたもの（一人一枚・計四〇枚）を配布する。
○漢字テストの結果の考察
漢字テストの結果について知らせ、結果の考察をする。
『国立国語研究所報告１０５　常用漢字の習得と指導』で調べた正当率（％）と、学級での正当率（％）を記

資料4　漢字テストの結果（正答率）

児童氏名	漢字	正答率（学級）	正答率（研究所）	備考
○　○	績	17.94 %	58 %	
△　△	測	30.76	49	
□　□	限	30.76	34	○
●　●	判	30.76	47	○
◎　◎	興	76.92	14	○
□　△	雑	76.92	53	
△　□	評	76.92	45	
○　△	仏	92.3	79	
□　○	非	92.3	82	
△　○	仮	92.3	70	

していること、最近習った漢字には○をつけていること、漢字は下に行くほど学級での正答率が高い漢字になるように並べていることを説明する。

「今回のテストでみなさんが一番よくまちがえた漢字は「積」です。たくさんの人が「いとへん」のかわりに「のぎへん」を書いていました。どうしてでしょうね。」と話すと、「算数で面積とか体積という漢字を先にならっているから」という児童の意見が出た。○は、この単元に入って先生と勉強した字です。最近習った字ほどよく覚えているのかと思ったのですがそうでもないのですね。正当率（研究所）の下に並んでいる数字は国立国語研究所が全国の四年生にテストをして調べた正答率です。一番難しい字はＭｔ君の「興」ということが分かります。このクラスではそんなに正答率は悪くないですね。一番下から三つは「九二・三％」と、同じ正答率になっています。この前みんなが作ったテストで一番正答率が高かった漢字は、「仏」、「非」、「仮」の三つでした。

○自分の漢字を覚えてもらうための発表原稿を書く

この単元では、漢字の正答率を「一〇〇」にすることが目標です。そのために、明日は各自がコマーシャルをします。どんなふうに……というと――黒板に八つ切り画用紙に書いた絵（漢字）を貼って、それを示しながら――指導者が自分が担当する漢字を覚えてもらうために考えた文（資料5）を読む。

資料5　発表原稿（範文）

提　　　　上田　正純

足を漢字で書けますか。手へんはどうでしょう。手へんに足を書くとこんな字になります。

「とらえる」と読みます。手へんはこのままで、足という字の口を日に替えて、一という字を加えるとこんな字になります。手へんとこの字を組み合わせるとテイという字になります。さげるという意味です。灯を提げるとかいて「ちょうちん」と読みます。提灯は知ってますか？

テイと読む熟語は、提供（ていきょう）テレビなどで「この放送は〇〇がていきょうしています」と言うのをきいたことがあるでしょう。提案（ていあん）、学級会などで、「お楽しみ会をしませんかと提案する」といった使い方をする字です。

その後、原稿用紙を配布、三〇〇字で約一分の発表時間になること、画用紙と色マジックインキは自由に使ってもいいこと、さらに、図書室で見つけておいた漢字に関係する本十冊（資料6）を教卓に積み、一冊ずつパラパラとめくって児童に見せ、「漢字のおぼえ方が載っています。発表原稿を書くときの参考にしてください。自由に持って行っていいです。」と話した。

資料6

『漢字なんでも大研究①ふしぎがいっぱい漢字のなりたち』（西本鶏介監修、海城文也著、ポプラ社）
『漢字なんでも大研究⑥虫・鶏・植物の漢字事典』（西本鶏介監修、海城文也著、ポプラ社）
『漢字なんでも大研究⑨クイズでちょうせん！　漢字検定（初級編）』（西本鶏介、ポプラ社）
『漢字なんでも大研究⑤動物・魚の事典』（西本鶏介監修、海城文也、ポプラ社）
『試験に強くなる漢字熟語事典』（山田繁雄監修・指導、学研）
『マンガだけど本格派　漢字のおぼえ方　漢和辞典「部首」攻略法』（マンガ塾太郎、太陽出版）
『まんがで学習　漢字事典五年生』（田代しんたろう、あかね書房）
『国語学習なっとく事典　漢字の達人』（石田佐久馬、講談社）
『こどもかんじじてん』（江川ビン成、講談社）
『小学生　漢字の達人になる辞典』（川嶋優、三省堂）

児童が記述に入った。指導者は、机間を回って個別に指導。

Ｔａは、どう書きすすめていいかわからず、じっとしている。予測していたことなので、個別指導。その場で例文を書いて示す。「読めない。」というので、一文ずつ読ませる（読めないところは指導者が読み、あとについて復唱させる。繰り返しているうちに作業のすすめ方がほぼ理解でき、自分で文を作りはじめた。

机間指導の間に、二／三程度の児童が書けていた。

チャイムで終わる。

▽指導者による発表会の準備（授業後）

児童の書いた作文を持ち帰って目を通し、不十分なもの、聞き手がよく分からないと思えるものは、指導者が書き直した。（資料7）さらに、作文の内容にあわせて、絵や分解した字、熟語をかいた画用紙も用意した。

資料7　指導者が訂正した原稿

績　　　　　　　　　　　　　　　　　　五年二組　○○　○○

私の字は「成績（せいせき）」の「績（せき）」です。この前のテストでこの字をまちがえた人は、たいていいとへんのかわりにのぎへんをかいていました。

のぎへんはいなたばの絵からできた字です。

だからのぎへんの積は、稲の束を積むという時また、大きさという意味で面積や体積といった算数の教科書でおなじみの字です。

いとへんの績は「つむ」でなくて「糸をつなぐ」という意味があります。

仕事の結果・てがらといういみがあって、（勉強した事の結果）成績（せいせき）や実績（じっせき）に使われます。

発表会にそなえて、発表の練習もしておきたかったが、忙しい時期に七時間ももらっているので、これ以上無理も言えず、ぶっつけ本番になる。

発表会は絶対に失敗させないという状態で、（発表ができるようにしておいて発表させる）実施したいが、担任していない飛び込みの指導者のつらいところである。授業が第一校時ということで、児童は原稿を手渡されて、練習をする時間もなく発表ということになる。

六時間目（六月二十一日）の　児童の感想　（学習記録より）

テスト結果の考察、自分の漢字を覚えてもらうための発表の原稿の作文に時間がかかり、授業が延び、感想を書く時間がとれなかった。

【第四次】

七時間目（七月七日）　授業記録

発表会「覚えてください私の漢字」

テレビ朝会があったので、五分程度遅れてはじめた。

朝の会が終わってすぐに指導者が入る。ばたばたと授業の準備をする児童に発表会の原稿を返し、学習記録を配布する。

○発表会の要領を話す。

（発表者）

二人いっぺんに前に出て、一人は黒板横の椅子で待機し、教卓の前で発表者が発表する。発表が終わったら、待機していた次の発表者が速やかに教卓前に移動し、発表する。待機席に次の発表者が出る。

（聞き手）

「聞いている人は、このように聞けば発表者が発表しやすいだろうとおもう態度で聞く。」「発表を聞きながらできるだけメモを取る」と話した。

○発表

「発表順は、今日の学習記録にある漢字の順です。学習記録を利用して、次々と遅れないように出てください。」と、つげる。

発表順が一番の児童と二番の児童を呼び、一番の児童は教卓の前に、二番の児童を待機席に導く。

指導者が教師の机に帰り、発表順一番の児童の発表を聞く体制を作る。「最初に礼、そして、発表が終わったら礼。聞いている人は終わりの礼にあわせて拍手をしましょう。では一番の発表者お願いします。」と、発表の作法を知らせて、発表会をはじめた。

前時に作成した八つ切りの画用紙を黒板に貼り、それを示しながらの発表が続く。

聞き手は熱心にメモを取りながらとても静かに聞いていた。

途中、「聞こえません。」と聞き手の児童の多くが声を出した発表があった。「静かに聞けば聞こえます。針の落ちた音でも聞こえるくらい耳を澄ませていなさい。先生には聞こえました。発表の途中で『聞こえません』などと大きな声を出すものではありません。」と注意した。

事前に練習の時間を取れなかったこともあって、中には、言葉がはっきりしなかったり、声が小さかったり、資料として貼り付ける画用紙が間に合わなかった児童がいたりして、万全の発表とは言えなかった。熱心に聞くことで、発表者を聞き手が助ける発表会になった。

資料としての画用紙のない児童には指導者が用意をしていたが、十分ではなかった。指導者が、発表内容にあった板書をして支援した。「これでは十分児童が理解できていないな」と感じる発表のあとには、指導者がそれを補うコメントを付け加えた。

発表の姿勢が教卓にひじをついたままの児童が二人いた。一人はＩｔ、もう一人はＴａ。だが、精一杯の力で、これ以上ないくらい真剣にやっているのが分かったので、注意することは控えた。とても緊張して、足で体を支えきれなかったのかもしれない。数少ない発表の機会なので照れが態度にでていたとも考えられる。

Ｔａは最後の発表者であったが、よほど緊張していたのだろう。自分の発表の七分くらい前から、指導者の横にやってきて「どう読むかわからん」と訴えた。一文ずつ何度も小声で指導者が読み、続けて音読させた。七〜八回も繰り返しただろうか。だいぶ発表らしくなってきた頃にちょうど発表順が回ってきた。

教卓に肘をついて体をささえながら、彼の持てる力の全てで一生懸命に発表しているように見えた。

指導者がコメントをしすぎたのと、五分以上遅れて授業が始まったことで、授業終了のチャイムから七分程延長せざるを得なかった。それでも最後まで聞き手も発表者も緊張がとぎれることはなかった。

「みんなの発表の成果を試すために、またテストをして採点し、正答率を出しましょう。今度、自分の漢字がこ

国語教室通信

平成12年7月19日
徳島市[illegible]小学校
5年2組 発行
No.1

五年二組では、六月の七日から二十二日までで七時間をかけて単元『覚えてください わたしの漢字』の学習をしました。
【潤北タイム・教科内総合】

新出漢字の学習では漢字辞典をひく競争をしたり、（　君の十七秒はちょっと破られそうにない記録です。）漢字についての豆知識をいろいろ勉強しました。

・漢字のなりたち『六書』象形、指事、会意、形声（全体の八十%が形声です）、仮借、転注

・漢字の書体…篆書、隷書、楷書、行書、草書（みなさんが使っているのは楷書です）

・漢字の画数…（『漢字辞典』を引くときには正しい画数の数え方が「かぎ」となります。

・漢字の筆順…大原則は左から右へ、上から下へ！（上はうえから）

・漢字の数…小学校六年間で読み書きができるように学ぶ漢字は一〇〇六字、一般の社会生活を送るのに不自由しない漢字の数はおよそ二〇〇〇字

・似ている漢字…大きな意味のまとまりを表す部首 同じ字を何度もまちがえるようだったら、その字の成り立ちを勉強するといい。

六月十六日には自分の漢字を決定しました。おばあちゃんの名前にあるからと、「久」の字をゲットした　君、姓にその字が含まれると言うことで「河」の字は　さんと　さんのじゃんけんになりました。

自分がもらった字の熟語を辞書で調べて、その熟語がぴったりはいる文を考えました。

それがテストの問題になるのです。自分が作ったテストの文を隣の席の子に「これ分かる？」と聞くかしこい子もたくさんいました。

テストづくりはこの単元の中で最も好評でした。次の時間はテスト。テストの時間までは「ぼくの字〇やけん。覚えてよー」と個別に友だちに当たることももちろん許可。子どもたちの目標は「自分の漢字の正答率一〇〇」ですから、みんな仲好しの友だちにしっかり売り込んでいました。

六月十七日はいよいよテスト実施。自分の漢字の採点は自分でする。間違えている場合はピンを入れて正しい漢字を書き添える。それぞれに配られた児童名簿に自分の漢字を正解した人には〇、不正解者には×を入れていく。（それで正答率が出るのです。）

六月二十一日はテスト結果の考察をしました。

正答率を発表しました。

「績」・一七九
「測」・三〇七
「証」・三三三
「河」・四一〇
「寄」・四一〇
「検」・五三八
「液」・六一五
「確」・六四一
「識」・六四一
「比」・六四
「試」・七四三
「興」・七六九
「評」・七六九
「因」・七九四
「暴」・七九四
「現」・八一〇
「似」・八一〇
「暴」・八一〇
「圧」・八九七
「仮」・九二三
「仏」・九二三

「眼」・三〇七
「判」・三〇七
「効」・三五八
「復」・四八七
「横」・五三八
「絶」・六一五
「義」・六四一
「提」・六四一
「逆」・六六六
「性」・七四三
「雑」・七六九
「移」・七九四
「賛」・七九四
「久」・八二〇
「在」・八二〇
「質」・八二〇
「夢」・八七一
「迷」・八九七
「非」・九二三

六月二十三日には、正答率を上げるために、自分の漢字のおぼえ方をみなに知らせるための作文と、漢字の絵をかきました。次の日が発表会ということで、少々忙しい（時間が足りない）といった感じは否めませんでしたが、なにせ忙しい学校ですから、そんなにゆったりと時間はとれないのです。

発表会は、とても真剣な緊張した雰囲気の中で行われました。

聞き手は「発表者が発表しやすいような態度で聞く」という注意をよく守り、途中で「聞こえません」と発表者に失礼な声があがりましたが、それも「針の落ちた音も聞こえるくらいに皆が耳を澄ますことが大事です。発表者はとても一生懸命なのですから。先生にはよく聞こえましたよ」という注意が一度あっただけでした。聞きながらとったメモは、学習記録がびっしりと黒々とした字でうまっています。（こんなに皆がメモを取りながら聞いているのは、大人の研究会でも滅多に見られないと正直驚いています。）真剣さ・集中力ということばがぴったりの発表会でした。

この後は、発表の成果を確かめる二度目の漢字テストをすることになっていますが、期末の各教科の遅れをとりもどしたり、成績物の処理をしたりと忙しかったので、二学期に持ち越します。その間に自分の漢字を間違えている友だちを名簿で確かめて、個別に覚えてもらうためのはたらきかけをすることができますよね。

これは大きなチャンスかも知れない。そのためには、だれとでも仲良くしておかないと…。

▼考察から分かったこと…

「績」という字が一番正答率が低かったのですが、児童の発表にもあったように、いとへん（糸）を書かなければならないのに「のぎへん」を書いてまちがえた人がほとんどでした。

のぎへんは稲束を表しますから、のぎへんの「積」は稲束を積む（つむ）意味です。「いとへん」は糸を一本一本加えていって太くすることを表す字です。

児童の考察「体積や面積を先に算数でならっているから、その字を書いてしまったのだと思う。」というのは的を射た意見だと思います。

成績・実績・業績といった「仕事の結果」を表す熟語で使われます。

資料8　国語教室通信

の前のテストの正答率よりあがった人はコマーシャルがうまくいったということです。

前に話したように、全員の漢字の、（テストの結果）クラスでの正答率をのせた新聞（資料8）をつくってクラスのみんなにくばります。

では、これで終わりにします。今日の授業の感想を書いて学習記録を前に出した人から終わりましょう。」

七時間目（七月七日）の　児童の感想　（学習記録より）

緊張した・ドキドキした　（四名）

・みんな説明がただしかったけど、いろいろな説明でした。字はいっぱいあると思った。ぼくが説明したときにドキドキしていました。
・発表のとき少し緊張した。Ｋａ
・発表は少し緊張した。Ｙａ

楽しかった・覚えられた・勉強になった・わかりやすかった・わかった　（一八名）

・これで上田先生の授業がもう終わってしまう。とても楽しかった。Ｋｅ
・いろんな漢字がおぼえられた。簡単なおぼえ方。Ｍ
・とてもわかりやすかったです。Ｎｉ
・今日は発表会をした。自分でもよい。Ｓｇ
・上田先生はぼくの発表を聞いて「きたないか……よく考えたなあ」と言った。上田先生はあとからフォ

ローしていた。前に行って言うのはちょっときんちょうしたけれど、うまく言えてよかった。Ｆｏ
・自分の発表がきちんと言えた。Ｗ
・初めはちょっとなやんでいたので書けなかった。でも楽しくてやっと意味がわかった。Ｙｍ
・よかった。Ｉｍ
・とても楽しかったです。もっと来て欲しかったなあ。ありがとうございました。
・みんなの漢字がおぼえてできるようにできた。Ｇ
・最後の授業にこういう楽しい発表になって楽しかったです。これからも、もっといろいろなことをこの授業で習ったことを生かしていきたいです。Ｋｓ
・すごく分かりやすかった。
・漢字をいっぱいおぼえた。Ｎｇ
・みんな発表がよくわかって、絵を描くのが大変でした。でもおもしろかったです。Ｆ
・上田先生に７回勉強を受けて、いろいろな漢字のおぼえ方などがわかった。
・いろいろとむずかしい字があったけど、簡単なおぼえ方で覚えられた。Ｔｍ
・とても楽しかった。漢字の説明を考えるのはとても難しかったです。ありがとうございました。ＫｓＫ
・私は知らないことをいろいろ教えてもらってとっても嬉しいです。今日まで教えてもらったことは忘れたくありません。とっても今まで楽しかったです。ＫＫ
・いろいろ聞けてできたし、説明がわかりやすかったので覚えられた。Ｉｆ
・いろいろ漢字を覚えてうれしかった。Ｎａ
・最後の時間がおもしろかったです。

・みんないい発表をしていました。Ｙ
・いろんな漢字があることが分かった。Ｓ
・いろんな字が覚えられた。みんなのおぼえ方はおもしろい。Ｙｄ
・字にはいろいろなりたちがあるんだなあと思った。今までに六書、篆書、成り立ちなど、いろいろなことが分かった。正答率が上がったらいいな。先生、いろんなことを教えてくれてありがとうございました。Ｋ
・聞こえなかったのもあるけど覚えられると思う。Ｙｔ
・みんなはみんなと考えている。Ｕｍ
・おぼえ方がいろいろあった。Ｔ

分からなかった・難しかった　（一名）
・三番目の漢字はわからなかった。Ｉ

先生が恐かった・疲れた　（二名）
・上田先生は漢字の勉強をしてくれた。少し恐いときもあった。Ｍｔ
・つかれました。Ｔａ

3　成果と課題

（1）成果

毎時間必ず学習記録と手引きを準備して授業に臨んだ。

学習記録は、Ｂ４版用紙（横置き縦書き袋とじ）、罫線で片面一五行に分け、さらに横線で上下二段に区切ったものを作成し、毎時間一枚を使用している。上下二段に区切った上の段には、原則として指導者の授業中の板書を写し、下の段には、授業中に感じたことや考えたこと、ふと思い浮かんだこと、発見したこと、疑問、質問等を自由にメモすることにしてきた。「絵は描かない。絵は図工の時間に描きなさい。国語の時間だから文字で書くこと。」と注意している。学習記録は授業後に必ず集めて目を通した。児童の実態を把握することが目的である。その時間の自分の指導内容が児童にどのように伝わったか、伝わっていないかを知ることができる。力を入れて伝えようとしたことが届いていなかったり、違ったふうに伝わっていたりすることがあるが、学習記録でそのことを知れば、次の時間に訂正することができる。この単元では、できる限り、児童に感想・頭に浮かんだことを書いてもらった。次の時間の授業構想に大いに役立った。

「知らないことをたくさん知ることができて楽しかった。」という児童の感想が多かった。授業での児童の様子を考え合わせると、この漢字指導法が、多くの児童に漢字学習への興味を持たせることができたと感じている。

児童がこの単元で漢字学習に興味を持ったことは、授業時間以外の児童の次のような行動からもうかがえる。

だれでも「自分の漢字を正解している友だち」と「間違えている友だち」の名前を名簿で知ることができる。

それを活用して、個別に自分の漢字を覚えてもらう、交換条件として相手の漢字はしっかりと覚えるといった働きかけがクラスの友だち間で行われていた。

自分のつくったテストの問題になる文をいくつか作り、隣の席の友人に「これで　意味分かる?」と聞く児童が多く見られた。適切に使えている文かどうかを確かめ、使用語彙に近づくことに効果のある活動であった。

学校での漢字学習の様子を家庭に伝えるため、正答率一位の児童の顔写真を載せた国語教室通信を発行した。顔写真が載った児童はもちろんだが、通信を受け取る児童は皆とてもうれしそうであった。家庭で「あなたの漢字はどれ?」「この字はどうして覚えにくいんだろう?」「この漢字ってどんなふうにして作られたの?」「こんな画数の多い字が意外に正答率が高いんだね。」といった会話が期待できそうだと感じた。

漢字に関することが児童の学校や家庭での生活の中に知的な楽しい話題として出るようになることは、児童の漢字への興味・関心が高まったことの表徴と考えられる。

漢字辞典を引く必要感を持たせたいと考えて、スピードを競い合わせるというゲームの要素を取り入れたことの効果も大きい。たまたまその時間に漢字辞典を引く役目が当たった児童が目当ての漢字を見つけるまでのタイムを計って知らせる（板書する）ことで、児童の中に「漢字辞典を速く引けるようになりたい」という気持ちが生じてきた。

一時間目の授業の学習記録を点検していて、まったく学習記録を記入していないTａがいることに気付いた。担任に聞くと、「一年生の漢字を覚えさせているけれどそれも非常に難しい」ということであった。二時間目からTａの学習態度に特に気をつけて観察し、支援を心がけた。二時間目の授業の後、指導者は次のようにメモしている。

Ｔａは、漢字の形を正確に認識することができていないようだ。部分に分けて書かせようと試みたが、これもむずかしい。書こうとしない（劣等感も要因のひとつかもしれない。学習障害……「部分をどう組み合わせて一つの形ができているのか」という認知のしかたが弱いのかもしれない。）当分、部分に分けて書くことを手助けしながら、観察を続けてみる。

新出漢字の学習場面では、熱心に国語辞典を引いて、熟語の発表をしようとしていた。授業に参加しようという意識は強くなった。認められたいという意識もつよい。その裏返しで、できないことを、「しんどいからわざとやらないんだ。決してできないいんじゃない」というポーズをとり、長い間にそれが身についてしまったのでは……とも考えられる。能力の問題として認めることを避け、自分の意志の問題だとアピールしようとしているのではないか。としたら、できるようになれば、学習はすすみ加速度的に改善にむかうという可能性も含んでいる。国語辞典は引けるし、熟語の発表もした。だが、「その熟語の意味は……」との問い返しには、答えようとしなかった。辞書の意味を説明した文章が読みとれない。（読もうとしない。）読むことについても抵抗が大きいようだ。

何とか漢字を覚えさせ、使えるようにしたい。漢字を好きになってほしい。Ｔａへの指導の目標をそこに絞った。Ｔａは、学習記録に次のように感想を書いた。

一時間目　つかれた
二時間目　つかれた
三時間目　たのしかった
四時間目　おれは先生に勝つ。（授業中よく）わらったから、あまり疲れなかった。

七時間目　つかれました

楽しかったと感想を書いたのは、自分が「仏」という漢字を漢字辞典で引くことができた時間であり、「先生に勝つ」と書いたのはテストの問題をつくる文を自分で考えて書くことのできた時間であった。七時間目は「つかれました」という感想になっているが、発表会の時間のＴａの行動を思い出すと、発表をやり終えたことへの充実感を記したものと思える。

七時間目の授業後、指導者は次のように反省メモを記した。

学習記録のメモの量の多さが、発表会を熱心に聞いたことをあらわしている。

発表の姿勢が教卓にひじをついたままで、早口になる児童が二人いた。一人は１ｔ、もう一人はＴａ。だが、真剣にやっているのが分かったので注意することは控えた。とても緊張して、二本の足では体を支えきれなかったのではないか、数少ない発表の機会なので照れが態度に出たとも考えられる。

Ｔａは最後の発表者であったが、よほど緊張していたのだろう。自分の発表の七分くらい前から、指導者の横にやってきて「どう読むかわからん」と訴えた。一文ずつ何度も小声で指導者が読んで、繰り返し音読させた。七〜八回重ねただろうか。だいぶ発表らしくなってきた頃にちょうど発表順が回ってきた。

教卓に肘をついて体をささえながらも、一生懸命に発表した。

Ｔａは、漢字のテストでは、自分の漢字である「仏」と「夢」を正しく解していた。理由はわからない。

（2）課題

漢字テストを作る時に、一人の児童の問題文を載せ忘れた。印刷したテストを配った時に、児童に指摘されてはじめて気がついた。一人だけ自分の作った文が載っていない児童がどれほど驚き、落胆したことだろう。その場で応急処置をしたが、児童のショックを補うことができたとは思えない。正答率競争でも不利になったのではなかろうか。もっともっと慎重にチェックすべきであった。

児童が授業中にたくさんの熟語を発表したことによって、生活に根付いている漢字だと分かったが、「暴」と「爆」を混同していることが気になった。なんとか定着させたいと考えて「暴」の字を二人の児童に与え、「暴」という漢字を使った問題を二問テストに入れ、意識付けしようと小細工をほどこした。自分だけの漢字であれば、自分の作った問題文を人と比べられ、優劣をつけられる心配もないが、同じ漢字で問題文を作る児童が二人いれば、やはり比べてしまう。また、児童の目標である正答率競争が成り立たない。どうあっても、一人一漢字を守るべきであった。

この単元までに五年生でならった（いわゆる新出）漢字は四九字、その中から、児童に関係のある漢字、国立国語研究所の調査で〝習得の困難な漢字〟（正答率の低い漢字）、この単元で学習した漢字、といった観点で指導者が四〇字を選んだが、「券」という字が正答率二二と出ているのを見落としていた。二人に同じ漢字「暴」を渡す代わりに、「券」を入れるべきであった。

学習記録の書き方の指導で「板書を写す」という約束事が徹底していなかった。様々な場面で活動の指示が全員に徹底しなかった。指示が全員に確実に届くような話しかたを工夫しなければならない。また、新出漢字の学習の場面で指導者がその漢字を含む熟語をつかった（文）話を示したが、その熟語を問題づくりの文に入れる児童がいなかった。指導者の話が印象に残っていないのかもしれない。その場での思いつきを話したからであろう。児童の生活から取材し、一度聞いただけで、印象に残る話を用意して授業に臨まなければならない。

◇辞書そのものを使わせる。

漢字についてのちょっとした話をするときに、辞書のコピーを印刷して教材にしたが、辞書そのものを全員が手にして、実際にそのページを開けて、使ったなら、知らないことばを調べる以外にも漢字辞典が役立つことを体感しえたであろう。また、「自分の漢字」を使った熟語を考える活動も、辞書を使うべきであった。

辞書が児童の人数分そろっていない学校の実態に甘えた形になってしまったが、辞書に親しませることを目標にするなら、やはり辞書そのものを手にして実際に使う学習活動を実現する手だてを講じるべきであった。

◇年間計画に位置づける（正当率の悪い漢字を選んで実施）

漢字指導のために指導書に計画された時間より四時間多く使った。発表会の効果を確かめるためにもう一度漢字テストのための文を書いてテストと採点をし、二度目のテストのあと正答率の変化を記した国語教室通信を出せば、もっと漢字が定着すると考えられる。そのためには、（指導書の計画よりも）六時間多く必要となる。第五学年の配当漢字は一八五字である。一回に四〇字の漢字を使った文を児童が考え、それを貼り合わせてテストを作成し、実施すれば、年間五回で五年生の漢字の全てを扱える計算になるが、実際問題として、年間に今回と同様な漢字指導を五回入れる（三十時間程度を使う）のは難しい。年間計画作成時に担任と連携して、それぞれの単元に配当する時間をうまく調節し、年間に二～三回実施するのが適当であろう。

一八五字の中から一二〇字程度を選ぶことになるが、一度はその作業を児童に任せるのもよい。国立国語研究所の調査結果・漢字の正答率を示したときに、「正答率の低い字がテストにでるんちゃあうん」「正答率の低い字を勉強したらええんじゃ」といった反応を示す児童がいた。学習し終わった漢字について国立国語研究所の調査した正答率を調べ、併せてクラスの児童の漢字の習得の実態（個々の児童の名前は出さず、クラス全体での正答率を出す）を示して、児童に漢字を四十選ばせるのもよい方法だと考えられる。さらに、自分の漢字は、指導者が与えるのでなく、児童に選ばせるのを原則とするのがよい。そうすれば、覚えてもらうための発表会を含め単元全体の学習活動への興味がより膨らみ、持続すると考えられる。

（平成十二年八月二十日　稿）

Ⅳ

生きる力に培う総合的な学習指導を求めて
——古典に親しみ修学旅行と結んで書く——

はじめに　（総合的な学習の課題）

平成十三年二月三日の朝日新聞「社説」に「教科か総合かではなく」との論説が出された。

「総合的な学習の時間」が小中学校で来春から、高校では再来年の春に始まる。ところが、スタート直前なのに、もう逆風が吹いている。（中略）「総合的な学習にうつつを抜かすと、学力が落ちる」「教科の授業にあてたい」というのだ。学力低下を危ぶむ視点である。学校が二〇〇二年度から完全週5日制になることもあり、教科の内容は約三割減る。「教える知識がつながりを失い、落ちこぼれはむしろ増える」という不安が広がっている。「総合的な学習の時間」自体も混乱している。「子どもの主体性」や「体験的な学習」という言葉に引きずられ、ただ放任したり、川で遊んで終わったり、という失敗例も紹介された。（中略）計算や漢字の反復練習を重んじた発表もあった。「ゆとり教育」で、読み・書き・算数の力が軽視されてきたとの反省からだ。かけ算九九や漢字が身に付かないと、授業は忍耐の時間になってしまう。だれもがわかる工夫は欠かせない。

だが、「『つまらないから学ぶ気がしない教科』『楽しいけれど学べない総合』という最悪の二分法」（岩川直樹・埼玉大学教授）に陥ってはならない。

知識と現実の生活を結びつけることは、教科でも総合的な学習でも必要だ。違うのは、教科は系統的な知識の修得から、総合的な学習は生の体験から出発する点だろう。（中略）教科か総合的な学習かではなく、教科と総合的な学習を関連づける授業全体の改革が大切ではないか。

「社説」に取り上げられたということは、（教育界はともかく）世間では「総合的な学習＝学力低下」と心配する状況がかなり進んでいると考えていいだろう。

徳島県小教研主題研究会（平成十三年一月二十九日　於　郷土文化会館）「生きる力をはぐくむ教育課程の創造——総合的な学習の時間を中心に——」において、講演者の総合的な学習を世に送り出す産婆の役割をした一人と言われる村川雅弘教授（当時　鳴門教育大学）は、

『生きる力』は見えない。見えないから、見ない、測らない、気にしないという構造があったと思うが、わたしは『生きる力』が子どもにどの程度育ってきたかを見ていく必要があると思う。」（中略）「『生きる力』を育てるには『生きる力』はどんなものか考えて体系化を考えていくことが必要だと考えているが、実際にはこの項目の実践は最も低い。

『生きる力』を育てるには、『生きる力』を子どもが発揮する場面を用意することが大切である。（中略）問題解決に際して、教科等で培った知識や技能、さまざまな体験を自らが活用することによって教科学習が

役立つことを実感したり、問題解決についての自信を育んだりしていく。（小教研会報第57号、六、七頁）

と、語った。「学習」であるかぎり、目標とする力を確実につけなければならない。そのためには、生きる力の目標及び要素的な力を明らかにし、それぞれの要素力をきちんと身につけることができるような単元を構想する必要があるとの趣旨である。世にいう「総合的な学習＝学力低下」という批判への答弁と考えてよい。

『文藝春秋』二〇〇一年三月号には「教育再生　私の提言」という特集がある。この中で元国立教育研究所員の板倉聖宣氏は、

上級学校への受験は気になるがそのための勉強を以前ほど熱心にしない。それどころか、「受験のための勉強」が本当の意味では人生の役には立たないことを見抜いてしまっているのである。楽しくない授業をあからさまに拒否するようになってしまった子どもたちに対して、（中略）現在、（中略）教科負担を軽減することで対応しようとしているようだが、問題は教える量ではなく質である。（中略）授業の研究を着実に進めていくことで教育を変えよう、（中略）学校は授業という原点に戻るべきなのだ。

（第79巻　第3号、一七六頁）

と、述べている。子どもたちの学問ばなれの現状（最近の調査では先進国の中で日本の中学生の自宅での学習時間は最下位という結果がでている）をふまえ、学校の原点である授業の質を、「本当の意味で人生・生活の役に立つと子どもたちが感じるものに」高めていくことに尽力すべきだと提言している。

役に立つ立たないの論議はさておいて、これらの現状を真正面から真摯にうけとめ、「どうして学問ばなれ・

学力低下が生じるのか」を明確にすることから始め、総合的な学習のあり方を「(本当の意味で)力がつく総合的な学習」を指向する方向を探っていかねばなるまい。本稿は、教科との有機的な関連を重視し、教科の学習内容が生活の場で実際に生きて働くもの(値打ちのあるもの)であることを実感できる場としての総合的な学習のあり方を求めた実践報告である。

1 〝ほんもの〟を手にする

(1) 学びの欲求

「マルコ・ポーロってどこの国の人だった?」偶然、そんな話題になった。

「イタリア人だろう牢獄で東方見聞録を書いたんじゃ。」「東方見聞録読んだことあるで?」「……。」「だれも読んだことないん?」「ほな、『この島の宮殿の屋根はすべて黄金でできている。道路や床も純金でできている。窓さえ黄金でできている』って書いてあるというのが本当かどうかだれも確かめてないわけか。」「子どもにはそう話したことがあるけど確かめたことはない。」「でも、よう考えたらそんなことっていっぱいあるなあ。ルソーはエミール、ブルーナーが教育の過程、デューイが民主主義と教育、紫式部が源氏物語と知っとるけど、実際に読んだわけではないなあ。」「そうそう、試験に備えて覚えたけど、終わったとたんにほとんど忘れてしもうた。試験の後テクストは焼いたし……」「おもしろうない勉強だったよなあ。試験で点をとる以外にどんな役にたつんだろうなあ。実際に読んだこともない、手に取ったこともない本の題と作者だけ知っとるんや……、なんかさみしいなあ。」

ある日の職員室での会話である。その場で、職員室のコンピュータから県立図書館の蔵書を検索したところ

『東方見聞録』（和訳本）は一〇冊以上見つかった。それほど特殊な本ではない。「もしも今、実物が職員室にあったらみな先を争って飛びついたに違いない」と思った。人間誰しも持っている学びへの欲求が生み出すエネルギーを確かに感じた。

この種のエネルギーを児童の学習に持ち込めば、「受験のための勉強」が本当の意味では人生の役には立たないことを見抜いて（板倉　聖宣）」学問から離れていく児童を学問にひきもどす道が見いだせるのではないかと考えた。それは、「知識の詰め込み」から、「学問の楽しさ」を味わわせる指導への方向転換をはかることにつながる。

問題解決のために書籍で調べる機会は多い。名前だけ知っている書籍に実際に出会い、活用する場面を、総合的な学習に位置づけることをもっと考えてよい。それは「『問題解決に際して』教科等で養った知識や技能、さまざまな体験を自らが活用することによって教科学習が役立つことを実感したり、問題解決についての自信を育んだり」という村川雅弘教授の指摘を実際の授業の場で具現化することである。

（2）必要感を持って原典（ほんもの）に出会わせる

小学校六年生の一学期、国語科と社会科の学習で名前だけが出てくる（名前と作者を提示しただけの）書物に次のものがある。

国語科　「短歌と俳句」に、『万葉集』、『古今集』、『新古今和歌集』

社会科　『万葉集』『風土記』『古事記』『日本書紀』『竹取物語』『源氏物語』『枕草子』『平家物語』『浦島太郎』『ものぐさ太郎』、教科書には「マルコ・ポーロの本」という記述があり、指導書に『東方見聞録』の名前が見える。

国語科や社会科の授業で上記の本の名前が載っている箇所を扱う時間に実物を教室に持ち込むだけでも少なからず効果がある。しかし、ただ持ち込んで見せるだけでは手にとって読もうという気持ちを喚起することはできない。必要感を持って本を手にし、児童の持っている力で「実際に」「だれもが」自分たちの学習に役立てられるようにする工夫が必要となる。興味を喚起しようとした私の実践の概略を次に示してみる。

『枕草子』 二〇〇〇年五月八日

社会科で『枕草子』を学習済みの児童に向けて、(私の担当する)総合的な学習の時間に、「これが社会科で習った『枕草子』です。と文庫本(石田穣二訳注『新版枕草子』上・下、角川文庫)を示し、作者の清少納言は、『春はあけぼの』と書き出している。これはどういう意味でしょう。」と問いかけ、挙手が無いのを見て「この後に言葉を補わないと意味が分かりませんよね。何と続ければいいでしょう。」「『春はあけぼの……』は、『私は先生……』とか、『チワワは犬……』といった書き方と似ていますから、後に続けるのは『です。』でいいですか。」とたたみかけた。挙手をためらう児童に、「チワワと犬はイコールで結べます。私と先生は同じ人ですよね。春とあけぼのは同じですか？」と問いかけた。はっきりと首を横に振る児童の中から「……がいい。」「……がすばらしい。」という答えが返ってきた。そこで、「皆さんは『春は……』と聞かれたら何と答えます？」と問いかけると、ほとんどの児童が「桜」と答えた。それ以外に「花見」「入学式」「卒業式」「花」といった答えも出たが、小数であった。「おかしいね。みんな春は桜と答えるのに、どうして清少納言は春はあけぼのって書いたんでしょう。」と質問する。悩む児童に「清少納言は変わっていたんでしょうか。」と、揺さぶる。頷く児童も

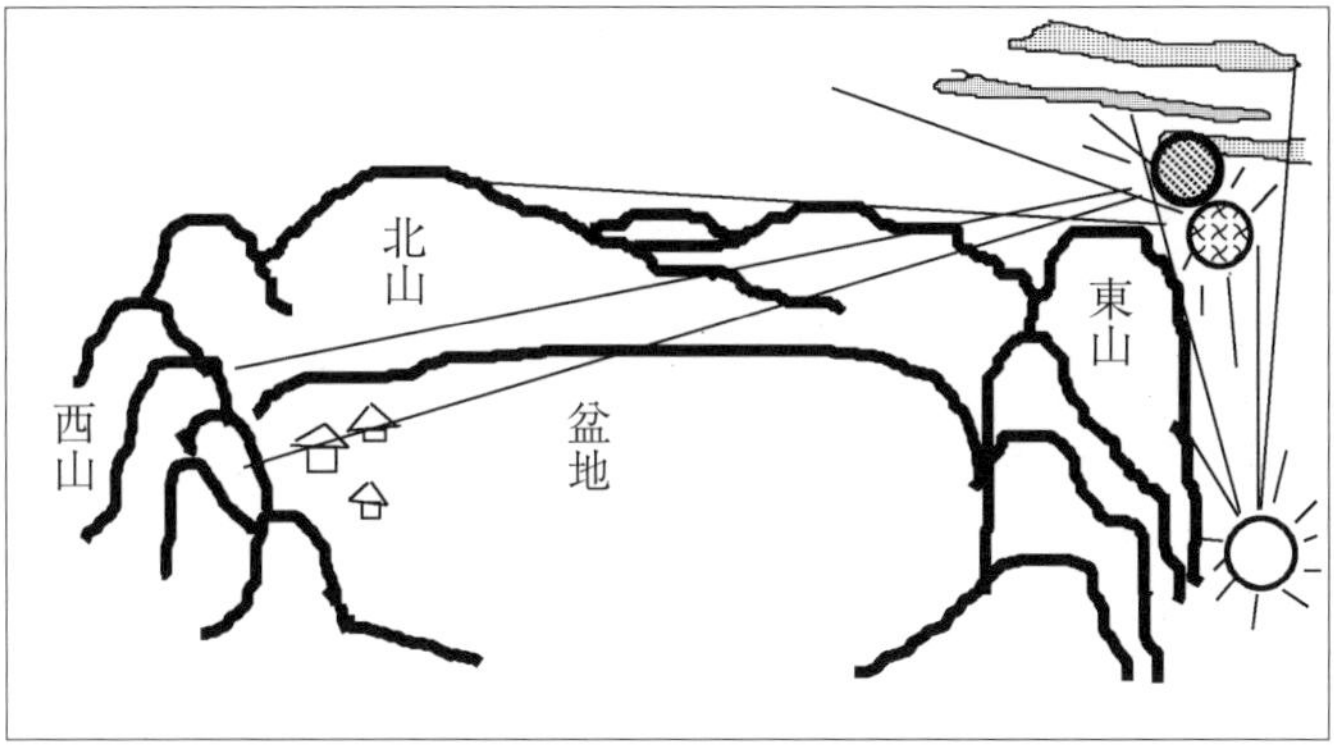

小数いるが、おおかたの児童はすっきりしないという表情をしている。そこで、「春はあけぼのがいい。という文の上に『京都の』と付け加えるといいのです。」と正解を板書する。そして、「光が直進するのを知っていますか。」と、「春は曙」を読み解くカギの一つとなる理科の知識を確認し、「京都というところは盆地なんです。お盆のように山に囲まれているんです。東山、北山、西山……、南だけは山がないんですけどね。」と、もう一つのカギである地理的条件を確認しながら、黒板に、山で囲まれた盆地の絵を（お盆に見えるように）描き、東山、北山、西山と書き添え、東山の裏には太陽を描いた。

そして、「太陽がここにあるときには、太陽の光はここを照らします」と、空に向かって伸びる直線を書き入れる。さらに、「京都の人たちは山のこちらから見ています。夜の間は、真っ暗です。山も空も、雲も、見えません。太陽がここに来た時、初めて山と空の境目「やまぎわ」がわかります。そして、空に雲があったことも分かるのです。それまで真っ黒だった空が少し明るんできて、紫色に染まった雲が現れます。雲は光が当たる先からそこにあったけど、真っ黒だったから見えてなかったんですね。そんな様子を清少納言は『ようよう白くなりゆく山ぎわ、少し明かりて、紫立ちたる雲の細くたなびきたる』と描写したのです。

もう少し時間がたつと、太陽が少し高くなりますから、北山に光が当たり始めるんです。

もっと高くなると、西山。さらに太陽が昇るにつれて、西山の麓から東山の麓に向かって、京都の町が少しずつ少しずつ明るくなってくる……」そう話しながら絵の太陽の位置を少しずつ高くし、その太陽から出る光を直線で北山までのばす。さらに西山へ、西山の麓からだんだん東山に近づいてくる光を直線で描き込み、「これが『京都で見る春のあけぼの』なんです。清少納言はこんな様子を見て、「桜よりもすばらしい」と感じたのです。」と話した。説明のあと、第一段を印刷したプリントを配布して、全員で音読した。「皆さんも春に修学旅行に行くでしょう。前の学校の六年生に今の話をしたら、「修学旅行で曙を見たい」と言い出した子がいて、旅館に頼んで屋上から曙を見ました。平安時代と違って電気という便利なものがあるから、京都の街には夜中でも少し明かりがあります。けれど、空も山も太陽も平安時代と同じですから、平安時代に清少納言が見たような「春の曙」が見られるのです。その時の様子を書いた作文があるから紹介しましょう。と、児童作文「初めて見たあけぼの」を読み聞かせた。この時の（助任小学校）六年生児童の中にも「曙を見たい」と言い出す児童がいたが、「屋上には上がれない」という旅館の都合で、実現しなかった。

初めて見たあけぼの　　S

「四時でよ。」小さいけれどよく通る声、「ここは京都のホテル、曙を見る時間だ」と気づいてあわてて起き出した。一段、一段のぼる階段は、曙を見る屋上への道……。

屋上へつくと、寒さが体全体に広がってくる。みんなの静かなさわぎ声、夕方と夜のあいだかなと思う位の暗さ、「あけぼの……どんな感じなんだろう。この暗さで……。あけぼのとはどんな様子だろう」こみあげてくる不思議な気持ちを感じながら山の方をちらっと見てみた。

「春はあけぼの、ようよう白くなりゆく山ぎわ　少しあかりて、紫だちたる雲の細くたなびきたる」うっすらとだけ、一部分、この中から覚えていた言葉を思いながら、真っ正面に建っているビルの右側を見た。紫のうすい淡い色を見ていると、「今頃が、ちょうどいいころやなあ。」と、天羽先生が前野先生に話しかけた。それを聞くと、私は、へいにもたれかけたようになるかっこうで、ぼーっとした感じでビルの右側を見た。

夕日のようなオレンジがあわいむらさきの間と間くらいにうっすらと見えた。「これがあけぼのかなあ？」と、手にあごをのせて数秒見つめていた。けれど、それだけでオレンジがだんだん広がるように見えた。言葉では言えそうにない「けしき」。

私の想像とは、似ていなかった。「春はあけぼの……」これを書いた人はよくこれを文にしたなあとしみじ思った。そう考えていると、だんだん北山のほうも明るくなってきた。

もしかしたらもう一生「あけぼの」を見れないかも知れないから、今でしかわからないけしき、感じをちゃんと覚えておきたいな。

『万葉集』　二〇〇〇年五月十六日

国語の授業「短歌と俳句」で児童は『万葉集』という名前に触れている。そのことを、踏まえて、「皆さんは万葉集を知っていますか。」と確かめ、「万葉集を読んだことがある人、見たことがある人」と問いかけた。挙手する児童はいない。「これがそうです。」と実物（伊藤博文校注『万葉集』上・下、角川文庫）を見せて、「万葉集の一番最初にはこんな歌が載っています。」と話しながら、「こもよみこもち……」をプリントしたもの（資料

1）を配布し、一斉音読を数回繰り返した。

（資料1）

六年・氏名（　　　　）

万葉集を読もう

まんようしゅう（万葉集）……万（よろず）の世の意で、古今にわたる歌の集、永く伝われと願いをこめたとの説、また多くの歌、の意との説もある。現存最古の和歌集、二〇巻、奈良末期から平安初期の成立とも、撰者不明ながら大伴家持（おおとものやかもち）の手が加えられていることは確か。長歌・短歌・旋頭歌など四千五百余首収録。歌は内容別に雑歌・相聞・挽歌などに分類。仁徳天皇のころから天平宝字（てんぴょうほうじ）三年・七五九まで約三世紀半のあらゆる階層の生きた声が素直に表現されている。

雑歌

泊瀬　朝倉宮　御　宇　天皇代　大泊瀬稚武天皇

籠もよ　み籠もち　ふくしもよ　みぶくし持ち
この岳に　菜摘ます児　家聞かん　名告らさね
そらみつ大和の国は　おしなべて　われこそ居れ
しきなべて　吾こそ座せ
われこそは　告らめ　家をも名をも

大泊瀬稚武天皇……二十一代・雄略天皇
籠（こ）……かご
み……ミは神的霊威を示す接頭語。持ち物をとおして娘をほめている。
掘串（ふくし）……草を掘るへら
告る（のる）……家や名を告げるのは結婚の承諾を意味する。
そらみつ……「大和」のまくらことば（枕詞）
おしなべてわれこそおれ……私がすっかり平らげている（治めている）のだ
しきなべて……広くいきわたって
われこそはのらめ……このわたしが先に告げようと思うが

その後「口語訳にチャレンジしてもらいます」と告げ、意味の分からない言葉をあげさせて説明し、初めてあった女の人の持ち物（「籠」と「ふくし」）をほめて、住所と名前を聞こうとしている」と説明した。現代語訳に移ると、予想していたとおり児童の筆は重い。そこで、「私はこんなふうに訳してみました。」と、次の指導者の口語訳（現代の若者が初対面の女性をナンパしているところをイメージした意訳『桃尻語訳枕草子』の影響を受けている）を板書した。

うわあ、すてきな籠、ふくしもかっこいい。今日はここで若菜摘み？　ねえ、ねえキミ、名前はなんて言うの、うちはどこ？　ぼくはこの大和では、ちょっとした顔なんだよ。みわたすかぎりずうっとぼくの土地なんだぁ。ぼくの家と名前教えるからさあ、きみも教えてよ、住所と名前。

児童は、「ナンパの歌」だと気づいて、ざわつき始めた。「そんなんでいいんですか。」と問いかける児童に、「初対面の若い娘さんの持ち物をほめて、住所と名前を聞き出そうとしてるんでしょう。そんな場面を想像して、訳したらこんな風になったのです。これでいいのです。」と説明した。とたんに教室にくだけた和やかな空気が流れだした。指導者の意訳をまねて、「おいどんは……でごわす（鹿児島弁風）」「ワイは……でっせ（大阪弁風）」といった訳が出るなど、楽しんでリライトに取り組んだ。いくつかの児童作品を紹介し、万葉集が一気に身近になったところで、「いろんな人の歌が載っているのですが、奈良時代より前の人でみんなが『この人の歌があるか知りたい』と思う歴史上の人物がいますか?」と聞き、その場で索引を利用して児童から出た人物のうちから「聖徳太子（上宮聖徳皇子）」、中大兄皇子、藤原鎌足の名前を見つけ、歌を紹介した。

『源氏物語』二〇〇〇年九月二十五日、十月二日、十月二十六日

『源氏物語』（新日本古典文学大系22　柳井滋・室伏信助・大朝雄二・鈴木日出夫・藤井貞和・今西裕一郎　校注〈岩波書店〉全五巻）を教卓に積んだ。あわせて七月末に発行されたばかりの新二千円札を示し、お札の文字が「源氏物語絵巻」の一部であることを知らせ、二千円札の文字を印刷したものを配布して、「家の人に手伝ってもらってもいいですから、できる人は現代仮名に書き直してみましょう。」と、宿題を課した。予想通り、宿題（現代仮名に書き直す）のできた児童はいなかった。「そうとうに難しいのですね。けれど、これを使えば、みなさんでも現代仮名になおせます。」と、「五十音順書体と文例」のプリントを全員に配布した。そして、それぞれの班が一行ずつ分担して二千円札の文字を現代仮名に変換する学習を展開した。班で一行という分担は、児童一人に一文字を割り当てれば足りる分量である。どの班も、担当した一行を—当然間違いもあったが—現代仮名に書き換えることができた。集めて板書し、指導者が正解（現代仮名になおしたもの）を示した。「これは『鈴虫』の上

半分です。写真を撮るときに画面に入らなかった下半分を補わないと何のことやら分かりません。」と説明し、「下半分を足して完全な文章にしたものを現代仮名遣いで書き直すとこうなります。」と、『鈴虫』の一部をプリント（資料2）して配布し、指導者が口語に訳して聞かせたあと、一斉音読を繰り返した。

（資料2）

源氏物語絵巻　鈴虫一

十五　夜のゆふくれに仏のおまへ
に宮おはしてはしちかくなかめ
たまひつゝ念珠したまふわかき
あまきみたち二三人はなたてま
つるとてならすあかつきのおとみつ
のけはひなどきこゆさまかはりたる
いとなみにいそきあへるいとあはれな
るにれいのわたりたまひてむしのね
いとしけくみたるゝゆうへかなと

十五夜の夕暮れに、仏の御前（おまえ）に宮おはして
端近（はしちか）ふながめ給（たま）ひつゝ、念珠し給（たまう）。
若き尼君（あまきみ）たち二三人、はなたてまつるとてならす閼伽坏（あかつき）の
をと水のけはひなど聞こゆる、
さま変はりたるいとなみにそゝきあへる、
いとあはれなるに、例の渡（わた）り給（たまい）て
「虫の音（ね）いとしげう乱るる夕べかな」
と　／　て、我も忍びてうち誦じ給う阿弥陀の大呪、
いとたうとくほのぼの聞こゆ。

2　修学旅行を古典と結ぶ総合的な学習の実際

（1）学校行事を総合的な学習の場に

総合的な学習の実施に当たって、安全の確保のための職員の増員や現地に調査に行くための交通費、使用する用具購入のための予算は（公的には）組まれていない。「事故が起きたときの責任は誰がとるの……」「活動のための費用は誰が負担するの……」といった問題が総合的な学習の実施をひどく窮屈なものにしている。児童だけでグループを組んで授業時間中に自由に教室を離れ川や街のなかへ調査に出かけるような総合的な学習は、事故が起きないのが不思議で、危機管理の立場からは、それこそ見切り発車と言わざるを得ない。

一方、学校行事においては、安全への備えや、実施のための予算の確保についてのノウハウが各校で確立されている。とりわけ、修学旅行は、多くの費用と時間をかけて周到に準備される。「予算がない」と、安全面での綱渡りを承知で、見切り発車する総合的な学習でなく、修学旅行をはじめとする学校行事を、体験重視を唱える総合的な学習の核に位置づける工夫がもっと積極的に行われなくてはならない。

修学旅行を核とする総合的な学習は、児童に迎合してテーマパークで遊ばせる方向に流れがちな修学旅行を、本来の「修学のための旅行」に引き戻すことになるだろう。

それは、事前の教科学習で、児童が修学旅行で自分自身の目で確かめうる事象を扱い、「なんとしてもこれの本物を見たい」と思わせる指導ができるかどうかにかかっている。

一九九七年の修学旅行（麻植郡鴨島町牛島小学校）では、事前の『枕草子』を扱った授業で、「せっかく京都へ行くのですから、京都の春にしか見られない美しい曙、千年前に清少納言が見て『枕草子』の冒頭に書いた春の曙をなんとしても見たい」と言う児童が多く出た。旅行二日目、「他のお客さんの邪魔になってはいけないから、起こす時には小さな声でしか言いません。それで起きられた人であけぼのを見ましょう。眠い人は寝ていていいのです。」と話し、実行した。全員が朝の四時にほぼ自主的に起き出して旅館の屋上から曙を眺め「春は曙ようようしろくなりゆくやまぎわ少し明かりて紫だちたる雲の細くたなびきたる」という冒頭を一緒に暗唱するだけの活動であったが、「一生見られないかも知れない」と、作文する女児がでるなど、児童のうちの何人もが新京極の買い物や映画村のお化け屋敷やアイスクリームよりも「曙」が印象に残ったと言い、「絶対に『枕草子』を最初から最後まで読むんだ。」と語る児童が出た。「最近の児童には、修学旅行を勉強の場にするなんてとうてい無理だ。」とあきらめてはならない。指導者の工夫次第である。

（2）事前の指導（修学旅行前の教室での教科学習）

二〇〇〇年度の（助任小学校の）修学旅行は大阪奈良京都方面であった。大阪城、東大寺（大仏）金閣寺などの史跡と太秦映画村、新京極が見学地になっている。東大寺や、金閣寺、大阪城について資料を使った教室での学習を、修学旅行で実際に目にすれば「百聞は一見にしかず」という本物に触れる学習の効果が大きくなる。社会科では超特急で「徳川家康江戸幕府を開く（教育出版社会6上、五二頁）」まで読み進めば、大阪城についての事前の学習ができる。だが、実際のところ、四月半ばから五月の一ヶ月足らずで、徳川家康までを学習することには無理がある。何とか授業らしい扱いができるのは、平安時代くらいまでであろう。修学旅行で見学する「奈良の大仏は一五〇〇年ほど前」、「およそ一〇〇〇年前に京都で清少納言という女性が「枕草子」という本を書いた」ことは学習しておきたい。金閣寺や大阪城は、旅行後、修学旅行を思い出させながら授業を進めるしかないだろう。

国語では、修学旅行直前に六時間の単元「短歌と俳句（光村図書国語六上、二六〜三二頁）」の学習をした。六時間のうちに二時間配当の「短歌・俳句づくり」は（修学旅行で取材して）旅行後に実施した。

（3）事後の学習（修学旅行後の総合的な学習）

単元「大仏短歌の謎」　二〇〇〇年　六月六日、六月十二日、六月十九日

何度か京阪神コースの修学旅行を引率した経験から、旅行の印象を短歌・俳句にする学習を行うと、多くの児童が「大仏」を題材に選ぶことがわかっていた。そのことをもとに、「西暦二〇〇〇年に生きる日本人である学習者（児童）が詠んだ大仏短歌と、千年以上前の奈良時代や平安時代の日本人が詠んだ大仏短歌を比べよう。そこから、考え方や感じ方の違いが浮き彫りにされ、人の気持ち・日本人の感性は今も昔も変わらないといった新鮮な発見があり、意見や感想が持て、進んで意見文を書くことができるのではないか。」そんな単元の構想が浮かんだ。

学習に先立って、奈良時代、平安時代の人たちが大仏を題材にして詠んだ短歌を探した。「大仏」「東大寺」をキーワードにして『古事類苑』と『国歌大観』にあたったが、大仏を詠んだ短歌は一つもなかった。古典が専門でない私は、「自分の調べ方に欠陥があるのではないか」と考え、横浜にいる大学院時代の同級生（「古今集」を研究分野にする友人・吉野樹紀さん）に電話で問い合わせ「調べてみるよ。」という返事をもらった。返事が来るまでの間、インターネットで「八代集」のサイトや「二十一代集」のサイトを見つけ、検索してみたが、やはり一つも見つけることはできなかった。

しばらくして届いた友人からの返事には、万葉集にある大仏建立のために躍起になって銅を集める様を揶揄する「戯れ歌」、芭蕉の俳句、そして、会津八一（明十四〜昭三十一）が大仏を詠んだ短歌に、「奈良から江戸まで、大仏を詠んだ短歌はゼロだ」と添え書きがあった。友人からの返事は、私にとっては少なからず興味深いものであった。「児童も私と同様に驚き、興味を持つに違いない」と考えた。

修学旅行の後に作った児童の短歌俳句を全部印刷して配布し、「何を題材にした歌が一番多いか」を調べさせた。一位は「大仏」であった。それをクラス児童に確認し、「今みなさんの周りには大きな建物が珍しくありませんが、大仏ができた頃は普通の人たちは教科書の写真のような住居に住んでいたんでしょう。大きな建物を見慣れているみなさんでも、大仏殿や大仏の大きさに驚いたことを短歌や俳句に詠んでいる。大きな建物を見たことのない奈良時代や平安時代の人たちが見たら、きっと、もっともっと驚いて、たくさん歌に詠んだのではないでしょうか。」と問いかけた。頷く児童が多く、満足できる反応であった。そこで、「来週までに、奈良時代から江戸時代までの人たちが大仏を題材にして詠んだ短歌や俳句を集めましょう。そして、みなさんが作った短歌や俳句と比べてみましょう。そこから、みなさんと昔の人たちの物の見方や考え方、感じ方の違いが分かります。」と課題した。「調べ方に制限はありません。人に聞くのもいい、インターネットを使うのもいい。本で調べるのもいい。」と話した。「古事類苑」「国歌大観」「万葉集」「古今集」などの書籍が県立図書館にそろっていることを付け加え、先の万葉集の学習を例にして「索引を使って大仏という言葉が入っている歌を見つける」という「調べる方法」を教えた。

一週間後、児童はそれぞれの能力や環境に合わせて様々な調べ活動をした結果を持ち寄った。「インターネットは無力でした。」という感想があった。県立図書館に足を運び、「国歌大観」のある場所を吏員に尋ねたら「国歌大観？」「あなたが国歌大観を読むの」と二度聞き返され、「国語の勉強で国歌大観で調べたいことがある」と答えると、親切に「国歌大観」のある場所まで案内してくれたとうれしそうに書いた児童がいた。「『古事類苑』や『国歌大観』のぶ厚いことに驚いた」という感想もあった。教員をしている親や物知りの祖父に聞いた児童もいた。

大仏を詠んだ芭蕉の俳句を見つけてきた児童は数名いたが、大仏短歌はゼロであった。

私が友人から送ってもらったのと同じ芭蕉の俳句や万葉集の戯れ歌、会津八一の歌を見つけて持ってきた児童がいた。児童（保護者を含む）の調べ活動に対する熱意と能力に驚かされた。クラス全員の調べ活動の成果をまとめてプリントしたものを配布し、「奈良時代から江戸時代までには大仏を詠んだ短歌は一つもありません」と話した。

「大仏短歌ゼロ」は児童に衝撃を与えた。「どうして……?」という疑問がクラス中に広がった。「ここから先を調べるのは今回の研究ではやりません。」と話し、「調べたことの結果に自信を持ちましょう。そして、どうして大仏の短歌がないのかを作文してみましょう。」と話して意見文を書かせた。

3　成果と課題

大仏短歌の謎と題した総合的な学習の最後に「どうして大仏を読んだ短歌はゼロなのか」について児童が意見文を書いた。「作る人がいなかった。」「作ったけど載せてもらえなかった。」「載った本が何かの理由で消失した」といった意見がほとんどで、調べる活動の熱気や成果を思うと、深まりのない意見であった。これは、児童が歴史や国語の学習で、当時の人々の生活を詳しく学んだり、多くの和歌に触れるといった経験がないためと考えられる。「どうしてゼロなのだろう」と原因を考える手がかりとなる知識が乏しいのである。大人が物足りなく思う意見文しか書けなかったという一事で、児童の学習が低調だったと考えてはいけない。「大仏を詠んだ短歌はゼロ」ということを自分たちの力で発見した調べ学習は大変充実していたという事実をきちんと評価しなくてはならない。

児童は学問・研究・調べることへの興味を内在させている。必要感を持たせると、原典に当たる体験を含む本格的な調べ学習に大きな興味を示し、意欲的に活動した。調べた結果（多くの資料を集めたこと）に満足して終わる傾向は見られるが、導きようによっては発展して調べることや、調べた結果をもとにして自分の意見や考えを持ち、それを表現（書く）することもできる。

児童に機会を捉えて、教科の学習で名前を知った本（ほんもの）を手にして活用する単元「教科からの発展的な学習としての総合的な学習」を構想すること、程度は低くとも方法としては本格的な調べ学習の機会を設ければ、本来の意味で学問の値打ちが分かり、学問の楽しさを味わわせることができる。それは、「勉強は学生時代だけのもの、試験が終わったらテクストを焼く」といった現状（前述の会話）を改善し、生涯学習の姿勢を育てることにもなる。

大仏短歌の謎と題した総合的な学習のあとすぐに、国語教科書に「オリンピックの開催地を調べて（調べたことをもとに作文）」という単元があった。アフリカ大陸と南アメリカ大陸では、一度もオリンピックが開催されていないという調査結果をもとに意見を書く学習である。教科書に載っている意見文（範文）は「今まで開催ゼロ」を根拠にして、「今後必ず開催されるでしょう。」とあった。「三八回飛ぶたびに落ちていた飛行機が三九回目に飛ぶと聞いて乗りますか？『今回はきっと落ちません。』と言われて納得できますか？『どうして三八回も連続して落ちたのか』という原因が分かって、それが改善されたときに、『きっと今回はおちないでしょう』と言えるんですよね。今まで一度も開かれてないから、今後きっと開かれる」というなら、その理由・根拠を示すべきです。もしも「オリンピックの開催地は世界中の国を順番にまわっていくというルールがある」なら、「開催ゼロの国は今後必ず開催する」と言えるでしょうけれど、それなら、同じ国が複数回開催しているのはおかしいでしょう。どうして今まで開かれなかったか原因を考えるためには、オリンピックの開催地はどうやって決まるのかを知り、そこから、どうしてアフリカ大陸や南アメリカ大陸では開催がゼロだったのかを知る必要があるでしょう。開催できなかった原因を知れば、どうやれば、原因となる問題を改善し、開催地になれるかという文が書けるのでしょう。理由・根拠をはっきりしない意見文は説得力がないですよね。」と話した。頷く児童が多数見られた。そして、自分なりに「原因」を考えて「それを解決すれば今後開かれるだろう」という意見を書いた児童が多く出た。自分なりの考えや意見を持つ問題解決的な態度に培う批判的な読み、読んだ内容に対して自分の意見を持つねらいが達成されつつある。

『生きる力』を育てるには『生きる力』はどんなものか考えて体系化を考えていくことが必要だと考えているが、実際にはこの項目の実践は最も低い

という村川教授の指摘はことに重く受け止めなければならない。指導要領に示されたスローガン－・キーセンテンスだけをたよりに現場のわれわれが自分流に解釈して進める現状では、「経験させればいいんだ・経験させることに意味があるんだ」と叫ぶ人たちによって、(学力に責任を持たないという意味で) 無責任な、(安全への備えが徹底しないという意味で) 危ない年間百時間の総合的な学習が実施されかねない。総合的な学習のために教科の時数が削られることとあわせて考えると、そのような学習では必ず学力の低下をまねく。そうならないためには「生きる力」の目標を明確にし、要素的な力を明らかにし、構造化して示す (国家事業としてエキスパートを集

め、しっかりした物を作るのがベストである）必要がある。

総合的な学習と教科で身につける力の関係を「総合的な学習は、教科で身につけた力を使って実際に問題を解決する経験をする場だ。そのことをとおして、教科の学習内容が生活に生きて働く値打ちのあるものだと実感する」と定義すると、総合的な学習の目標とする「生きる力の要素力」は「それぞれの教科で身につける力」であることが見えてくる。それは、それぞれの教科の構造をきちんと把握することから生じている。

国語科では、昭和二十六年改訂版「小学校学習指導要領国語科編（試案）」に国語能力表が示されている。以後（文部科学省が）一度も出さないのは、「今でも十分活用できる」ということであろう。「表」にはそれぞれの学年ごとに身につけるべき国語の学力が整理して示されている。これらはそのまま「生きる力の要素力」と考えてよい。

各教科ごとの能力表をあわせれば、それらが、生きる力の要素の全体となる。それをたよりに、それぞれの学年で責任を持って（発達段階にあわせて学年に配置された）力がついたかどうかの評価をしながら指導がなされれば、「生きる力」は確実に身に付く。

たとえば、総合的な学習の場で「〇〇海峡横断の遠泳」という課題を設定した児童がいたら、その児童には泳力をつけることが切実な問題となる。そして、体育科での水泳学習はもちろん、課外、余暇までも利用して泳力をつける学習・訓練に自主的に取り組み、力をつけるであろう。「力はつかなくてもいい。とにかく経験させれば……」といった指導は、「泳力のない児童を海に投げ込む」こと、児童の生命を危険にさらすことを意味する。この例から、教科で力を身につけていないのに総合的な学習を実施するのは（原則的に）おかしいと言えそうである。学習者が総合的な学習での自分の目標を達成するために教科学習に必要感を持って取り組み、総合的な学習の場で「教科学習で身につけた力が生活の中で生きて働く力である」と実感できる。そのような——総合的な学習と教科学習の有機的な関連をもたせた――総合的な学習を構想・実践していかなければならない。

（平成十三年三月二十八日　稿）

V

小学校における古典に触れ・親しむ指導

はじめに

豊かな言語感覚を養うためには、古典を原文で音読する活動が欠かせない。原文で音読することなしには伝わらないよさが、古典にはある。古典というと中学校・高等学校のものというイメージがあり、指導者も訓詁注釈の体験を思い出して、「古典は難しい」と考える。小学校で古典を扱うことが少ないのにはそのような背景がある。けれど、工夫すれば、「やってみたらおもしろかった」「こんなに楽しいとはおもわなかった」と、子どもたちと古典のいい出会いを実現し、子どもたちに、古典のよさに触れる経験をさせることができる。小学校で古典とのいい出会いを経験した児童は、中学や高校で古典を学習するときに、期待と同時に安心感を持って、明るい心持ちで臨むことができると考える。

「いい出会い」として、

1　おもしろさ・楽しさの要因が「原文のまま読む」ことにある。

2　原文の音読は難しいが、内容のおもしろさに惹かれる。

3　今までに聞いたことのある（知っている）お話が古典だったという気づきがある。

の三つを考え、次のように実践した。

(1)　古典を原文のまま読む　班対抗「百人一首」

古典を原文のまま読む学習では、教材として「百人一首」を用いるのが効果的である。活動の中心は、「カルタ取り」である。一枚でも多く取ろうという競争心、競い合うことの楽しさが「学習の基底」である「意欲」となり、発動的態度を生む。「勝ちたい・一枚でも多く取りたい」という児童に、「和歌を覚えれば勝てる」ということを知らせ、和歌学習への興味につなごうと考えながら指導した。対象児童は四年生、五年生、六年生がよいと考えているが、三年生で実施して児童に歓迎されたこともある。紹介する実践は五年生のものである。

(1)　単元　新春班対抗百人一首大会をしよう

(2)　学習指導計画　(全四時間)

一時間目　百人一首のルールを知る・班対抗百人一首実施
二時間目　百人一首と二十一代集　・班対抗百人一首実施
三時間目　むすめふさほせ　・班対抗百人一首実施
(臨時に実施……一面真っ白に「霜」の降りた寒い日　・班対抗百人一首実施)
四時間目　新春班対抗百人一首大会

（3）指導の実際

一時間目（平成二十一年十二月九日）

一時間目は次の指導案（資料1）で実施した。準備物は「小倉百人一首」一組と、「百人一首の和歌一覧（資料3）」である。

（資料1　国語科学習指導案）

国語科学習指導案

平成21年12月9日（対象児童　徳島県美馬市立芝坂小学校5年）

1　題材　百人一首（説明とカルタ取り）

2　単元設定の意図

百人一首のゲームを実施し、日本の伝統文化である和歌に触れる。歴史的仮名遣いに慣れる。競い合うことの楽しさを知らせる。

班対抗のゲームを体験することで当然わき上がって来るであろう「勝ちたい」という気持ちを、和歌を覚えることのエネルギーとして活用できるチャンスがあると思われる。

3　本時の目標

百人一首のゲームを体験（楽しむ）することで、我が国の伝統的言語文化である和歌に親しませる。

・百人一首の短歌について、リズムを感じ取りながら暗唱する。

・歴史的仮名遣いに慣れる。

学習活動	指導上の留意点等
1　和歌と百人一首のルールについて説明を聞く。 2　班対抗百人一首大会 ※四班、四ラウンド制で百人一首（カルタ取り）実施。 3　班の順位、優勝した班の発表を聞く 4　終わりの挨拶をする。	1　57577の31文字でつくる短い詩であること。 よく知られた和歌に「きみがよ」があること。 和歌の下の句を取り札（上の句を読み札）にしたカルタ取りが「百人一首」というゲームであることを説明する。 ※　歴史的仮名遣いについて短く説明する。 濁音がない・清音だけ……　あわししま→あわじしま いつみ→いずみ　もみち→もみじ その他……　ゐ→い　ゑ→え　こひ→こい　けふ→きょう あふさか→おおさか 2　一人一回は必ず出なくてはならない。それぞれのラウンドの合計を黒板の表に記入、4ラウンドの合計獲得枚数で勝敗を決めることを話し、ゲームを始める。 難しい仮名遣いはその都度（板書するなどして）教える。 歴史的仮名遣いは、一度読み札を読んだ後、取り札の仮名を現代の読み方で読む（たとえば、「きょう」と読んで「けふと書いてある」と教える。） 3　それぞれの班の獲得した札の合計を知らせ、優勝した班は班員を立たせ、祝福の拍手を送る。 4　「百人一首和歌一覧」を配布し、次時の予告をする。

学習活動の中心である「班対抗百人一首大会では、指導者が（班対抗で競い合ったときにあまり差が出ないような班編成を考えて）班分けをし、名簿をプリントして配布した。黒板には班ごとに各ラウンドで獲得した札の枚数を記入する表（資料2）を書き、各ラウンドで戦った選手が（ラウンド終了後に）獲得した札の数を記入する約束にした。四年生・五年生では、和歌・短歌が何かも知らない児童がほとんどである。授業の最初に「和歌・短歌は五七五七七の三十一文字で作られた短い詩です。一つでも知っている人？」と聞くことにしている。挙手がないのを確かめて、「日本中の小学生がたいてい一つは和歌を知っています。」と話し、「ええ……」「なんだろう……」という疑問が児童から生じるのを確かめて黒板に「君が代」をゆっくりと板書する。そして、上の句と下の句に分かれると説明する。そして、百人一首とは、上の句を読んだら下の句が書かれた札を取るゲームと知らせる。さらに「きみがよの歌は入っていないけれど、全部で百の和歌でできている。」と話し、短い歴史的仮名遣いの説明のあと、教室の前に、児童机を六つ合わせた、「競技場」をこしらえて、取り札百枚を並べ、競技を開始する。読み手はいつでも指導者の役にしている。たとえば、「はるすぎて　なつきにけらししろたえのころもほすちょう　天のかぐやま」と、読みあげると、児童は例外なく「ころもほすちょう」「ころも、ころも……」「こ、こ、こ、こ……」と声を出しながら札をさがす。児童が取った札は毎回必ず指導者が確かめる。「ころも」という最初の文字に反応するから、間違えて「ころもかたしき　ひとりかもねむ」の札を取る児童が出ることも多いからである。そのときには、「最後までちゃんと読んでから

資料2　獲得した札　記入表

班＼ラウンド	一班	二班	三班	四班
1				
2				
3				
4				
合計				

とらないと、お手つきになる。お手つきは一回休みとします。」と注意して「ころもほすちょうあめのかぐやま」と下の句を読み上げる。児童は「ころもほすちょうあめのかぐやま」と唱えながら札を探し、(今度は)正しい札を取る。カルタ取りに使える時間内に児童がとれそうな札の枚数を予想して各ラウンドに読み上げる札の数を決めている。百枚を読み上げることができるのは、二回三回と経験を積んだ先になる。授業の最後には、「百人一首和歌一覧」(資料3)を全員に配布し、「次の時間も班対抗百人一首をやります。百首を載せたプリントを配りますから、おうちで覚えてくると、とても有利です。」と話した。一覧表はエクセル(表計算ソフト)を使って、上の句をアイウエオ順に並べたもの、下の句をアイウエオ順に並べ替えたものの二種類を作成し、二種類とも児童に配布した。班対抗百人一首の場では、自分が競技に出ないラウンド(待ち時間)に、指導者が読み上げた歌を探してチェックするという使い方もできる。

(資料3) 小倉 百人一首 藤原定家

No.	上の句(かみのく)	下の句(しものく)	作者名	
30	ありあけの つれなくみえし わかれより	あかつきばかり うきものは なし	壬生忠岑	ミブノタダミネ
71	ゆふされば かどたのいなば おとづれて	あしのまろやに あきかぜの ふく	大納言経信	ダイナゴンツネノブ
19	なにはがた みじかきあしの ふしのまも	あはでこのよを すぐしてよ とや	伊勢	イセ

75	ちぎりおきし　させもがつゆを　いのちにて	あはれことしの　あきもいぬめり	藤原基俊	フジワラノモトトシ
93	よのなかは　つねにもがもな　なぎさこぐ	あまのおぶねの　つなでかなしも	鎌倉右大臣	カマクラノウダイジン
39	あさじふの　おののしのはら　しのぶれど	あまりてなどか　ひとのこひしき	参議等	サンギヒトシ
64	あさぼらけ　うじのかはぎり　たえだえに	あらはれわたる　せぜのあじろぎ	権中納言定頼	ゴンチュウナゴンサダヨリ

二時間目　（平成二十一年十二月十四日）

「班対抗百人一首」の前に、「百人一首と二十一代集（資料4）」を使って百人一首の説明をした。「百人一首は、新築した別荘・小倉山荘の襖の装飾にと頼まれて、藤原定家が、いくつかの歌集から百首を選んだものだ。」と説明する。そのときには、歌集の実物「第5巻　古今集和歌集」小島憲之　新井栄蔵　校注一九八九年二月二十日、「第6巻　後撰和歌集集」片桐洋一校注一九九〇年四月二十日、「第7巻　拾遺和歌集」小町屋照彦一九九三年九月十日、「第8巻　後拾遺和歌集」久保田淳　平田芳信　校注　一九九四年四月二十日、「第9巻　金葉和歌集　詞花和歌集」川村晃生　柏木由夫　工藤重矩一九八九年九月二十日、「第10巻　千載和歌集」片野達郎　松野陽一一九九三年四月二十日、「第11巻　新古今和歌集」田中裕　赤瀬信吾一九九二年一月二十日、（全て「新日本古典文学大系」岩波書店）の八代集と、『新勅撰和歌集』久曾神昇　樋口芳麻呂　一九九七年三月六日　岩波書店の合計九冊を教卓に並べ、「古今集からは二四首とられています」。と言いながら、「24」と書いた付箋を「古今集」に貼り付け、児童はプリント（資料4）の（　）に書き入れるという学習（以下「新勅撰集」まで同様に行う）をした。

（資料4）

「百人一首と二十一代集」　　年　氏名（　　　　）

勅撰和歌集
〈八代集〉
1 古今集
2 後撰集
3 拾遺集
4 後拾遺集
5 金葉集
6 詞花集
7 千載集
8 新古今集

奈良時代	
五九七	推古天皇（女帝）即位
六〇四	聖徳太子「十七条の憲法」を定める
六〇七	「遣隋使」を派遣・「法隆寺」が建てられた
六四五	大化の改新
七一〇	**平城京**に都を移す
七五二	東大寺　**大仏開眼**
七八三	**「万葉集」**完成（四千五百十六首）
七九四	平安京（今の京都）に都を移す。
平安時代	
八五五	地震で大仏の頭が落ちた
九〇五	「古今集」完成（千百四十首）百人一首に（　）首
九五三	「後撰集」完成（千四百二十五首）百人一首に（　）首
九九六	「拾遺集」完成（千三百五十一首）百人一首に（　）首
一〇八六	「後拾遺集」完成（千二百二十九首）百人一首に（　）首
一一二五	「金葉集」完成（七百十七首）百人一首に（　）首

9 勅撰集
10 続後撰集
11 続古今集
12 続拾遺集
13 新後撰集
14 玉葉集
15 続千載集
16 続後拾遺集
17 風雅集
18 新千載集
19 新拾遺集
20 新後拾遺集
21 新続古今集
《二一代集》

平	一一五一	「詞歌集」完成（四百十五首）百人一首に（　）首
	一一八〇	平氏が東大寺を焼いた（大仏殿・大仏も焼けた）
	一一八八	「千載集」完成（千二百八十八首）百人一首に（　）首
鎌倉時代	一一九二	源　頼朝が鎌倉に幕府を開く
	一二一六	「新古今集」完成（千九百七十八首）百人一首に（　）首
	一二三四	「新勅撰集」完成（千三百七十四首）百人一首に（　）首
	一二四八	「続　後撰集」完成（千三百七十七首）百人一首に（　）首
室町時代	一三三八	足利尊氏が京都室町に幕府を開く
	一五六七	松永久秀が東大寺を焼いた（大仏・大仏殿も焼けた）
江戸時代	一六〇三	徳川家康が江戸に幕府を開く
	一六八九	初雪やいつ大仏の柱立て　松尾芭蕉（仮の修理であった大仏が完成）
	一七〇四	**菊の香や　奈良には古き　仏たち　松尾芭蕉**
	一七〇九	大仏殿が完成
	一八六七	徳川慶喜が大政奉還　江戸幕府が終わる

※勅撰和歌集……天皇の命令を受けて作られた和歌集。「古今集」（九〇五）～「新古今集」（一二〇五）の「八代集」が有名だが、「古今集」～最後の勅撰和歌集「新続古今和歌集」（一四三九）まで、全部で二十一の勅撰和歌集が編纂されており、「二十一代集」と呼ばれている。

「百人一首はたくさんの歌集からいい歌を選んで、合計百首を集めて作った」といった程度の知識を持たせることがねらいであったため、短く扱い、班対抗百人一首を楽しむことを中心とした。

三時間目（平成二十一年十二月十六日）

三回目には次の指導案と板書（資料4）で、「上の句の最初の一音だけを聞いたらとれる札がある」と話し、「むすめふさほせ」を板書し、「むすめふさほせの札は最初の一音だけを読む」という特別ルールで班対抗百人一首を実施した。

（資料4）

国語科学習指導案

平成21年12月16日（対象児童　徳島県美馬市立芝坂小学校　5年）

1　題材　百人一首

2　単元設定の意図（略　※資料1と同じ）

3　本時の目標

まず最初に覚える短歌として「むすめふさほせ」を紹介し、百人一首（かるたとり）では、「覚えれば勝てる」という特性を利用して、覚えようという気持ちを持たせ、和歌に親しませ、古典への興味をふくらませたい。

学習活動	指導上の留意点等

1　本時学習活動への見通しを持つ。	1　本時学習の進め方を知らせる。むすめふさほせという七首は最初の一文字を聞いてとれる札であることを紹介し、**むすめふさほせの札は中央に並べ、上の句の一文字しか読まない。という** 特別ルール を知らせる。
2　七つの和歌の中、傍線を付した言葉を漢字に書き換える。	2　七つの和歌をすべてひらがなで書いた学習記録（手引き兼用）用紙を配布、傍線を付した言葉を漢字に書き換えさせ、（5分）正解を板書する。
3　班対抗百人一首（カルタ取りゲーム）を楽しむ。	3　むすめふさほせの七枚のカードを中心に、上の句を聞いただけで、下の句を聞く前に札（下の句を書いた）を取ることへのあこがれと意欲を喚起するように、上の句を読んだところで少し間を置き、指導者のコメントしてから下の句を読む。
4　終わりの挨拶をする。	4　取った札の枚数を確認し札を集める。

和歌の中のひらがなで書かれたことばを漢字に変換する活動には意欲的に取り組み、霧や露、いでて（出でて）、鳴きつるかた（方）、かよひじ（路）、ひとめ（人目）よくらむ　といった漢字以外はほぼ正解した。指導者が少し説明を加えれば、それぞれの和歌の意味内容をつかむことができるレベルにあると思われた。

本時のルールにのっとって班対抗百人一首を開始、「むすめふさほせ」の札は最初の一音しか読まないというルールであったが、さすがに一度聞いただけでは思い出せる児童はいなかった。板書を見て（確認し）札を探すという状況であった。F児（「よしの」という名前）は、「よしののさとにふれるしらゆき」を覚えていて上の句

（資料４）

「板書」
最初の一字を聞いたら取れる
（むすめふさほせ）
むらさめの
　つゆもまだひぬまきのはに
　きりたちのぼるあきのゆふぐれ
すみのえの
　きしによるなみ　よるさへや
　ゆめのかよひじ　ひとめよくらむ
めぐりあいて
　みしや　それとも　わかぬまに
　くもがくれにし　よわのつきかな
ふくからに
　あきのくさきのしおるれば
　むべやまかぜをあらしといふらむ
さびしさに
　やどをたち　いでて　ながむれば
　いずこもおなじ　あきのゆふぐれ
ほととぎす

を読んだところで取った。「これはわたしの札」と、皆にうれしそうに話した。

チャイムが鳴る前に百枚の札を全て読み終わった。この学級は雨が降った日に「教室で百人一首をやるから貸してください」と言ってくるなど、百人一首（カルタ取り）のゲームを楽しむ女子児童のグループができていた。「家でも百人一首を購入した。」と、話しかけてくる児童、図書室から「百人一首」の本を借りだして読む児童も出てきた。

四時間目（平成二十一年十二月二十一日）

※　予定外であるが臨時に実施

この日は、めずらしく霜が降り、校庭も道も植え込みも真っ白という美しい光景が見られた。予定外ではあったが、「霜が降りた寒い日に教えれば印象に残る」と考えて、「こころあてに　おらばやおらむ　はつ霜の　おきまどはせる　しらぎくの花」と、「かささぎの　わたせる橋に　おく霜のしろきをみれば　よぞふけにける」の二首を紹介し、指導者が歌に詠まれた情景を話して聞かせた。「カササギの渡せる橋」については、七夕伝説に触れ、「見た人の心にカササギがつくる橋が浮かぶような美しい

なきつるかたを　ながむれば
ただ　ありあけのつきぞのこれる

せをはやみ
いわにせかるる　たきがわの
われてもすえに　あわんとぞおもふ

橋」と説明した。そのあと、班対抗百人一首を実施し、授業の最後には、「お正月には新春班対抗百人一首大会を開きます。優勝した班には賞品（古本屋の一冊百円のコーナーで買いためておいた「銀河鉄道の夜」「坊っちゃん」「ろくべえまってろよ」等の単行本）が出ます。冬休み中にしっかり覚えて、優勝を目指しましょう。お正月には家族で百人一首を楽しんでください。」と話した。

五時間目（平成二十二年一月二十日）

「第一回新春班対抗百人一首大会」

この時間の最初には、「ちはやぶる　かみよもきかずたつたがわ　からくれないに水くくるとは」の歌を板書し、落語「ちはやぶる」を短く紹介した。そのあと、本来の解釈を知らせ、「落語にでてくるご隠居の歌の説明が面白いのは、本来の歌の意味を知っているからです。」と話した。そして、班対抗百人一首大会を実施、優勝した班には、賞品として「銀河鉄道の夜」（単行本）をプレゼントした。正月に家で百人一首を楽しんだ児童も多く、覚えている札の数も増えてきている。最初の頃、読まれた札を見つけるのも取るのも速かったSという男児が目立たなくなった。歌を覚え、上の句を読んでいる間に取り札を探す児童が増えてきたからである。「こころあてに……」の歌を覚えている児童は半数を超えていた。

（4）単元「新春班対抗百人一首大会」を振り返って

日本の正月＝カルタ取りというのは、季節行事でもあり、児童にも違和感なく受け入れられる。そこで、三学期最初の授業（お正月）に「新春班対抗百人一首大会」を実施、準備として、十二月の九日から班対抗百人一首を三回実施する計画を立て、カルタ取りとしての百人一首を繰り返し実施することを主眼に授業を構想実施した。「意味もわからない札を取り合うのは難しすぎて興味が持続しないのではないか」という心配はしなかった。「いぬもあるけばぼうにあたる」といったカルタを取り合うのでは小学校高学年の児童には易しすぎて、すぐにあきてしまうであろうが、意味が分からない・難しい「百人一首」のカルタ取りでは、児童は背伸びとジャンプのある学習の楽しさを味わい、興味が長く持続した。

カルタ取りとしての「百人一首」で児童は、指導者の音読を聞き、札を見つけるために自然と指導者の音読を口まねする。それは必要感を持って和歌を原文で読み、文語・韻文のリズムに触れることである。繰り返すうちに、たいていの児童が自分なりの勝手な解釈をして、いくつかの和歌を覚えてしまう。時折指導者が実施する歌の紹介は、そんな児童に、自分の解釈が間違っていたと知らせることになる。それは、児童にとっては新鮮で楽しい発見であり、その歌が児童の中にしっかりと根付くことを助けた。

実際には、「この歌はこんな日に」と思い立って臨時に実施した「霜の降りた寒い日」が加わり、大会前の実施時数は四時間になった。担任が一年を通して生活の中の行事や季節の変化に気を配り「この歌はこんな日にこそ」と、機会を逃さずに、授業のはじめの短い時間や朝の会で、その日の行事や天候と関係のある歌を紹介すれば、児童の和歌への興味を育て、百人一首の学習をより豊かなものにすると考えている。落語の「ちはやぶる」の紹介も好評であった。同じく落語の「崇徳院」も紹介したい。さらに、世界三大美人の一人小野小町の歌、歴史で「源氏物語」・紫式部を学習した時に「めぐりあいて……」の歌、「枕草子」・清少納言を学習した時に、「よをこめて……」の歌を紹介したりすれば、百人一首の学習がより楽しく豊かなものになるであろう。

(2)　原文の音読は難しいが内容のおもしろさに惹かれる　「今昔物語」

(1)　単元　「今昔物語」を読もう

(2)　学習指導計画　(全　一時間)

(3)　指導の実際

六年生を対象として、「今昔物語集(五)」(国東文麿、一九九一年五月十五日第五刷発行、講談社学術文庫)の「国王、鹿を狩りて山に入り娘を師子に取らるる語(同書、五〇〜六三頁)」を参考にして作成したテクスト(資料5)を用い、学習指導案(資料6)のように実践した。原文が長いため、児童が原文で音読するのは難しいと考え、テクストのほとんどは口語訳を使用し、物語の山場で児童が「続きが知りたい」と思う場面だけをなるだけ短く原文にしている。授業は指導者が適宜説明を加えながら読み聞かせ、原文の部分は、先に指導者が音読して聞かせ、その後、児童が一斉に音読、そこで「いま読んだ原文の意味は?」と問い、児童にその前の文の内容から推測して発表させるという進め方をした。

(資料5)

国王、鹿を狩りて山に入り娘を師子に取らるる　【今昔物語】〈現代語訳/一部原文のまま〉

今は昔、天竺（インド）にひとつの国があった。あるとき、その国の国王が山にでかけ、谷や峰に家来たちを入れ、法螺貝を吹き鼓を打って鹿をおびやかし（おどろかして）、逃げ出してきた鹿を弓で射る「狩り」を楽しんだ。国王には深くかわいがっている姫が一人いた。片時も離さず大事に育てていたので、このときも輿に乗せて狩りに連れていった。

日がしだいに傾くころ、この鹿追いに山に入った者たちが獅子の寝ているほら穴に入っていった。そして獅子をおどろかしたものだから、獅子は目をさまし、断崖の上に出て来て、もの凄く恐ろしい声をあげて吠えた。

それを聞いたすべての者は恐れおののいて逃げ去った。走り倒れる者もたくさんいた。輿をかいている者も、輿を捨てて逃げ去った。国王も無我夢中、西も東もわからずに逃げ去って王宮に帰った。

その後、この姫の輿のことを家来達に尋ねたが、輿をかいた者もみな、それを山に捨てて逃げてきたと言った。国王はこれを聞いて、嘆き悲しんで、ひたすら泣き続けた。だが、姫をそのままにしておくわけにはいかない。姫宮を捜すため多くの家来を山にやろうとしたが、みなこわがって、だれ一人進んで行こうという者はいなかった。

（いっぽう）獅子は劫かされて、足を以て土を掻きて吠え喤りて走り廻りて見るに、山の中に輿一つ有り。帳の帷を食ひ壊りて内を見れば玉光る女一人乗りたり。

獅子此を見て喜びて掻き負ひて本の栖の洞に将て行きぬ。

獅子既に姫宮と懐抱しぬ。姫宮は更に物思えずして、生きたるにも非ず、死にたるにも非で御す。

獅子はこのようにして数年の間姫宮とともに暮らしているうち、姫宮が子どもを産んだ。その子は普通の人間で、たいそうかわいい男の子だった。やがて十歳を過ぎるころになると、勇敢な気性が目立ち、その駿足ぶりはとても人間とは思えないほどだった。この子が長い年月の間、母の嘆き悲しんでおられる姿に気付いて、父の獅子が食物を求めに外に出ているすきに、母に向かって、

「長い年月悲嘆に暮れたご様子でいつも泣いておられるのは、なにかご心配ごとでもおありなのですか。母上と私とは親子の間柄です。私には隠さないですべて話してください。」

といった。母はいっそう激しく泣き、しばらくは言葉もなかったが、やがて泣く泣く、

「私は、じつはこの国の国王の娘なのです」

といって、狩りに来て置き去りにされ、獅子にとらわれてからのことを、息子に話した。息子はこれを聞いて母といっしょに大声をあげて泣いた。そして、母に、

「母上がもし都に出て行こうとお思いなら、父上が帰って来られないうちにお連れいたしましょう。父上の駿足も私は十分知っております。それは私の速さと同じではあっても、私が父に負けることはありません。ですから、都にお連れしてどこかに隠れ、二人で暮らしていきましょう。私は獅子の子ではありますが、お母さんに似て、みかけは人間と変わりません。怪しまれることなく暮らせるでしょう。すぐに都にお連れしようと思います。早くこの背に負われてください」

といったので、母は喜んで息子に負われた。

　息子は母を背負い、鳥の飛ぶように都に出て来た。そして、家を借りて母を隠し住まわせ、心をこめて世話をした。父の獅子はほら穴に帰って来て見ると、妻も子もいない。さては逃げて都に行ってしまったのだと思い、寂しくなり、悲しんで、都の方に向かって大声で吠えた。この声を聞いた国人たちは、国王をはじめとしてことごとく、たいへん怖がった。すぐにこれについての対策が立てられ、「獅子の被害を防止するため、獅子を殺した者に対しては、この国を半分に分けて、そこの王とする」との宣旨（国王の命令を書いた文書）が下された。さて、獅子の子は、この宣旨を聞いて、国王のところへ行き
「獅子を退治してその体を持ってきてほうびをいただきたい。」

と申し上げた。国王はこれをお聞きになり、「即刻討ち殺して差し出せ」と命令した。獅子の子は、心の中で「父を殺すことはこのうえない罪であるが、自分がこの国の半分を治める王となって、人間である母を養おう」と思い、

弓矢を携えて父の獅子の所に出かけて行った。

獅子、子を見て地に臥し丸びて喜ぶ事限り無し。仰ざまに臥して足を延べて子の頭を舐り撫ずる程に子、毒の箭を以て獅子の腋に射立つ。獅子、子を思ふに依りて敢えて嗔る気無し。弥よ涙を流して子を舐る。暫く有りて獅子死にぬ。

それを見た子は、父の獅子の頭を切り落とし、都に持ち帰ってただちに国王に差し出した。国王はこれを見て驚き、急いで国の半分を分け与えようとしたが、その前に、どうやって獅子を殺したかを尋ねた。そのとき、獅子の子は、「自分はこの機会に事の一切を申しあげ、自分が国王の御孫であるということを知っていただこう」と思い、母の言われたとおりに、事のはじめから今に至るまでの事情を国王に話した。

国王はこの話を聞いて、「そういうことなら、お前はわしの孫だ」と獅子の子の話を信用した。

そこでまず宣旨のとおり、半国を分け与えようとしたが、「父を殺した者に賞を与えたなら、わしもまた罪を免れえないであろう。その賞を行なわないとすれば、まさに違約になる。」と、悩んだ。

そして、

「然れば離れたる国を給ふ可し」

とて一の国を給ひて母も子も遣はしつ。師子の子、其の国の王として有りけり。其の孫　伝はりつつ今に住むなり。其の国の名をば執師子国と云ふ也となむ語り伝へたるとや。

○輿……　御輿。屋形のうちに人を乗せ、その下にある二本の長柄で肩にかつぎあげ、または手で腰のあたりに持ち上げて運ぶもの。

（資料6）

国語科学習指導案

平成21年4月14日（対象児童　徳島県美馬市立芝坂小学校　6年）

1　単　元　今昔物語を読もう「国王が娘を獅子に取られる話」

2　単元設定の意図

日本の古典である「今昔物語」の中から「国王が娘を獅子に取られる話」を読み、現代語と違った文語文のリズムを味わわせるとともに、話の内容を読みとり、感想を書く活動をとおして、日本の古典に興味を持たせるとともに、物語を読んで（聞いて）自分自身の感想・意見を持たせる。

本時の目標

「国王が娘を獅子に取られる話（今昔物語）」の指導者音読を聞きながら、口語訳の部分は黙読。原文は音読し、内容のだいたいを読み取り、感想を書く活動をとおして古典への興味をふくらませる。

活動を通して、以下の力を身につけさせたい。

・多種多様な文に興味を持つようになる　5～6年
・**要点をまとめながら聞き、必要によってはメモを取りながら聞くことができる　5～6年**
・理由や根拠を上げて、自分の意見を述べることができる　4～6年
・話の内容と相手の意図を正しく早くとらえることができる　5年～

学習活動	指導上の留意点等
1 本時学習の構えを作る。	1 「今昔物語」の説明（短く）をし、本時学習の予定を知らせることで本時学習への見通しを持たせる。
2 「国王が娘を獅子に取られる話」の指導者音読を聞きながら、口語訳を黙読する。	2 着語を付しながら、テクストを読み聞かせる。 ・原文の音読は児童の音読の範となるように、ことばのくぎりに注意する。
3 原文を音読、内容のあらましをつかむ。（推理し、発表する）	3 児童の（推理した内容の）発表を前の話の内容とつなげるコメントをし、内容の理解を助ける。
4 感想を書く。	4 感想を書かせる。 疑問・意見・感想などを話し合った後、記述させる。 ※ 書けない児童は「指導者の範文」を写すよう指示する。
5 学習記録に記名し提出する。	5 学習記録を、記名を確かめながら、集める。

資料テクストの音読では、理解の難しい言葉に着語（じゃくご）[1]を付し、児童の内容の理解が容易になるように配慮した。児童が、文語を音読する場面では、特にことばの区切りに注意しながら音読して聞かせた。参観していた担任は「先生の音読を聞くと意味がわかる。」と指導者の音読が児童の音読を支援するだけでなく、意味の理解をも助けていると（授業参観後）話した。

児童が一番興味を持ったのは、息子が父である獅子を毒矢で射る場面であった。原文音読のあと意味を問うと、「死んでしもうた」という児童の答えに、「むごい」「かわいそう」という声があがった。国王が国の半分を渡さなかったという理由に共感する児童も多くいた。物語のおもしろさに惹かれて児童は強い興味を持って読み進め、ストーリーはだいたい理解したが、感想の記述に入ると、なかなか書けない児童が多く見られた。そこで指導者の作成した「範文」（資料7）を配布し、「参考にしてください。どうしても書けない人は、これを写してもいいです。」と話した。

（資料7）

「国王が娘を獅子に取られる話」の感想

ライオンにさらわれた娘が子どもを産んだと聞いて、「もしかして、頭はライオンで体は人間？それとも、体がライオンで胴体から上が人間？」と思ったが、違っていた。人間の姿で、ライオン並みに勇かんで足が速い息子だった。

息子は、お母さんを助けるために、ライオンを殺す決心をし、弓矢を持ってライオンのところに行く。ライオンは自分の息子が帰ってきたと喜んで、犬が飼い主にじゃれるように腹を上に向けて寝転んで、息子をなめた。そのライオンの腹に向けて、息子が毒の矢を放つ。その時、私は、ライオンが、怒って、最後の力を振りしぼって息子に飛びかかると思った。ところが、ライオンは涙を流しながら息子をなめ、静かに死んでいった。毒矢で射られても、怒らずに死んで行ったライオンは、自分が死ぬ事で息子が幸せになれると思ったのだろうか。息子のために自分の命を差し出したライオンはどれほど息子を愛していたのだろう。ライオンのような猛獣でも、親が子どもを愛する気持ちはこれほどまでに強いのかと思うと、父親ライオンがとてもかわいそうになった。
　父親を殺したことを王様に話した息子は、国の半分ではなくて、離れたところにある「違う国」をもらった。私は、王様は国を渡さないのではないかと思ったけれど、それは外れた。やはり孫はかわいいのだろう。
　そして、その国で母親といっしょに暮らした。その国が今もあると書いてあった。ライオンの息子の子孫たちの国とは、今どこにある何という名前の国なのだろう。

範文を配布して、説明を加えながら読み聞かせた。「獅子と人間の間に生まれた子ども」と読んだ時、I児が「ケンタウロス？」という声を上げた。I児は感想にもそのことを書いた。他にも範文からの影響を強くうけた作品が見られたが、まったく範文のままを写した児童はいなかった。

　授業の終わりに「この獅子の子が新しく作った国の現在の呼び名は何だと思いますか？」と質問したところ「ほんまに（ほんとうに）この国あるん？」と問い返してきた。児童が興味を持って調べることを期待して「あります。国旗に剣を持った獅子の絵がある国です。獅子の子が作った国だからでしょうか。」と調べ活動へのヒントになる話をした。

　授業後、担任にスリランカの国旗の絵を渡し、「大唐西域記」の記述がこの話のもとになっていることを話し、次の日の朝の会で児童に正解を伝えるよう依頼した。担任が教室でスリランカの国旗を見せ、根拠とした書籍として「大唐西域記」の名前をあげ、「執師子国」は今のスリランカだと知らせたところ、児童は興味深げに聞いていたとの報告があった。

（4）単元「今昔物語」を読もう　の実践を振り返って

今昔物語には、児童が思わず引き込まれる面白い話が多くある。テクストを示さずに、指導者が「お話」として聞かせることでも児童に「今昔物語」への興味を持たせることができるであろう。その物語としてのおもしろさを利用して、「この先どうなるのだろう」と、児童が知りたくてたまらない場面を原文で読ませるという授業を構想・実施した。児童は、容易に音読した原文の内容のだいたいを理解した。文中にある現代語と同じことばを手がかりにし、前の文の内容から推測したのである。使用したテクストの分量が多かったため、読み聞かせ、（一部）原文の音読という活動に時間がかかり、感想の記述のための時間が短くなった。二時間扱いにし、二時間目に内容を思い起こさせ、感想を話し合った後記述させるのが適当であったと反省している。

執師子国が今のスリランカだということは、『今昔物語集（五）』（国東文麿、一九九一年五月十五日第五刷発行、講談社学術文庫）の〈参考〉（同書、六〇～六三頁）に記述がある。「大唐西域記」に原拠となる話があるとも書かれている。児童が作り話と考えていた「執師子国」が実在すると知って驚いたときの様子を思い出すと、「大唐西域記」を見せる学習をすることでより興味が膨らみ、学習の定着が進むと思える。たとえば、『大唐西域記（全三巻）』（水谷真成訳注、平凡社）から「巻第十一僧伽羅国」（同書、二七七～二八一頁）の口語訳をプリントして児童と一緒に読むといった学習を実施し、「西遊記」にでてくる「玄奘三蔵」は実在の人物である事などを話しあえば、もっと古典学習への興味を膨らませることができるであろう。

（3）　今までに聞いたことのあるお話が古典だったという気づきがある　「竹取物語」

「竹取物語」を教材として使用し、次のように実践した。

（1）単元　千年前の物語「竹取物語」を読もう

「竹取の翁」
「糞をつかんだ男――石上の中納言のプロポーズ」
「宇宙人との戦い」
「ふしのやま」

・教材テクスト

教材テクストは、岩波文庫の『竹取物語』（阪倉篤義校訂）から指導者が書き写し、漢字には全てルビを振って児童用のテクストを作成した。（一部を示す）。「燕の子安貝」の学習では、原文テクストを音読する前に、引用した原文テクストの直前までのストーリーを児童に知らせる必要がある。私（上田）は、自らの現代語訳を原文テクストといっしょにプリントして配布した。

竹取物語（冒頭）

いまは昔、竹取の翁といふもの有けり。野山にまじりて竹を取りつつ、よろづの事に使ひけり。

（中略）、うつくしき事かぎりなし。いとおさなければ、籠に入れて養ふ。竹取の翁、竹を取るに、この子を見つけて後に竹取るに、節を隔ててよごとに金ある竹を見つくる事かさなりぬ。かくて翁やうやう豊かになり行。この兒、養ふ程に、すくすくと大きになりまさる。三月ばかりになる程によき程なる人に成りぬれば、髪上げなどさうして、髪上げさせ、裳着す。

（燕の子安貝）　石上の中納言

家来に「おまえの探し方が悪いんだ、俺と変われ。」と言って、籠に乗りこみ、つばめの巣があるところまでつり上げさせました。つばめが子を産む動きをはじめたので、「今だ」とばかりに、巣に手を入れてさがすと、平たい物にさわりましたので、これだとばかりに握り、「早くおろせ」と叫びますと、慌てた家来が強く引きすぎたものですから、綱が切れ、中納言は大釜の上に落ちてしまいました。家来達がかけよると、白目をむいて倒れています。水をすくって口に流し込むとやっと息を吹き返しました。家来達は心配して、声をかけます。（↑現代語訳・上田）

「御心地はいかがおぼさるる」と問へば、息の下にて、「物はすこし覚ゆれども、腰なんうごかれぬ。されど子安貝をふと握りもたれば、うれしくおぼゆる也。まづ紙燭さして來。この貝、顔見ん」と、御髪もたげて、御手をひろげ給へるに、燕のまりおけるふる糞を握り給へるなりけり。それを見たまひて、「あな、かひなのわざや」との給ひけるよりぞ、思ふにたがふ事をば、「かひなし」とは言ひける。

（かぐや姫の昇天）

大空より人、雲に乗りて下りて來て、土より五尺ばかり上りたる程に、立ち列ねたり。これを見て、内外なる人の心ども、物におそはるるようにて、あひ戦はん心もなかりけり。からうじて思ひ越して、弓矢をとり立てんとすれども、手に力もなくなりて、萎えかかりたり。中に心さかしき者、念じて射んとすれども、外ざまへ行きければ、あれも戦はで、心地ただ痴れに痴れて、まもり合へり。立てる人どもは、装束の清らなること、物にも似ず。飛車一つ具したり。羅蓋さしたり。（後略）

（2）学習指導計画

1　教材の特色

小学校高学年の児童なら、だれでも一度は「かぐやひめ」の物語を聞いたことがあるだろう。けれど、それが「竹取物語」という日本の古典であることを知っている者は少ない。まして、原文を読んだことのある児童はほとんどいないと思われる。原文を音読する活動をとおして「これは『かぐやひめ』の話だ」と、ささやかな発見を味わわせたい。子どもたちの知っている「かぐやひめ」を思い出すことで原文の意味を推測しながら音読する学習は、自らの知識をフル活用して、意味の分からない千年前の文章を解読する活動であり、それ自体に挑戦の楽しさがある。また、学習者それぞれが、いくつもの発見の喜びを得ることが期待できる。

2　学習指導のねらい

①古典の原文を読む（原点にあたる学習体験）ことで、本格的な学問の楽しさ（知的な値打ち）を感じさせたい。
②古典の原文を音読する活動をとおして、言語感覚を身に付けさせたい。
③日本の古典のおもしろさに触れることで、生涯を通して古典に親しむ態度を身に付けさせたい。

3　学習指導の概要

原文の音読と、「手引き・学習記録」を使って「冒頭」「ふしの山」の現代語訳に挑戦するという二つの活動を組み合わせた学習（全二時間）である。

一時間目、手引きを使った「冒頭」の現代語訳で、「竹取物語」というのは「かぐやひめの話」だと知らせたい。その後、絵本の読み聞かせ等で、全員に「かぐや姫」のお話を思い出させ、続いて「燕(つばくらめ)の子安貝(こやすがい)」を音読させる。二時間目には「かぐや姫(ひめ)の昇天(しょうてん)」、「ふしの山」と原文を音読、「ふしの山」は手引きを使ってグループで現代語訳に挑戦させ、内容のだいたいをつかませる。

学習活動	指導上の留意点等
1　本時学習への見通しを持つ。	1　テクストを配布「竹取物語」の成立時期を紹介、本時の進め方を知らせる
2　「竹取物語」の冒頭（原文）を音読する。	2　「冒頭」の原文を交代で音読させる。
3　班で相談しながら、（冒頭の文の内容を問う「手引き」の□を埋める。	3　手引きの問題に答えることで、内容のあらましをつかませ「竹取物語」は「かぐやひめ」のお話であることに気づかせる。
4　「かぐや姫」のお話を聞く。	4　『童謡つき読み聞かせ絵本』〈成美堂出版〉の「かぐや姫」を、「求婚の話」まで、指導者の解釈・感想を加えながら読み聞かせる。
5　「燕の子安貝」の原文の部分を音読し、内容のあらましをつかむ。	5　テクスト「燕の子安貝」の原文の部分を交代で音読させる。 ・中納言が子安貝だと思ってつかんでいたのは何かを問い、原文から、燕の古糞であったことを発見する喜びと、物語に込められたユーモアを味わわせる。
6　全員で、原文「冒頭」を音読する。	6　全員で「冒頭」（原文）を一斉音読させる。
7　学習記録を提出する。	7　次時の予告をし、学習記録をあつめる。

次のような「手引き・学習記録」を作成・使用した。

一　竹取物語から、☐に入る言葉を見つけて書き込みましょう。

竹取の翁・名前は「☐のみやつこ」が、☐を取って☐に使っていた。

ある日、翁はもとが光っている☐を見つけた。

近づいて（切ってみると）筒の中に☐ばかりの美しい人がいた。翁は「わたしがいつも見ている竹の中にいるのは、私に育てなさいということなのだろう。」といって家に連れて帰った。

このことがあってから、翁が竹を取ると節と節の間に☐がつまっているということがたびたびあった。

おかげで翁は☐になった。この子は、すくすくと成長して☐ほどで年頃の娘さんになったので、成人の儀式（髪上げ、裳着）をした。

（4）「千年前の物語「竹取物語」を読もう」の実践を振り返って

千年も前にできた日本の古典「竹取物語」は、「かぐや姫」のことだったんだ。という発見がこの単元の指導の核となる。授業を参観した担任教諭は、「なじみのある題材だと食いつきがいい」と評したが、この小さな発見がもっと大きな発見への期待となって、その後の原文を読む活動に意欲的に取り組む姿勢を作った。

「宇宙からの侵略者を地球の兵士たちが迎え撃つ」ＳＦ映画の一場面を思い浮かべさせることが、かぐや姫の昇天の学習に興味を持たせるのに最適と考え、一時間目の終わりには、「かぐや姫を月の世界の住人・宇宙人が乗り物に乗って迎えにくるのを兵士が迎え撃つ……」と予告した。

「かぐや姫の昇天」の原文音読は、指導者の範読に続いて児童が音読する形態をとった。「原文では「飛ぶ車」と書いてあるけれど、ＵＦＯか……」といった感想が児童の口から漏れた。「ふしの山」の手引きを使った現代語訳の後、ほとんどの児童が「だから富士山は兵士に富む山と書くのか……」と発見を喜んだ。

原文音読の時間が短かった。また、テクストの分量が多く、グループで話し合って「気づく」「発見する」時間が十分に確保できなかった。古文の現代語訳（児童が班で話し合いながら「手引き」の□を埋めていく）では、なかなか□を埋められなかった。精確な現代語訳が本単元の主たる目標ではないと判断し、間を置かずに支援（正解を教える）した。「燕の子安貝」の最後の文「思ふにたがふことをばかひなしとはいひける」は、「甲斐」と「貝」をかけたユーモアであるが、理解が難しかった。「せっかく苦労して手に入れたと思った貝が燕の古くそだったとは、苦労のかいがない」という話の「かいがない」を「貝がない」としゃれているのだと説明したが、時間があれば、グループの話し合いでそのことに到達できたかもしれない。

成果と課題

「2　原文の音読は難しいが、内容のおもしろさに惹かれる。」という実践では特に、教材探しが授業の成否を決める。指導者は日常的に古典に親しみ、教材を探すことが必要となるだろう。

「3　今までに聞いたことのある（知っている）お話が古典だったという気づきがある。」については、「竹取物語」の実践以外に「伊曽保物語」から「烏と狐のことのこと」を教材に使用し、「これ、イソップ物語にあった。伊曽保物語ってイソップ物語のことか」という児童の発見を引き出したことがある。他にも「宇治拾遺物語」から「舌切りすずめ」と類似した話や「御伽草子」から「浦島太郎」の話を持ってくる等、児童に発見のよろこびを味わわせる授業の題材は多い。

私は、古典が好きではあるが、決して専門家ではない。だから、古典の学習を構想する時には、扱う教材についてだけ、しっかりと調べることを心がけている。それは、時に和歌集の中の「一つの和歌だけ」であったり、物語集の「一つの話だけ」であったりする。「ちょっとした専門家」を目指している。専門的な知識を持っている部分が非常に狭いために、授業中に児童に質問されて答えられないことも多い。そんなときは、「次の時間までに調べてきます」と答えている。それは、私にとって楽しい古典学習の課題を得ることである。「古典は難しい。専門家でなければ古典は教えられない」と考えてはいけない。児童を古典に親しませるためには指導者自身が古典に親しむことが必要である。小学校の古典指導では、(指導者が古典に触れる中で)「自身が感じた楽しさを児童に伝える」という姿勢を大事にしていきたい。

(平成二十三年九月二十四日　稿)

注

(1) 着語(じゃくご)とは読んだ直後の感じを極く簡単なことばで現すのです。これは実際にやってごらんなさい、中々うまく行くものではありません。文章の記述面が、そのまゝに事実として見える位によく読んでゐて、而も悠揚せまらざる態度、既ち十分の余裕がなければ出来るものではありません。(芦田恵之助著『教式と教壇　綴り方教授』松原政雄発行、明治図書、昭和四十八年二月一日発行、七五・七六頁)とある。私(上田)は、読んで得た感想だけでなく、語句の解説なども入れており、厳密には芦田恵之助氏の言う着語とは違っている。「着語のつもり」というのが正確かも知れない。

Ⅵ

教育に新聞を

――ＮＩＥ学習の実践と課題――

⑴　ヨーロッパ・北欧におけるＮＩＥ学習の目的・目標

（1）フランスのＮＩＥ学習

平成十四年、第7回教育関係者による海外ＮＩＥ事情視察団（三月二十四日～三月三十日　日本教育新聞財団主催）に応募しフランスのＮＩＥを視察した。視察では、幼稚園、小学校、中学校、高等学校、短大でそれぞれＮＩＥの授業を参観し授業後、教師と話し合いを持った。また、二つの新聞社（ル・パリジャン（Le Parisien）ル・モンド（Le Monde））とクレミ（フランスのＮＩＥを中心となって推進する国民教育省管轄の「情報教育センターＣＬＥＭＩ」（Centre de Liaison de l'Enseignement et des Moyens d'Information）を訪問した。視察後、徳島新聞社の求めに応じて書いた次の視察報告が新聞に掲載された。（資料Ｉ①②）

①　フランスのＮＩＥ（上）

最初の訪問先プラントン幼稚園では、彫刻家ジャンポール・ドーシュ氏がブロンズの作品を展示していた。三～五歳の子どもたちに分かるのだろうかと心配になるような抽象的な作品も含まれていたが、一六名の四歳児

資料Ⅰ　①

教師の目で見た フランスのＮＩＥ ▶上

国指導で「市民」育成

幼児でも一人前の扱い

フランスのＮＩＥ（教育に新聞を）事情を視察するために、全国十都道府県の小・中・高校の教師ら計十五人が三月二十四日から七日間、パリ、ボルドーなどを訪れた。徳島県から参加した東光小学校（上板町西分）教頭の上田正純さん（[illegible]）＝鴨島町牛島＝に報告してもらった。

上田正純さん

新聞に絵の具で色をつけてオブジェを作るプラントン幼稚園児＝3月25日、パリ

と彫刻家が車座になって話し合いを始めた。「どうして（作品は）みんな黒いの」といった素朴な質問にも何とか分かってもらおうとして説明するドーシュ氏の真摯な態度に、「こんな幼い子どもたちが一人前扱いされている」と驚いた。

三・四歳児のクラスでは新聞や雑誌から自分の好きな写真と嫌いな写真を切り抜き、台紙に貼り付ける、嫌いな写真の周囲にはクレヨンで、もっともっと汚くなるような額を、好きな写真にはもっともっと美しくなるような額を描いた。好きな訳、嫌いな訳を（文字が書けない児童には先生が聞き書きする）書き込んで完成、「自分の考えを持たせる指導」だそうだ。

午後はフランス第二の地方紙「パリジャン」のジャック・ララン氏を訪ねた。フランスには新聞社と学校をつなぐＣＬＥＭＩ（クレミ）という国の機関がある。年一回、国中の小中高に一週間、数種類の新聞が届く「新聞週間」はクレミの活動の一つだ。生徒達はマスメディアから真実を読みとる力（メディアリテラシイ）を身につけるために、多くの新聞を比べて読む勉強をする。フランスのＮＩＥには「よき市民をつくる」という目標があるが、民主主義を支える「よき市民」の育成を目指すＮＩＥ活動が国の責任で

行われていると聞いた。幼稚園で先生や彫刻家が子どもたちの話を誠意を持って聞き静かに話す品格のある態度が印象的であったが、多大な犠牲を払って人権宣言にたどりついたフランスの歴史が個人を尊重する姿勢を国民の間に根付かせているのだと受け止めた。また、三歳の幼稚園児にさえ「この彫刻はここがいいんだ」と知識を与えるのでなく、感じたことを大切にして自分の考えに培う指導が自信を持って展開されているのは、民主国家の存続は個人の確立如何にかかっているという考えが国民の間に浸透しているのだと思った。

② フランスのNIE（下）

視察二日目に訪ねたジャコメッティ中学では一七名の生徒がそれぞれ異なった新聞を持参、自分の持ってきた新聞の一面について特徴を発表しあった。続いて、ばらばらに切り離された一面の記事をもとどおりに並べる作業に取り組んだ。次に訪れたカミーユセ高校でも偶然同じ作業をしていた。新聞のレイアウトについて学ぶ授業だそうだ。三日目、ルブ中学では生徒が授業で作った新聞を見ることができた。四日目、レジュイ小学校では一三名の二年生が一人一台のPCを使って好きな絵を描き、ことばを添えて物語をつくっていた。

カミーユセ高校、ルブ中学校、レジュイ小学校で「東光新聞」を見せ、「日本の一二歳の子どもたちが作った」と話すと「ファンタスティック」と言いながら熱心に見入っていた。東光新聞はフランスの小中高生や先生には好評だった。筆者の実践したNIEは国語科の説明的文章の読み書き能力を身につけさせることも重視している。フランスでは、新聞を作らせるのは自分の考えを持たせることを、実際に数紙の新聞を読み比べさせるのは、メディアリテラシイを身につけさせることを目標にしているという。目標が違うので文章力の比較にはあまり意味がない。実際、フランス語が分からない私には書かれている文章力のレベルを比べることはできないのだが、「東光新聞」はフランスの同年代の子どもたちが作った新聞に引けをとるものではないと感じた。最終日に

資料Ⅰ　②

教師の目で見た
フランスのNIE
▶下
真実発見へ読み比べ
ネットで児童新聞製作
上田　正純

訪れたCLEMI（クレミ）のイブリン・ベボルト氏は「どんな新聞も真実を伝えるのは不可能だ」と言い切った。だから数種類の新聞を読まなければならない（そのことで真実に迫ることができる）というのだ。たとえばニューヨークの爆破テロに関する報道を扱った時には、アメリカ、イギリスといった自由世界の新聞だけでなく、イスラム社会の新聞もフランス語に訳して読み比べさせたのだという。その明快、大胆でスケールの大きな取り組みに驚いた。さらに、世界中の子どもたちの作った新聞を集めてインターネット上にfaxという児童新聞のサイトを作っているという。「みなさんも是非応募してください」と言われた。子どもたちが広く世界に目を開くきっかけになりそうな気がした。今回の視察では、授業の技法ではなく、NIEの精神・平和で民主的な国家の成立存続に果たすNIEの役目を学んだ。

③　フランスNIEの目的

視察以来、ずっと頭の隅に残っていることがある。クレミの新聞社側代表、地方紙「ル・パリジャン」のジャック・ラフラン氏のことばだ。質疑応答の冒頭、私は、「NIEの目的は何ですか」と質問した。氏の答えは、「読む力を強化する」「良き市民を育てる」の二つであった。「よき市民を育てる」ということばの新鮮な響きに、さわやかな昂揚を覚えた私は続けて「それは民主主義と関係がありますか。」と聞いた。ジャック氏は「もちろん、ある。」と答え、「よき市民」というのは、――フランスでは一八歳から投票権があるのだけれど――選挙の時に、「たくさんの情報の中から正しい情報を見分けられる人」それから、フランスは人権宣言をした国、人権の国なのだけれどと前きして、「人権とは何かを考える人」だと説明を加えた。「NＩＥの目的」と問われて「民主主義を支えるよき市民の育成」と答える人に、私は、その時、初めて出会った。「民主主義」という言葉には崇高な響きがある。そのためにNＩＥがあるという説明に私は一種の感動を覚えた。その後、小学校でも中学校でも、授業参観後に指導した教師との話し合いがあるたびに「NＩＥの目的」を尋ねたが、答えはいつでもジャック氏と同じ「よき市民の育成」であった。新聞関係者が新聞の使命を語るときに、民主主義という言葉を用いることは珍しくない。けれど、現場の教師が例外なく「NＩＥの目的はよき市民の育成（民主主義の維持発展）」と答えたのである。日本の小学校や中学校で「NＩＥの目的」を尋ねたら、「民主主義を支えるよき市民の育成」と答える教師が何人いるだろう。多くは「語彙力を伸ばす」「読解力を伸ばす」「社会に関心を持たせる」といった答えをするのではないだろうか。民主主義を勝ち取るために大きな犠牲を払ったフランスには、国民の間に、今の平和で豊かな民主社会にあぐらをかいていたのでは民主主義は衰退して行く。民主主義を維持発展させるためには意図的な努力を日常的に続けなくてはならないという考えが根付いていると考えた。

（2）ノルウェー・フィンランドのNIE学習

平成二〇年「第10回教育関係者による海外NＩＥ事情視察団」（八月二四日～八月三一日　日本新聞教育財団主催）の一員としてノルウェー・フィンランドのNＩＥ事情を視察した。地元紙。徳島新聞社に次の視察報告が掲

載された。（資料Ⅱ　①②③④）

①　北欧のＮＩＥ事情（１）

若い読者（ヤングリーダー）育成には新聞作りを体験させることが効果的だ。作り手の目で記事を読み、記事の内容を深く味わうことを後押しする体験となるためには、（体験が）本格的であるほどよい。「メディアラボ」は新聞作りのロールプレイが楽しめる施設だ。八月二五日、ドランメンテーデン紙が建設し運営するメディアラボを訪ねた。この施設は一四歳から一七歳の若者を対象に作られており、一度に四〇人が約二時間のロールプレイを楽しめる。参加者は六名程度の班（新聞社）を作り、編集者役（二名）と記者役に分かれる。記者はコンピュータの指示で四百平方メートルほどの部屋を歩き回って取材し、携帯電話で記事を送る。送られた記事を編集者がコンピュータで編集し新聞を作る。最新のＩＴを駆使したロールプレイだ。できあがった新聞は全員で一緒に見て、参加者同士で意見交換した

資料Ⅱ　①

(33)　社　会　　第3種郵便物認可

北欧のＮＩＥ事情 ●1

若者が新聞作り

取材・編集を本格体験

学校教育に新聞を活用するＮＩＥ活動を進めている日本新聞教育文化財団では、八月二十四日から一週間にわたり、北欧のＮＩＥ事情を探るためノルウェー、フィンランドに視察団（二十一人）を派遣した。その一員として参加した上田正純ＮＩＥアドバイザー（美馬市芝坂小学校校長）に、その様子をリポートしてもらった。

ＮＩＥアドバイザー　上田　正純

若い読者の育成には、新聞作りを体験させることが効果的だ。作り手の目で記事を読み、内容を深く味わうようになるには、体験は本格的であるほどよい。メディアラボは、役割を決めて新聞作りが楽しめる施設だ。

八月二十五日、ノルウェーのドランメンテーデン紙が運営するメディアラボを訪ねた。ここは十四歳から十七歳の若者を対象に作られ、一度に四十人が二時間のプログラムで体験できる。

プロの目で批評

参加者は六人ほどの班（新聞社）を作り、編集者役（二人）と記者役に分かれる。記者はコンピューターの指示で四百平方ｍほどの部屋を歩き回って取材し、携帯電話で記事を送る。送られた記事は、編集者がコンピューターで編集し新聞を作る。最新のＩＴを駆使している。出来上がった新聞は全員で一緒に見て、参加者同士で意見交換した後、プロの新聞記者が批評する。

視察時にラボを利用していた十六歳の専門学校生三十人はみな夢中になって楽しんでいた。責任者のインゲリセ・ウーレン氏は「利用する若者は新聞作りの面白さや楽しさを味わいながら、同時にジャーナリズムの重要性を知り、やり遂げた充実感を味わえる。新聞社は、若者の興味を知ることができる」と話していた。

午後はオスロ近郊のマイセンにあるスマレンアビス新聞社を訪れた。ここでは、自社の新聞に毎週金曜日「アンダー20」という地元の高校生が作った紙面（七ページ分）を載せている。地元の若者に携帯のメールで「記者にならないか」と呼び掛け、応募者と面接。二十人ほど選び記者として契約、週一回の編集会議を開いて新聞を作っている。

女子高生と契約

新聞社の指導担当が記事、写真のチェックや指導をするが、チームのまとめ役は高校一年生になったばかりの十六歳のシーリーさん。彼女は中学生で応募、難関を突破し今年で記者歴三年目を迎える。

編集長役のシーリーさんは時給で報酬が決まり、他の記者は、一記事について四千円から一万五千円程度の報酬を受け取る。本格的な雇用契約だ。担当のエンゲン・リー氏は「ターゲットとする十五歳から二十歳の若者が読みたがる記事は若者にしか書けない。この取り組みは、読者の求める良質なフリー記者を育てることにもつながっている」と言う。

若者を「メディアに対する批判の目を持つ良い読者に育てる」とともに「若者の興味を知り、それに対応していく」取り組みが展開されていると感じた。

取材する編集長役のシーリーさん（左）

後、プロの新聞記者が批評する。視察時にラボを利用していた一六歳の専門学校生三〇名はみな夢中になって楽しんでいた。責任者のインゲリセ・ウーレン氏は「利用する若者は、新聞作りのおもしろさ・楽しさを味わいながら、同時にジャーナリズムの重要性を知り、やり遂げた充実感を味わえる。新聞社は、若者の興味を知ることができる。」と語った。

午後に訪れたマイセン（オスロ近郊）のスマレンアビス新聞社では、自社の新聞に毎週金曜日「アンダー20」という地元の高校生が作った紙面（七ページ分）を載せている。地元の若者に携帯のメールで「記者にならないか」と呼びかけ、応募者と面接、二〇名程度を選んで記者として契約、週一回の編集会議を開いて新聞を作る。新聞社の指導担当が記事・写真のチェックや指導をするが、チームのまとめ役は高校一年生になったばかりのシーリーさん（一六歳）だ。彼女は中学生で応募、難関を突破し、今年で記者歴三年目を迎える。編集長役のシーリーさんは時給で報酬が決まり、他の記者は、一つの記事について四千円から一万五千円程度の報酬を受け取る。本格的な雇用契約だ。担当のエンゲン・リー氏は、「ターゲットとする一五から二〇歳の若者が読みたがる記事は若者にしか書けない。この取り組みは、読者の求める良質なフリーの記者を育てることにもつながっている。」と語った。若者を「メディアに対する批判の眼を持つよい読者に育てる」こと「若者の興味を知り、それに対応（オンライン新聞・モーバイル配信等）していく」取り組みが展開されていると感じた。

② 北欧のNIE事情（2）

オスロから北へ車で約一時間四五分、エールベルム（Elverum）地区には小学校が八校ある。そのうち六校が（各校一面ずつを担当し）オストレンディンゲン紙と協力して子ども新聞「エールベルムズポスト」を作っている。そのうちの二校（ソバッケン小学校とリレモーン小学校）を訪ねた。昨年の学校新聞コンクールでノルウエー

徳島新聞

北欧のNIE事情 ●2

小学生記者

子ども扱いせず信頼

NIEアドバイザー 上田 正純

ノルウェーのオスロから北へ車で一時間四十五分のエールベルム地区には小学校が八校ある。うち六校がオストレンディンゲン新聞と協力して子ども新聞「エールベルムスポスト」を作っている。各校が一面ずつ担当しているという。その中のソパッケン小学校とリレモーン小学校を訪ねた。昨年の学校新聞コンクールでノルウェーのナンバーワンに輝いたリレモーン小学校では、七年生の英語の授業を参観した。日本からの視察団に英語でインタビューをして新聞記事を書く学習をしていた子どもたちから「夏休みは何日？」「宿題はあるの」「成績は何年生からどんなふうにつけるの」「教室は騒がしい？ 騒がしくする子は罰を受けるの」と矢継ぎ早に質問を浴びせられ、その様子から日本に対する興味の大きさが伝わってきた。

広告取りも体験

持参していた「芝坂スマイル新聞」のカラーコピーをプレゼントし「この新聞を見てどう思う」と感想・意見を求めると「写真の色がきれいだ」「レイアウトに工夫があり、とても魅力的だ」との感想が返ってきた。

後で「エールベルムスポスト」を見せてもらった。ノルウェー語ができない私には、記事の内容が理解できないが、一見しただけでは大人の新聞と違いはない。本格的な新聞という印象を持った。

「エールベルムスポスト」は月に二回三千部をオストレンディンゲン新聞社が印刷、一部二十クローネ（約四百円）で販売される。そのうち、十クローネが新聞社に、残りの十クローネが学校に入るシステムだ。子どもたちは記事を書いたり写真を撮ったりするだけでなく、広告取りや新聞販売まで体験する。オストレンディンゲン新聞で子ども新聞を担当するグンナ・オステモ氏は「何とか赤字にならない程度。決して利益は上がらない。金もうけが目標なら、この事業はできない」と話す。

重要な役割知る

新聞の重要な役割を知らせ、批判的な読み方ができる良識の読者を育てるための本格的な「新聞作り体験」は、広告取りや販売まで含んでいるのに驚いた。新聞社と学校の間に深く良好な関係がなければ、できない事業である。

視察を通して「本格的な体験」が「子どもたちを年齢が若いという理由で子ども扱いせず、個人としてとことん尊重し、信頼する」という大人たちの意識に支えられていると感じた。（美馬市芝坂小学校校長）

「芝坂スマイル新聞」を見るリレモーン小学校7年生の子どもたち

のナンバーワンに輝いたリレモーン小学校では七年生の英語の授業を参観した。日本からのお客さんに英語でインタビューをして新聞記事を書くという学習をしていた子どもたちから「夏休みは何日？」「宿題はあるの？」「成績は何年生からどんなふうにつけるの？」「教室は騒がしい？騒がしくする子は罰をうける？」と矢継ぎ早に質問を浴びせられた。その様子から日本に対する興味の大きさが伝わってきた。持参していた「芝坂スマイル新聞」のカラーコピーをプレゼントし、「この新聞を見てどう思う」と感想・意見を求めると、「写真の色が綺麗だ」「レイアウトに工夫があり、とても魅力的だ。」といった感想が返ってきた。

後で「エールベルムズポスト」を見せてもらった。ノルウェー語ができない私には記事の内容が理解できない。一見しただけでは大人の新聞と違いはない。本格的な新聞という印象を持った。「エールベルムズポスト」は月に二回三千部をオストレンディンゲン新聞社が印刷、一部二〇クローネ（約四百円）で販売される。そのうち、一〇クローネが新聞社に、残りの一〇クローネが学校に入るシステムだという。子どもたちは記事を書いたり写真を撮ったりするだけでなく、広告取りや新聞販売まで体験することになる。オストレンディンゲン紙で子ども新聞を担当するグンナ・オステモ氏は、「なんとか赤字にならない程度、決して利益はあがらない。金もうけが目標なら、この事業はできない。」と話した。新聞の重要な役割を知らせ、批判的な読みのできるよい読者を育てるための本格的な「新聞作り体験」は、広告取りや販売までも含んでいるのに驚いた。新聞社と学校の間に深く良好な関係がなければできない事業である。視察を通して、「本格的な体験」が「子どもたちを年齢が若いという理由で子ども扱いせず、個人としてとことん尊重し信頼する」という大人たちの意識に支えられていると感じた。

③　北欧のＮＩＥ事情（3）

八月二八日は、「新聞博物館」とヘルシンキサノマット紙の運営する「メディアセンター」（新聞作りのロールプレイのうち記者になって取材する部分を体験）、ヘルシンキサノマット社の三カ所を訪問した。新聞博物館は、楽しみながらフィンランドの新聞の歴史と新聞の果たした役割を学ぶことができる。教師と新聞社が協力してＮＩＥの教材を作る場所でもある。フィンランドのＮＩＥの説明の中に、ＰＩＳＡ調査の結果を受けて、新聞を読む頻度と「読解力」の関係を調査したところ、よく新聞を読む生徒ほど読解力の得点が高いという結果が出たという話があった。

ヘルシンキサロマット社では昼食を取りながら、アンテロ・ムッカ編集局長の話を聞いた。氏は「フィンランドがロシアの支配下にあった時代、我が社はフィンランドの人々の意見・世論を代弁していたが、ロシア政府の弾圧を受け、新聞社を閉鎖、約一週間、新聞が出せなかった。一週間後今の社名に変えて、新聞を発行した」

北欧のNIE事情 ●3

読者の育成

民主主義支える力に

NIEアドバイザー　上田　正純

と、フィンランド独立に新聞が大きく関わったことで話を始めた。私は西尾実編『中学校用　国語　学習指導の研究1』（昭和三十六年、〈筑摩書房〉）の単元「学校新聞」の「なぜこの単元をおいたか」にある「一つの社会が社会として成り立っていくためには、その社会によい通じ合いが行われ、何事についても社会としての世論が形成されていなくてはならない。そのために欠くことのできないのは、新聞である。」という記述を思い出した。編集局長は、近年新聞の発行部数が減ってきていることに触れ、「新聞を読んで社会の動きを知るエリート層と、新聞を読まない層に分かれ、エリート層の意見で国が動くことになることが考えられる。それは、大きな問題だ」と話した。「全国民が政治に関わり、健全な世論で国が動いていくためにすべての人が新聞を読むことが大切だという意見だと受け止めたが、そのこととNIEは関係があるか」と質問すると、「新聞を取っていない家庭の子にも新聞に親しむ機会を作り、将来のよい読者を育てることをNIEに期待している」と返事があった。

新聞の発行部数が減ってきていることを、「新聞社の利益の減少」と表面的に捉えるのでなく「民主主義社会の危機につながる事態」と捉える氏の鋭い分析に触れ、NIEの役目（民主主義社会を支えるよい読者を育てる）

を再確認した。

④　北欧のNIE事情（4）

八月二九日、児童三八百名教師四〇名の大規模校、マチューリ小学校を訪問した。玄関ホールでヘリシル校長はじめ三人の教師、児童三名の出迎えをうけた。児童会代表の歓迎の挨拶、校長から学校経営方針、本日の視察内容の説明、質疑応答と一五分程度、立ったままのやりとりがあったが、それを聞く三人の児童の態度に感心した。話し手を見つめ、スッと自然に立っている。恥ずかしさや照れ隠しで身をくねらしたり、ふてくされたり、虚勢を張って姿勢を崩したりといった様子は微塵もない。日本の国語科の目標・「児童に身につけさせたい聞く力」に「話し手が話しやすいと感じる態度で聞く」というのがあるが、まさにその典型を見た思いであった。

コンピュータ室に移動し、日本からの訪問者を取材して新聞の記事を書

資料Ⅱ　④

（31）　社　会

2008.9.30

北欧のNIE事情　●4

NIEアドバイザー　上田　正純

高い読解力

基底に優れた聞く力

話し手見つめる

真実求める姿勢

食堂で芝坂スマイル新聞を見せ、感想や意見を聞く筆者㊨＝マチューリ小学校

く学習を参観した。インターネット上の「新聞工場」というオンライン新聞のサイト（新聞協会が運営）に「フクロウ」という名のマチューリ小学校の新聞があるのだという。記事をオンライン新聞に書き込む学習を見た後、子どもたちといっしょにランチルームで給食を食べた。同席した子どもたちに「芝坂スマイル新聞」をプレゼント、感想・意見を求めた。ノルウェーでは写真を見て「とてもきれい」とほめられ、手放しで喜んだが、ここでは写真を指さして、「これは何」と、記事の内容を次々に質問された。「あらかじめ英文に訳しておけば良かった」と悔やんだが後の祭。汗をかきながら英語で説明するはめになった。生徒会担当のマリア先生がフィンランド語で懸命に補足説明をしてくれた。不自由な英語を駆使しての説明はひどく疲れたが、遠く離れたフィンランドにこれほど熱心な「芝坂スマイル新聞」の読者がいることが、とてもうれしかった。先のインタビューでも「どうして視察先に私たちの学校を選んだのですか」という鋭い質問が出て、視察団長がたじろぐ場面があったが、フィンランドの子どもたちは、表面的な理解で納得しないで、表皮を切り開き、真実を追究するという姿勢を身につけている。フィンランドのＰＩＳＡ型読解力高得点の基底に「話し手が話しやすいと感じる態度で聞く」「納得するまで質問する」といった「聞く力」があると確信した。

⑤　北欧のＮＩＥの目的

ノルウェーでもフィンランドでも、「ヤングリーダー」という言葉をひんぱんに聞いた。Young reader・若い読み手である。ヤングリーダーを育てることが北欧のＮＩＥの目標なのである。フィンランド一の新聞社、ヘルシンギン・サノマット紙の編集局長、アンテロ・ムッカ氏の話にもヤングリーダーは何度も出てきた。氏は、スライドで大きな画面にグラフを映しながら、「新聞の発行部数がへっている。」ことを話題にし、「非常に憂慮すべき事態だ」と話した。「このままでは、新聞社の収益が落ち、社員の給料を下げなければならないだろうし、何人かの社員をリストラしなくてはならなくなる。最悪、新聞社がつぶれることもあるだろう。みなさんはしっかりＮＩＥを実践して、大人になったら新聞を購読するような若い読者・ヤングリーダー（目の前の子どもたち）を育てて欲しい。」と言うのか……と、思いながら聞いていた。だが、彼は、「このままでは、新聞を読んで社会の動きを知るエリート層と新聞を読まない層に分かれ、エリート層の意見で国が動くことになる。それは健全な民主主義とは言えない。」と、続けた。私は自分の考えがいかにも俗っぽいことが恥ずかしくなるとともに、氏の話に感動した。思わず手を挙げて「ＮＩＥに期待することはありますか。」と、質問した。氏は、新聞を購読しない家庭で育つ子たちが、家で新聞を読まないのは子どもたちの責任ではない。新聞を購読していない家庭の子も学校には来る。学校で新聞を教材とした学習をすれば、その子たちを含め全ての子どもたちに新聞を読む機会を提供し、よい読者に育てることができる。すべての国民が、国政に参加できる可能性を広げるＮＩＥに期待している。」と、答えた。

北欧のＮＩＥの目的は「民主主義を支える市民の育成」である。フィンランドでは視察先で何度も「ロシアの支配下にあった時代、フィンランドの人々の意見・世論を代弁する新聞社が弾圧を受け、社を閉鎖され、約一週間、新聞が出せなかった。一週間後社名を変えて、新聞を発行した」という話を聞いた。新聞が人々の間に通じ合いをもたらし、独立に大きく貢献したということはフィンランドの人々にとっては忘れることのできない歴史的事実であり、民主主義を健全な形で存続発展させるためには、新聞を読まず、国政に参加しない国民をなくす努力を怠ってはならないという考えのもとになっている。

(2)　ＮＩＥの実践とその課題

ア　教師と児童がいっしょに記事を読んで対話する実践

(1)　はじめに

私は一貫して、「新聞に親しませる」ことを目標に小学校でのＮＩＥを実践してきた。方法の中心は、児童と一緒になって記事を読み、意見を交換することである。それは、野地潤家先生の

いつでもあのコーナーに行けば、新聞を手にとってみることができる。それをまた自分のものにしていくことができる。それからまた、それを話題にしながら、先生からも思いがけない読み方というものが時折紹介され、『あっ、そういうことは知らなかった』と、新たに新聞に目を開かれるということなど、楽しい新聞との関わりというものをさらに進めていかなければと切に思うのでございます。（「ＮＩＥの深化と集積」徳島県ＮＩＥ推進協議会主催　第三回ＮＩＥセミナーにおける講演　平成十一年二月六日　徳島県教育会館）

を授業の場で実現することを目指した実践といえる。

(2)　記事を読んで意見を交換する

授業はおおむね次のような指導案や教材（資料1、資料2）で、主に四・五・六年生を対象に実施している。

国語科学習指導案

平成21年2月4日（学習者　美馬市立芝坂小5年　児童（男子4名女子8名　計12名））

1　単　元　いっしょに記事を読もう（ＮＩＥ）

2　題　材　新聞記事の音読

3　授業と題材（学習材）について

2紙の新聞（徳新・朝日）から、「児童といっしょに読んで意見を交換するのに適当な記事」を選んだ。適当なというのは、児童が興味を持ちそうなという意味でもあり、児童が読んで理解できそうなという意味でもある。指導者が記事を選び、教室で児童と一緒に音読し、記事の内容について感想・意見を交換する。できるだけたくさんの記事に触れさせる（児童に音読させる）ことで、②新聞記事を読む体験を多く持たせ、大人の新聞が読めるという自信と、新聞への興味をはぐくみたい。

5　本時の学習

（1）目　標

指導者が選んだ新聞記事（17）から、気に入った（好きな）記事を三つ選び、好きな順に番号を打ち、読みたい記事から順に音読する活動をとおして、以下の力を育てたい。

・（多くの記事を読むことをとおして）新聞・雑誌などを読む能力が増してくる　5年生～

・（読む活動、聞きながら感想・意見をまとめる活動をとおして）前後の意味から、わからない言葉の意味をとらえることができる　4年生～6年生

・（友達の音読を）要点をまとめながら聞き、必要によってはメモを取りながら聞くことができる　5年生～6年生

・聞きながら、自分の意見をまとめることができる　5年生～6年生（「国語能力チェック表」本書6～9P参照）

学習活動	指導上の留意点等
1　本時学習への見通しを持つ。「小中で習う漢字の一覧表」（資料1）を見る。	1　本日の学習の進め方を説明し、本時学習への構えをつくる。 ・大人の新聞を読むためには、中学卒業程度のリテラシーが必要だということを知らせ、中学卒業までに習う漢字の一覧表を配布し、小学校五年生が大人の新聞を音読する時には、（読めない漢字や知らない言葉が多く出るから）間違えるのがあたりまえと話し、音読で失敗することに対する不安を和らげる。　配布資料（小・中学校で習う漢字一覧）
2　配布された学習記録に記名、「新聞記事17編を載せた資料（資料2）」に目を通し、気に入った（音読したい）記事を、三つ選んで好きな順に番号をつける。	2　資料を配付、好きな記事を三つ選んで好きな順に①②③の番号をつけるように指示する。 ・3つを選ぶためにいくつかの記事を読むことを期待している。少なくとも写真を見、見出しを読むであろう。（7～8分） 配付資料（新聞記事の切り抜き集、手引き・学習記録）
3　選んだ記事を音読する。 ・学習記録の感想欄にメモをしながら記事の音読を聞く。	3　選んだ三つの記事から、一つを音読するように指示する。No.1～No.17（番号）を順に読み上げ、同じ記事を選んだ児童を起立させてその場でグループを作り、分担して記事を音読させる。 ・学習記録の感想欄にメモをしながら聞くように指示する。

4　記事の内容について感想・意見を発表しあう。	4　一つの記事を音読するごとに、指導者も交えて感想・意見を交換する。 ・意見が出にくいときには、指導者の意見（読み）を知らせる。
5　感想・意見を学習記録に書く。 ※　二つ目の記事を音読し、感想・意見を交換して、感想を書く。	5　一つの記事の音読、感想・意見の話し合いが終わったら、感想・意見を書かせる。その際、指導者は黒板に自分の感想・意見を書いて、「どうしても書けない人は先生の書いた感想を参考にしてください。そのまま写してもかまいません。」と知らせ、何も書けずに終わる児童を作らない。 ※No.2～No.17の記事で同様の活動を繰り返す。
6　学習記録の提出	6　チャイムが鳴ったら、学習記録を集めて授業を終わる。

資料1「小中学校で習う漢字一覧」

小学校で習う漢字 と 中学校で習う漢字 合わせて **1945** 字

【小学校で習う漢字】1006字 ※学年別に分類

1年生（計80字）
一右雨円王音下火花貝学気九休玉金空月犬見五口校左三山子
四糸字耳七車手十出女小上森人水正生青夕石赤千川先早草足
村大男竹中虫町天田土二日入年白八百文木本名目立力林六

2年生（計160字）
引羽雲園遠何科夏家歌画回会海絵外角楽活間丸岩顔汽記帰弓
牛魚京強教近兄形計元言原戸古午後語工公広交光考行高黄合
谷国黒今才細作算止市矢姉思紙寺自時室社弱首秋週春書少場
色食心新親図数西声星晴切雪船線前組走多太体台地池知茶昼
長鳥朝直通弟店点電刀冬当東答頭同道読内南肉馬売買麦半番
父風分聞米歩母方北毎妹万明鳴毛門夜野友用曜来里理話

3年生（計200字）
悪安暗医委意育員院飲運泳駅央横屋温化荷開界階寒感漢館岸
起期客究急級宮球去橋業曲局銀区苦具君係軽血決研県庫湖向
幸港号根祭皿仕死使始指歯詩次事持式実写者主守取酒受州拾
終習集住重宿所暑助昭消商章勝乗植申身神真深進世整昔全相
送想息速族他打対待代第題炭短談着注柱丁帳調追定庭笛鉄転
都度投豆島湯登等動童農波配倍箱畑発反坂板皮悲美鼻筆氷表
秒病品負部服福物平返勉放味命面問役薬由油有遊予羊洋葉陽
様落流旅両緑礼列練路和

4年生（計200字）
愛案以衣位囲胃印英栄塩億加果貨課芽改械害街各覚完官管関
観願希季紀喜旗器機議求泣救給挙漁共協鏡競極訓軍郡径型景
芸欠結建健験固功好候航康告差菜最材昨札刷殺察参産散残士
氏史司試児治辞失借種周祝順初松笑唱焼象照賞臣信成省清静
席積折節説浅戦選然争倉巣束側続卒孫帯隊達単置仲貯兆腸低
底停的典伝徒努灯堂働特得毒熱念敗梅博飯飛費必票標不夫付
府副粉兵別辺変便包法望牧末満未脈民無約勇要養浴利陸良料
量輪類令冷例歴連老労録

5年生（計185字）
圧移因永営衛易益液演応往桜恩可仮価河過賀快解格確額刊幹
慣眼基寄規技義逆久旧居許境均禁句群経潔件券険検限現減故
個護効厚耕鉱構興講混査再災妻採際在財罪雑酸賛支志枝師資
飼示似識質舎謝授修述術準序招承証条状常情織職制性政勢精
製税責績接設舌絶銭祖素総造像増則測属率損退貸態団断築張
提程適敵統銅導徳独任燃能破犯判版比肥非備俵評貧布婦富武
復複仏編弁保墓報豊防貿暴務夢迷綿輸余預容略留領

6年生（計181字）
異遺域宇映延沿我灰拡革閣割株干巻看簡危机揮貴疑吸供胸郷
勤筋系敬警劇激穴絹権憲源厳己呼誤后孝皇紅降鋼刻穀骨困砂
座済裁策冊蚕至私姿視詞誌磁射捨尺若樹収宗就衆従縦縮熟純
処署諸除将傷障城蒸針仁垂推寸盛聖誠宣専泉洗染善奏窓創装
層操蔵臓存尊宅担探誕段暖値宙忠著庁頂潮賃痛展討党糖届難
乳認納脳派拝背肺俳班晩否批秘腹奮並陛閉片補暮宝訪亡忘棒
枚幕密盟模訳郵優幼欲翌乱卵覧裏律臨朗論

【中学校で習う漢字】９３９字 （画数で分類）

1 乙
2 又 了
3 及 勺 丈 刃 凡 与
4 井 介 刈 凶 斤 幻 互 孔 升 冗 双 丹 弔 斗 屯 匹 乏 匁 厄
5 凹 且 甘 丘 巨 玄 巧 甲 込 囚 汁 召 斥 仙 占 奴 凸 尼 払 丙 矛
6 扱 芋 汚 汗 缶 企 吉 朽 叫 仰 刑 江 旨 芝 朱 舟 充 旬 巡 匠 尽 迅 壮 吐 弐 如 肌
伐 帆 妃 伏 忙 朴 妄 吏 劣
7 亜 壱 沖 戒 肝 含 岐 忌 却 狂 吟 迎 呉 坑 抗 攻 更 克 佐 伺 寿 秀 床 抄 肖 伸 辛
吹 杉 即 妥 択 沢 但 沈 呈 廷 尿 妊 忍 把 伯 抜 伴 尾 扶 芳 邦 坊 妨 没 妙 戻 抑
励
8 依 炎 押 欧 殴 佳 怪 拐 劾 岳 奇 祈 宜 拒 拠 享 況 屈 茎 肩 弦 拘 肯 昆 刺 祉 肢
侍 邪 叔 尚 昇 沼 炊 枢 姓 征 斉 析 拙 阻 卓 拓 抽 坪 抵 邸 泥 迭 到 突 杯 拍 泊
迫 彼 披 泌 苗 怖 附 侮 沸 併 奉 抱 泡 房 肪 奔 抹 岬 免 茂 盲 炉 枠
9 哀 威 為 姻 疫 卸 架 悔 皆 垣 括 冠 軌 虐 糾 峡 挟 狭 契 孤 弧 枯 侯 恒 洪 荒 郊
香 拷 恨 砕 咲 削 施 狩 臭 柔 俊 盾 叙 浄 侵 甚 帥 是 牲 窃 荘 促 俗 耐 怠 胎 胆
衷 挑 勅 珍 津 亭 貞 帝 訂 怒 逃 洞 峠 卑 赴 封 柄 胞 某 冒 盆 柳 幽 厘 郎
10 浦 悦 宴 翁 華 蚊 核 陥 既 飢 鬼 恐 恭 脅 桑 恵 倹 兼 剣 軒 娯 悟 貢 剛 唆 宰
栽 剤 索 桟 脂 疾 酌 殊 珠 准 殉 徐 宵 症 祥 称 辱 唇 娠 振 浸 陣 粋 衰 畝 逝 隻
扇 栓 租 捜 挿 泰 託 恥 致 畜 逐 秩 朕 逓 哲 途 倒 凍 唐 桃 透 胴 匿 悩 畔 般 疲
被 姫 浜 敏 浮 紛 捕 俸 倣 峰 砲 剖 紡 埋 眠 娘 耗 紋 竜 倫 涙 烈 恋 浪
11 尉 逸 陰 菓 涯 殻 郭 掛 喝 渇 乾 勘 患 貫 偽 菊 脚 虚 菌 偶 掘 啓 掲 渓 蛍 控
婚 紺 彩 斎 崎 惨 執 赦 斜 蛇 釈 寂 渋 淑 粛 庶 渉 紹 訟 剰 紳 酔 崇 据 惜 旋 措
粗 掃 曹 袋 逮 脱 淡 窒 彫 眺 陳 釣 偵 添 悼 盗 陶 豚 軟 猫 粘 婆 排 培 陪 舶 販
描 瓶 符 偏 崩 堀 麻 猛 唯 悠 庸 粒 隆 涼 猟 陵 累
12 握 偉 渦 詠 越 援 奥 喚 堪 換 敢 棺 款 閑 幾 棋 欺 喫 距 暁 琴 遇 隅 圏 堅 雇
御 慌 硬 絞 項 詐 傘 紫 滋 軸 湿 煮 循 掌 晶 焦 硝 粧 詔 畳 殖 診 尋 酢 遂 随 疎
訴 喪 葬 堕 惰 替 棚 弾 遅 超 塚 堤 渡 塔 搭 棟 痘 筒 鈍 廃 媒 蛮 扉 普 幅 雰 塀
遍 募 傍 帽 婿 愉 猶 裕 雄 揚 揺 絡 痢 硫 塁 裂 廊 惑 湾 腕
13 違 煙 猿 鉛 嫁 暇 禍 雅 塊 慨 該 較 隔 滑 褐 勧 寛 頑 棄 詰 愚 虞 靴 傾 携 継
傑 嫌 献 遣 誇 鼓 碁 溝 腰 債 催 歳 載 搾 嗣 雌 慈 愁 酬 奨 詳 飾 触 寝 慎 睡 跡
摂 践 禅 塑 僧 賊 滞 滝 嘆 痴 稚 蓄 腸 跳 艇 殿 塗 督 漠 鉢 搬 煩 頒 微 飽 滅 誉
溶 裸 雷 酪 虜 鈴 零 廉 楼 賄
14 維 稲 隠 寡 箇 概 駆 綱 酵 豪 酷 獄 魂 漆 遮 需 銃 塾 緒 彰 誓 銑 漸 遭 憎 駄
奪 端 嫡 徴 漬 摘 滴 寧 髪 罰 閥 碑 漂 腐 僕 墨 膜 慢 漫 銘 網 誘 踊 僚 暦 漏
15 慰 影 鋭 謁 閲 縁 稼 餓 潟 歓 監 緩 輝 儀 戯 窮 緊 勲 慶 撃 稿 撮 暫 賜 趣 潤
遵 衝 嘱 審 震 澄 請 潜 遷 槽 諾 鋳 駐 墜 締 徹 撤 踏 縄 輩 賠 範 盤 罷 賓 敷 膚
賦 舞 噴 墳 憤 幣 弊 舗 穂 褒 撲 摩 魅 黙 憂 窯 履 慮 寮 霊
16 緯 憶 穏 壊 懐 獲 憾 還 凝 薫 憩 賢 衡 墾 錯 諮 儒 獣 壌 嬢 錠 薪 錘 薦 濁 壇
篤 曇 濃 薄 縛 繁 避 壁 縫 膨 謀 磨 諭 融 擁 謡 頼 隣 隷 錬
17 嚇 轄 環 擬 犠 矯 謹 謙 購 懇 擦 爵 醜 償 礁 繊 鮮 燥 霜 濯 鍛 聴 謄 頻 翼 療
齢
18 穫 騎 襟 顕 鎖 瞬 繕 礎 騒 贈 懲 鎮 闘 藩 覆 癖 翻 繭 濫 糧
19 韻 繰 鶏 鯨 璽 髄 瀬 藻 覇 爆 譜 簿 霧 羅 離 麗
20 響 懸 鐘 醸 譲 籍 騰 欄
21 艦 顧 魔 躍 露
22 驚 襲
23 鑑

資料2　記事の要約と字数を示す。実際の授業では新聞記事をそのままコピーして使用した。

①「阿波ぶらり散歩」埋もれた鳥居、美馬市立見山 にある鳥居の紹介。10字×63行（徳新H20・12・8）
②美馬市のケアプラザ美馬で月下美人が一度に6輪咲いた。10字×24行（【ローカル線】徳新H20・10・23）
③「コンドル夫婦に初孫」とくしま動物園で16年ぶりに自然繁殖で初孫誕生。15字×24行（徳新H20・10・28）
④「チョコしょうゆ味」香川県の老舗醤油メーカーが醤油味のチョコ発売。15字×21行（日経H21・1・19）
⑤福島県、足ノ牧温泉駅の名誉駅長猫の「バス」が表彰された。13字×19行（【青鉛筆】朝日H20・12・14）
⑥和歌山県貴志駅のスーパー駅長ねこ「たま」にナイトの称号。22字×13行（【チャイム】産経H21・1・5）
⑦富山県以西の日本海で松葉ガニ漁が解禁になった。23字×10行（【チャイム】産経H20・11・7）
⑧「息子と大げんか私が感じたこと」息子友人のメールで仲直り。12字×26行（読者投稿／読売H20・11・8）
⑨福井県三国港で真っ白なズワイガニが水揚げされた。11字×22行（【青鉛筆】朝日H20・11・18）
⑩**「投扇興」優雅に　徳島城博物館で大会**　宮廷の新春行事が開催された。18字×18行（徳新H21・1・19）
⑪徳島県大山寺で百六十kgの餅を持って歩く「力もち」が開かれた。11字×13行（【窓】日経H21・1・19）
⑫百七歳の中国人女性が結婚相手を探している。14字×17行（【外電レーダー】徳新H21・1・15）
⑬「ブルーダイヤに22億円」ロンドンの宝石商過去最高額で落札。13字×20行（徳新H・20・12・12）
⑭音楽祭を「音がくさい」と書いた。12字×7行（【いわせてもらお】朝日beH20・11・22）
⑮「インフルエンザ希望の方は受付まで」の張り紙。12字×7行（【いわせてもらお】朝日beH20・11・22）
⑯滋賀県で鶏が重さ１５８グラムの卵を産んだ。11字×22行（【尾灯】徳新H20・10・9）
⑰「自分で本を読むのが大好き」七歳の小学生の投稿。11字×23行（読者投稿／産経H20・12・10）

（3）大人の新聞を音読する授業の実際

大人の新聞を教材にすることに対して、「小学五年生（四年生・六年生）の児童が大人の新聞の音読をする学習が成立するのか」と、心配する指導者は多い。それは、「習っていない漢字を使った教材を使用していいのか」という疑問から生じた心配である。小学校の国語教科書は、既習の学年配当漢字しか使われていない。それ以外の漢字を使うときにはルビを振っている。児童は、「この漢字は習っていない。」と配布した教材資料にある未習の漢字を目敏く見つけ、得意になって発言する。子どもたちからそんな発言があったときには、謝罪して、すぐさま配布した資料プリントを訂正していることが疑問の背景にある。小学校で児童が新聞を手に取って読もうとしないのは「大人の新聞には習っていない漢字や語句が混じっているから読めない」と決めつけていることも原因の一つであろう。授業で新聞記事を音読するときには小学生新聞を使うとか、大人の新聞を使うときには、あらかじめルビを振っておくという方法も考えられるが、私は、次の大村はま氏の意見を根拠に、新聞記事の音読を中心にした授業で、あえて大人の新聞から記事を選び、ルビを振らずに教材としている。

子どもというのは、「身の程知らずに伸びたい人」のことだと思うからです。いくつであっても伸びたくて伸びたくて……、（中略）伸びたいという精神においてはみな同じだと思うんです。一歩でも前進したくてたまらないんです。そして、力をつけたくて希望に燃えている、その塊が子どもなんです。（大村はま「教えるということ」筑摩書房）

大村はま氏の指摘どおり、私が接してきた子どもたちはほぼ例外なく、難しければ難しいほど、「やってみたい」という気持ちを持つ。自分にそのことを成し遂げるだけの能力や技術が備わっているかどうかを考えたりしない。何でもできそうに思っている。そして、大人から見ると「高いレベルに達してはいない」と思われる出来でも、すごいことを成し遂げた気分で、得意そうに、胸を張る。「新しいこと、難しくてできそうにないこと」

に出会うと、「やってみたくなる。」のが子どもだ。子どもは、何でもできそうな気がして、無鉄砲にチャレンジするものだ。その気持ちを膨らませて、新聞記事の音読という学習に向かう意欲に導けばよい。そう考えて、授業の中心に大人の新聞の音読を置いた。

授業の最初に「今日は大人の新聞を音読する」と知らせ「大人の新聞は何歳の人に向けて書かれているか」と問う。「大人＝成人」と連想するのか、「二〇歳」「一八歳」と答える児童が多い。それを受けて「中学校卒業した人、一五歳の人を想定して書かれています。だから、中学校卒業までに習う漢字、千九百四十五字が使われています。」と話し、一覧にしたプリント（資料1）を配布して、自分の目で確かめさせる。その後、「こんなにたくさんの習ってない漢字を使った大人の新聞ですから、小学五年生が読めないのは当たり前です。だから、音読の途中、読めない漢字が出てきたら、私が教えます。安心してください。」と話す。

授業の中で児童が読めない時には、漢字や熟語の読みを指導者が教える。すると、たった一度教えただけなのに、自分に音読の順番が回ってきたときには、たいていの児童が詰まらずにその漢字を読む。初めて出会った漢字を、たった一度、指導者が読んだだけで、クラスのほとんどの児童が読めるようになるのである。佐藤学氏がそのことに関わって次のように書いている。

「学力」は基礎から上に積み上げて形成されるのではなく、逆に上から引き上げられて形成されていくのです。教育心理学を学んだ人はヴィゴツキーの「発達の最近接領域」と「内化」の理論を思い出していただければ、この意味が明瞭に理解できるでしょう。「学力」を形成するためには、自分のわかる（できる）レベルにもどって積み上げてゆくのではなく、自分のわからない（できない）レベルの事柄を教師や仲間とのコミュニケーションをとおして模倣し、それを自分の中に「内化」することが必要です。

「学び」において必要なことは、わからない（できない）ときに階段を降りて下から昇りなおすのではなく、仲間や教師の援助によってわかる（できる）方法を模倣し、自分のものにすることが大事です。学びには〈背伸び〉と〈ジャンプ〉が必要なのです。

（佐藤学「学力を問い直す――学びのカリキュラムへ――」岩波ブックレットNo.548、四五頁）

佐藤氏の言う「背伸びとジャンプ」とは、大村はま氏のいう「身の程知らずに伸びたがる」という児童のチャレンジ精神をかき立てる難しい教材を用意することで、学習の基底である発動的態度を生じさせることと考えてよい。

児童の強い必要感に支えられた「難しい大人の新聞を音読する」活動に児童は研ぎ澄まされた集中力を持って臨む。だから、一度だけ聞いた指導者の読みを「まねる」ことで初めて出会う漢字が読めるようになるのである。

授業で習っていない漢字を知っており、先生の読みをまねることが加わって、一度もつまらずに記事を音読し終える児童が、一時間に三～四名は必ず出てくる。そのときには、自然に拍手がわき起こる。とてもすばらしいことを成し遂げた友への賞賛の拍手である。拍手からは「（自分にもできそうだ）あとに続くぞ」という自信と、「自分もつまらずに読むぞ」という意欲を感じる。

積み重ねれば、漢字を読む力が伸び、語彙が増え、前後の意味からわからない言葉の意味をとらえる力が伸びてくる。

テストのカンニングをイメージするのだろうか、「人まねでなく自力でやり遂げるのでなければ力がついたとは言えない」と考える指導者がいる。けれど、たとえば、指導者がマット運動で「こういうふうにやるのだ」と児童が知らない技をやって見せた時、すぐにまねられるなら、その児童には必要な能力が備わっていると考えられる。児童が、初めて出会う漢字を教師をまねて読むことができるのは、その児童に必要な能力が備わっているからである。「人が読んだのを聞いてまねたのだから値打ちはない。」という低い評価は当たらない。大人の新聞の音読という授業で児童が力をつけている事実をきちんと受け止め、背伸びとジャンプのある学習・教師や友人をまねることで身につけていく学習を積極的に取り入れるべきである。

授業では、一時間の学習で、指導者が用意した記事の全てを音読することはできない。用意する記事の数が多いこと、大人の新聞記事を読む経験が少ないことなどが原因と考えられる。記事を多めに用意したのは、児童の選択の幅を広げることで、学習に豊かさと選ぶ楽しさをもたらすためである。クラスで新聞記事を音読する授業では記事の新鮮さが児童の音読への興味を左右すると考え、その時間に読めなかった記事を次の授業で扱うことはしていない。授業中に読むことができなかった記事は、各自、自分の学習記録を綴じる紙ファイルに綴じている。授業で音読する記事よりもファイルにとじられる記事の方が多い。

次の時間に、「この前に読むことはできなかったけれど、前のプリントには○○という面白い記事があった」と、話すと、多くの児童が話に乗ってきた。授業後に読んでいたのである。指導者は、記事の長さや、語彙の難しさ、内容の難しさに配慮し、一人一人の児童の顔を思い浮かべながら記事を選んでいる。そのことが、授業の後に読むという行為につながり、目標「多くの記事を読む」ことが達成されたと言える。多く読めば、それだけ読み慣れ、大人の新聞を読むことへの抵抗感が減少することが期待できる。児童は読み物としての新聞記事を集めた副読本を手にすることになり、自分の教室にだけ存在する副読本が授業を重ねるごとに分厚くなっていくのを楽しむようになる。

（4）実施にあたって留意すること

大人の新聞記事を音読する授業を公開すると、参観した先生の中に、「こんなにすらすら音読できるなら、自分の力で記事を探してくることも出来る。毎日交代で一人ずつ、朝の会で自分が見つけてきた記事を紹介させるといい（指導者の手間が省けて効果も大きい。一石二鳥だ）。」と、発言する人が必ず出る。授業中にすらすら音読できるのは、まねる対象があるから、教師や仲間の援助があるからだということに気づかないことが原因である。もしも、家庭で家族の援助が得られなければ、児童が、読めない漢字や意味の分からない語句も多い大人の新聞の、たくさんの記事の中からクラスの朝の会で発表するための記事を選ぶことは、とても難しい。できない児童がほとんどであろう。そんな児童は、間違いなく新聞が嫌いになるから、新聞に親しませるはずの指導がクラスの中に新聞嫌いの児童をつくる指導になる。

自文の力だけで記事を選ぶことのできる児童、記事選びに家族の援助がある児童ばかりではない。最近は新聞を取っていない家庭も多い。全員に強制（宿題にする）するのはそんな状況を無視している。自分の家が新聞を取っていない児童は、「家で新聞を読んで朝の会で発表する記事を選ぶ」という宿題が出た時に、「うちは新聞を取っていないのでできません。」と級友の前で担任に言えるだろうか。国が、高価な教科書を全ての子どもに無償で配布しているのは、そんなつらい思いをする児童を一人も出さないためである。家庭の事情でできないことが分かっている宿題を出してはいけない。すべての児童が同じ条件で学習に参加できるということを学校は守らなくてはならない。

新聞記事の音読の授業は、仲間と教師の援助がある教室で、（原則として）教師が選んだ新聞記事を教材にして実施しなくてはならない。教室で行われるから、新聞を取っていない家庭の児童、家庭で家族の援助がない児童を含む全ての児童が、平等に、同じ条件で学習に参加できる。そこで力をつけ、「大人の新聞が読める」と自信を持たせることで、新聞を手にして読もうとする児童。新聞に親しむ児童を育てるという小学校のNIEの目標がよりよく達成できると考えている。

イ　優先座席の投書を手がかりに意見を育てる

(1) 授業構想

児童の持つ知識や経験で理解できる新聞記事のうちから、自分も意見を言ってみたくなるような内容のものを選んで読み、話し合う活動をとおして、児童に意見を持たせることを目標に、次の指導案と教材、学習記録用紙をつかって実践した。

国語科学習指導案

平成19年11月22日（木）⑤（牛島小5年　児童（男子8名女子10名　計18名））

指導者　上田　正純

題　材　産経新聞の記事「優先座席復活　H19・10・18」　（全1時間）

単元設定の意図

この学年では昨年度からNIE（教育に新聞を）を実践している。目標は、新聞記事を読む活動を通して、新聞に親しむ児童を育てることである。そして、「興味のある話題については複数の新聞の記事を読みくらべようとする」態度へと自然に発展するように、記事の音読では、できるだけ同じ出来事を扱った記事を数紙から選んで提示することを心がけている。

また、新聞記事を扱った一連の学習をとおして、「ことばへの関心を高め、ことばを豊かにし、ことばへの感覚を磨くことができる」と考えている。

方法としては、新聞を毎日自由に読めるような環境を整えること、そして、指導者が児童が興味を持って読み、そこから何か新しい事を知った・気づいた喜びを得られるような記事を選んで一緒に読むことの二つを柱にしている。

本単元は、指導者が準備した新聞記事と詩を音読し、内容をとらえた上で、感想を述べ合う学習である。今までに三度、同じ形式の学習を実施しているが、この形態の学習を通して、新聞に親しむ態度を育てるとともに、以下の力をつけることができると考えている。

・新聞・雑誌などを読む能力が増してくる　5年生～
・文意を読みとることができる　3年生～5年生
・前後の意味から、わからない言葉の意味をとらえることができる　4年生～6年生
・語彙が増大してくる　5年生～6年生
・理由や根拠を上げて、自分の意見を述べることができる　4年生～6年生

【国語能力チェック表】（本書6～9p）より

本時の学習

・新聞記事「優先座席阪急復活」と、それに関わる読者の投稿、さらに詩「夕焼け（吉野弘）」を音読し、捉えた内容について意見・感想を述べ合い、書く活動をとおして、感想・意見を持つ力を伸ばすとともに、以下の力を身につけさせたい。
・新聞・雑誌などを読む能力が増してくる
・文意を読みとることができる
・前後の意味から、わからない言葉の意味をとらえることができる

・理由や根拠を上げて、自分の意見を述べることができる

学習活動	指導上の留意点等
1 「優先座席阪急復活」（産経新聞平成19年・10・18／資料1）を音読する。	・交替で音読させる。 読めない言葉は指導者が教える。その折に、新聞を読むには中学校卒業程度のリテラシーが必要だから、5年生に読めない字やわからない言葉があるのは当然だということを繰り返し話し、劣等感を持たせることのないように留意する。
2 記事にあるわかりにくい言葉について質問する。	2 優先……ほかのものより先にすること 撤廃……いままでやってきたことをやめる 定着……ある新たな状況がしっかり根をおろす 性善説……性悪説　人が持って生まれた性は　善ｏｒ悪 挫折……目的をもってやって来たことが途中でだめになること、くじけ折れること。 実施……実際に施行すること 設置……ある目的に役立てるため、機関・設備などをこしらえること 独自……他と違いそれだけに特有であること 規模……物事が持つしくみの大きさ 縮小……小さく縮めること 原則……特別な場合を除き、一般に適用される根本的な法則 名称……なまえ

3　優先座席を復活することに対して、自分の感想や意見を発表しあう。
（4人グループ・机を移動）

対象……相手

風潮……世間の移り変わりにつれて動いていく時代の傾向……ある方向・態度に傾くこと

復活……死んだ人が生き返ること

要望……実現を求め期待すること。これこれのことをして欲しいと望むこと

賛同……賛成し同意すること

等の言葉（漢語）が読めない、（知らない）意味が分からないことが予想される。そのときは、読み方とともに簡単に意味を知らせ、記事の内容を、できるだけ理解できるよう支援する。

3　「阪急電車ではどうして優先席を設けていなかったのか」を確認し、優先席を復活すれば、「ハンディキャップのある人たちに席をゆずる」という目的は達成できるだろうかと問いかけ、優先席を設ければ、目的は達成できる。または今よりはましになる。という意見と、優先席を設けても状況に大して変化はない。それよりも優先席を設けず、人の善意に期待して、全席が優先座席という方針を貫くべきだ。という意見に分けてみる。挙手で確かめる。手引きに記入させ、立場（意見）をはっきりさせて話し合いに向かわせる。

「みなさんは、優先席がない電車でも席を譲りますか?」

「それとも優先席がなければ席を譲りませんか?」

挙手で確かめた後、四人グループでそれぞれの意見を発表しあう。できれば

	理由をつけるように指示する。
4　読者の投稿2編（資料2　産経新聞「談話室」平成19年10月24日、平成19年10月10日）を読み、投稿者が優先座席設置に反対か賛成かを考える。	4　班で音読し、読み終わったら、「学習記録」（資料3）に賛同するか否かの意見をメモするよう指示する。
5　詩「夕焼け」（吉野弘）を音読し、作者は優先座席に賛同するかどうかを考え話し合う。（一斉授業の形態に机を移動）	5　この詩の作者は優先座席設置に賛同するか否かを問う。
6　学習記録の氏名を確認して提出する	6　氏名を確認しながら「学習記録」を集める。

資料1　「産経新聞　平成十九年十月十八日」の要約、学習には新聞記事をそのままコピーして使った。

優先座席　阪急復活　八年半ぶり　「全席譲り合う」理想　モラル低下に勝てず

阪急電車では、昭和50年秋から旧国鉄、大阪市営地下鉄とともに優先座席を導入していたが、「優先座席以外では席を譲る必要がない」という風潮が広がることを懸念し、「全席を優先座席と考えるべきだ」という理想を掲げて平成11年4月に優先座席撤廃に踏み切った。だが、「自分以外の誰かが譲るはずだ」と考えて席を譲らない雰囲気や「有料でもいいから優先座席を設けてほしい」という意見が届くといった現実があり、八年ぶりに優先座席を復活させることになった。そのことに対して利用客からは、「全席優先はよい考えなのに残念」「困っている人に席を譲るのは昔からの常識。全席優先のスローガンが必要なだけでも道徳心の低下を感じるのに、それすら守られないとは」「全席優先は利用者を信じる良い考え方だと思っていたので残念。一人ひとりに、席を譲ろうとする心がけが足りないのでは」といった優先座席撤廃を残念がる意見や「満員電車では優先座席があった方がいい」「満員電車では優先席があった方がこちらから頼みやすい雰囲気になると思う（右足骨折・松葉杖で通学している短大生）」といった優先座席復活を支持する意見がある。

資料2　産経新聞「談話室」によせられた投書の要約、学習には新聞記事をそのままコピーして使った。

①　優先座席の実効性には疑問　　平成一九年十月二四日　大阪府泉大津市　藤原清　六八歳

阪急電車以外の電車が優先座席を設けているが、実際に効果をあげているとは思えない。全席を優先座席と考え、障害者や高齢者には進んで席を譲るという気持ちを持つことが大切だ。座席に座るときにはお互いに詰め合い、一人でも多くの人が座れるようにするなど、互いに譲り合う気持ちを持つことが大切だ。

②　割り込み女性の目的に唖然　　平成一九年一〇月一〇日　大阪市住吉区　森玲子　七五歳

膝の治療を終えて帰宅のために列の先頭で電車を待っていると、並んでいる人を無理やりすり抜けた若い女性が空いていた優先座席に座り長い時間化粧をしていた。人前で化粧をするのは同じ女性として恥ずかしく思う。八月の世界陸上では外国人男性が席を譲ってくれた。日本人のモラルの低下にがっかりしている。

月　日　五年・氏名（　）

優先座席　阪急復活・勃発

・目的（高齢者や障害者妊婦乳幼児）に席を譲る

優先座席設置に・賛同する　・賛同しない（不賛同）

（理由）

高れい者は立するのが大変なので、優先座席

かと思います。あとの人の、障害者に妊婦にも乳幼児を作らな

康な人なら変わらないだかがその人たち　絶見にも健

優先座席の実行性には疑問」・賛同・不賛同

〈感想〉

割り込み女性の目的に啞然」・賛同・不賛同

〈感想〉

「　」の娘は

「優先座席設置について」どう考えているでしょうか。

賛同　不賛同

月　日　五年・氏名（　）

優先座席　阪急復活

目的（高れい者　障害者妊婦）に席を譲る

優先座席設置に・賛同する　・賛同しない（不賛同）

（理由）私は優先座席設置に賛同だ。なぜなら、このままだと、わかい人ばっかりいいようになって、お年よりなどは、いやな気持ちのままだから。

優先座席の実行性には疑問」・賛同・不賛同

〈感想〉私も同じ考えだ。

割り込み女性の目的に啞然」・賛同・不賛同

〈感想〉？

「　」の娘は

「優先座席設置について」どう考えているでしょうか。

賛同　不賛同

授業では、教材とした記事①「優先座席阪急復活」を音読し、わかりにくい言葉を説明したあと、班で話し合いを持った。話し合いのあと、自分の感想・意見を学習記録に記入した。続いて、読者投稿を音読し、同じように班で話し合いを持った。「発表したい」意見を持った児童の挙手もあったが、時間が足りなかったために、あまり取り上げることができなかった。読者投稿の二つ目は「読んでおくように」と指示し、詩「ゆうやけ・吉野弘」の音読に入った。音読を終えたところでチャイムが鳴ったため、学習記録（資料3）を集めて、授業を終えた。当日は校内研修・授業研究会（指導講師として、元鳴門教育大学大学院教授橋本暢夫先生が参加）であり、授業参観後、次のような話し合いが持たれた。

（2）授業研究会

○授業説明（授業者）

新聞ってこんなことが書いてあるのかと、児童が新たな発見をすることを期待して、子どもたちが興味を持って読みそうな記事を指導者が選んでプリントし、資料テクストとして提示する形で二ヶ月、ＮＩＥの授業を進めてきた。記事を選ぶ観点として、政治的なもの、殺人、経済といった、児童の知識や経験では理解することが難しい内容のものや暗い内容のものは避けている。明るい記事を扱って、「児童に「へえーっ」という発見や知った喜びを味わわせたい」と考えてえらんでいる。二ヶ月間毎日六紙に目を通し、教材となる記事を選んでいるが、私自身も次第に落ち着いて（六紙の新聞を）読めるようになった。一番得をしているのは私自身だと思う。

六紙を読めば、一つの事件・出来事を様々な方向から見て多面的・立体的にとらえることで真実に近づくことができる。児童にもそんな体験をさせることで、興味のある題材は、複数の新聞を比べて読む態度を育てたいと考えている。六紙の新聞記事を比べて読む活動は、なかなか体験できないから、児童には新鮮であり、新聞に興味を持たせる――新聞に親しむ――ことにも役立つと考えている。

新聞を読むと、語彙が豊かになる。そして言葉に対する感覚が磨かれるし、ことばへの関心が高まる。また、新聞記事の音読は、前後の意味から、その言葉の意味をとらえる力を鍛える学習である。これらの力は、一時間やったからそれですぐに身につくとは思わないが、新聞を使った学習では、いつも新しい教材と出会わせることができるのは確かである。積み重ねるうちに自然と身に付くことが期待できる。

理由や根拠をあげて、考える力をつけるにはNIEは最適。話す・聞く・読む力をつける機会も多くある。

今日の授業では、記事の内容を読み、意見を持たせることを中心にした。児童の知らない語句は指導者の分かる範囲で説明した。読み（音読）も昨年（四年生時）に比べて、ずいぶんうまくなってきた。難しい言葉もよほど読めるようになっている。最初の頃は（難しい漢字を含む記事を）スムーズに音読できた児童には（読み終わると同時に）拍手が起きていた。ハードルが高いことがチャレンジ精神をかき立てるのだろう、みなが意欲的であり、精一杯学習に取り組んでいる。

今日は、時間配分が難しかったが、人の意見を読んだり聞いたりして、それに対して意見を言ったり書いたりすることができた。

参加者　・「新聞から見つけた世界で活躍する人」の切り抜きをしたと聞いたが、それについて詳しく教えてほしい。

授業者　・世界で活躍する日本人百人という特集のニューズウイークを見せたところ、児童が非常に興味を持ったので、「新聞から見つけた世界で活躍する人」を一〇〇人集めようと持ちかけたところ賛同を得たので実施した。「人」欄の記事を切り抜くことから始めた。六紙六〇日分から切り抜いた記事は百をこえた。記事で紹介された人がどんな人かを読み取り、短い紹介文を書く活動といえる。記事の要約と自分の意見・感想をからめた文を書く力を練る場となっている。一〇〇人分の紹介文ができたら印刷・製本して（児童に）配布する。

参加者

・指導案に「能力表／昭和26年版国語科学習指導要領試案〈文部省〉」をいつも入れているが、その理由を教えてほしい。

授業者

・一口に読む力といっても、その中にもいろいろな要素力がある。学年の発達段階に応じて、その要素が並べられているのが能力表である。先生方がこれを十分把握して、それぞれの要素力を付けるよう指導していけば学力も向上していく。指導していない要素力は抜けて（身についていないので）その要素力を必要とする課題には対応できない。だから能力表を「チェック表」として活用し、指導できていない項目を見つけたら、その要素力を身に付けさせるための教材を持ってきて授業を構想・実施する取り組みを、指導者が気づいた所から始めてほしい。

参加者

・学習指導要領は、一〇年ごとに改正されるが、十分でないと考えられているのか。

授業者

・能力表は、近頃の学習指導要領には載っていない。文部科学省に問い合わせると、「前に一度載せているから載せない」と答えたと聞いている。今の指導要領には、記載されていない大切な力がいくつかある。能力表でチェックして教えたけれど、十分に（児童の）身につかなかったからできないというのと、そんな要素力があることを知らないから教えていない（だからできない）のとは違う。

講師

・学習指導要領は、薄くなってきた。たくさん載せていると、教科書も厚くなる。薄くするために、能力表が消えていった。三つの力が大切である。まず、正確に読めなければいけない。二つ目は、段落の要点がとらえられなくてはいけない。三つ目は、再構成する力がいる。どこをとってきて要約すればよいかが分かる力を鍛えなければいけない。そこが今の指導要領から抜けているから力がつかない。二十六年度版の能力表を参考にして、各学年で何ができなければいけないかチェックしておくことは大切である。

参加者
・新聞記事を読んで、賛同、非賛同を出させたのは、なぜか。

授業者
・記事の内容を読み取らせるというのがねらいである。中身を理解していなければ賛同か非賛同かは答えられない。

参加者
・指導案の二〜四を先生自身は、この記事を読んで子どもにどうとらえさせたかったのか。

授業者
・これに関連した記事はたくさんあったが、偏ったもの等、内容によっては省いたものもある。一つでなく、いろんな考えにふれさせたかった。

講　師
・一〇年前に授業者の実践を見たときには、物語教材の習っていない漢字には全てルビを打って（本を一冊全部ワープロで打って）教材を作っていたが、今日は、新聞記事の難しい漢字にルビを打った教材文に変えていなかったのは（一〇年前の実践が四年生だったのに対して）今日の学習者が五年生だという理由か？

授業者
・全部ルビをふる方法も考えたが、読めない漢字を読めた時のうれしさを味わわせたいという考えを優先して、新聞記事をそのまま提示した。

講　師
・一つの新聞だけを読んでいる人は、型にはまっているので他社の新聞は読みにくい。いろんな新聞を読み比べてみれば新鮮さがある。例えば、数字だけをとらえていけば、会社によってそれぞれ率の出し方が違う。こういうふうにしていけば、見えてくるものがあるんだと分かる。指導案も分かりやすい。新聞を使うと、いろんなことができることが分かった。自分の考えと違った記事が出ていたので、新聞の記事を鵜呑みにしてはいけないと考えたと思う。（同じ物事について書いた）いろいろな記事を比べてみて、違いを考えることで意欲を持って考えたいという授業に持っていける。

話し合いの場面では、その立場に立って意見が言えていた。書き出しなどの手だてを与えていけばスムーズに書け、賛同するかしないかを決めることで、意欲を持って学習に取り組んだ。あんなふうに意見を出させるような指導があったら（参観している先生方の）参考になる。

授業者

・切り抜いた物を一緒に読む。切り抜いた記事に番号をつけてプリントして配るだけ。読みたい順に番号を書くように指示し、①から順に、一つずつ、一番読みたい記事に選んだ児童に手を挙げさせ、手を挙げた児童全員を起立させて、分担して一つの記事を音読させる。そして、感想を書かせることを続けているうちに、短い記事に手を挙げる児童が少なくなってきた。短い記事の音読では（数名の児童で分担すると一人の分担はとても少ないので）達成感が得られないからだと思う。（大人用の新聞を読むには中学卒業程度のリテラシーが必要だから）読めなくてもよい。読めたらすごいと言っているので、どんどんチャレンジし、成長している。新聞を音読することが児童にとっては「背伸びとジャンプ」のある学習活動であり、達成したいめあてとなっている。

講　師

・読むことで授業が成立していた。「夕焼け」という詩は、次の時間にまわしてもよかったと思う。

授業者

・始めこの題材を扱おうと思いついたときから「夕焼け」の詩を一緒に読もうと決めていたので、その考えにとらわれた。子どもたちの実態をもっと深く知っていれば、いろんな方法が考えられたと思う。

講　師

・子どもたちは熱心に新聞記事を読む活動をしていた。授業者は、新聞記事を読み取らせることをねらっていたと思っていた。読み取った記事に対して自分の意見・感想を持ち、発表しようとした児童がいた。発表する時間がなかった。後の詩によって、記事の読み取りで自分の中に生じた考えを変える子もいたのではないか。「夕焼け」の詩を読むとやさしい心が養われる。暗い話を出すのではなく、明るい話を出し、心を育てることが大切。新聞に親しませることも含め、読書生活を続けていく子どもにしていく必要がある。

五年生の学級は雰囲気がよく、言葉の説明を聞いていても、誰の意見も受けいられる。能力的に高い学級だから新聞から、新しい情報をどんどん吸収し、発表したい意見・感想を持つことができている。これだけの教材と学習内容をこの一時間で終えるのは、もったいない。

普通に授業をしている教師は、教科書教材を指導していく中で能力表を活用することは、なかなかできていないのが現実である。各学校でも（能力表を）作成していると思うが（活用するには）無理があるのが現状だ。教科書が変わっても指導要領が変わっても付けなくてはならない力を明らかにし、チェックしていく能力表を作って常に活用しているのはとてもよい。

ルビについては、ルビを打ってない新聞記事を最初に出して、ルビをふったものを後から出すといった方法はどうだろう。

授業者

・ルビをつけた新聞記事を扱う授業も構想していきたい。

講師

・最後までくいついて学んでいる。積み上げてきたことが生きている。少し背伸びした所にめあてをおくのは大切なこと。大人の新聞では語句の抵抗が大きくて内容の理解がむずかしい子も、子ども新聞を使うことで学習に参加できる。全国学力テストでも、読む力がとても重視されている。今後ＮＩＥをどう生かしていくのかが課題である。

（3）授業と研究会を振り返って

優先座席復活の記事は、児童の経験や知識で十分に理解できるし、復活に反対が正しくて賛成が悪いといったふうにどちらか一つに決められる問題ではないからどの児童も自分の意見を持ちやすいと考えた。多くの児童が「優先座席があったほうがいい」という意見になった。それは、「なかなか席を譲れないかもしれない」という優しいがおとなしい児童の性質から出たものであり、問題を自分に引きつけて考えていることの表れであろう。

誰かの意見に対して意見を言うことは自分のオリジナルの理由をつけた意見を言うことよりよほど易しい。児童が学習記録にメモした意見につけた理由は、新聞記事に書いてある理由の中から自分が選び取ったものであった。他の人の意見を読むことで感想・意見が持てたと言ってよい。その考えにゆさぶりをかけるために、児童の意見と同じ優先座席復活に賛同する意見と、スッと立って席を譲ってくれた外国人の例をあげて、優先座席がなくても席を譲るような人間になるべきだとする意見の読者投稿記事を読んだ。児童に感想・意見を発表させる計画であったが、時間の都合で実施を見合わせた。

読者投稿に、降車の人を待つ列をすりぬけて優先座席に座り化粧をしている娘さんの記述がある。席を譲らない人はみんな、「お年寄り、障害のある人、妊婦さんには席をゆずらなくてはいけない」とは考えない自分勝手な人だ。という決めつけが間違いではないか……と考えさせ、物事を表面的にとらえてはいけないと知らせることをねらって、「夕焼け」（吉野弘）の詩を用意していたが、時間が足りなくて音読するだけで終わった。

授業研究会での橋本先生のご指摘のとおり、学習活動を欲張りすぎた。二時間扱いにして、この時間には児童の意見を交換する時間を十分に確保し、次の時間に、優先座席で化粧をした女性のことを書いた読者投稿記事を読み、席を譲らない人はみんな自分勝手で、思いやりのない人ばかりなのだろうか……を考え話し合った後、「夕焼け」を読み、再び話し合う授業を実施すればよかったと考えている。

ウ　同じ出来事について複数の新聞を読み比べる

一週間ほど前（一一月一七日）から「崖っぷち犬」がテレビで話題になっている。一一月二二日（水）の救出劇は全国放送のニュースで大々的に取り上げられ、日本中がちょっとした崖っぷち犬ブームになった。地元徳島での事件ということで児童の関心の高さは格別である。一一月二三日（木）の新聞では、各紙が競って「救出劇」を伝えていた。

複数の新聞社の記事を読み比べる学習の好機ととらえ、一一月二七日（月）、次の指導案（資料1）、新聞記事のスクラップ（資料2）、学習記録（資料3）、学習の手引き（資料4）を用いて、新聞記事を読み比べる授業を実践した。

資料1　「学習指導案」

国語科学習指導案

平成18年11月27日（月）②（牛島小4年　児童（男子10名女子8名　計18名））

指導者　上田　正純

題　材　NIE「がけで立ち往生する犬を救出する新聞記事H18．11．23（6紙）」

本時の目標

・六紙の「犬の救出」の記事を読み比べる活動を通して言葉への関心を高め、語彙を豊かにし、言葉への感覚を磨く。

あわせて、複数の記事を読み合わせることで、真実のかけらが浮かび上がるという読み方を体験させたい。

この活動をとおして身に付く力としては、

○前後の意味から、わからない言葉の意味をとらえることができる　4〜6
○一つの言葉の色々な意味について、考えることができる　4〜6
○言葉の構造とか意味について、一段と強い興味ができてくる　3〜6
○新聞や雑誌を楽しんで読むことができる　4

【国語能力チェック表】（本書6〜9p）より

学習活動	指導上の留意点等
1　本字学習への構えを持つ。	1　導入：本日の新聞6紙を黒板に掲示することで、本時学習（新聞記事を読む）への構えを作る。
2　犬の写真を見て、何をしているところかを考える。（跳んでいるのか、落ちたのか）	2　犬の写真（飛び降りている）の新聞記事からのコピーを配布、「何をしているところか」を問う。 飛び降りた。 落ちた。 どうして……と聞き、「促す」という言葉を知らせる。 ※主語と述語を意識させる。
3　班で、新聞記事を読む時間をとる。	3　新聞六紙から、救出された犬の記事を見せる。 班に分かれる。しばらく間をおく。読む時間を確保。「落ちたと書いてある新聞と飛び降りたと書いてある新聞に分ける。」
4　見出しを読み上げる。	4　見出しを比べる。話し合わせる。

	出来事を、読み手を引きつけるような短いことばで表す。要点をつかむ。といった観点で比べさせるように導く。 「気にいった見出しがありますか?」と問い、3～4人に発表させる。 ※感想を入れられるように導く
5　見ていた人の様子を表現する言葉を見つけて発表する。	5　児童から発表のあった言葉を板書する。 「見守る。」 「歓声」があがる。　拍手と歓声につつまれる。 悲鳴が「歓声」に変わる。
6　見ていた人の様子を詳しく表した記事を読む。	6　その他の記事を紹介する。
7　名前を確認して学習記録を提出する。	7　学習記録を集める。

資料２　新聞記事のスクラップ

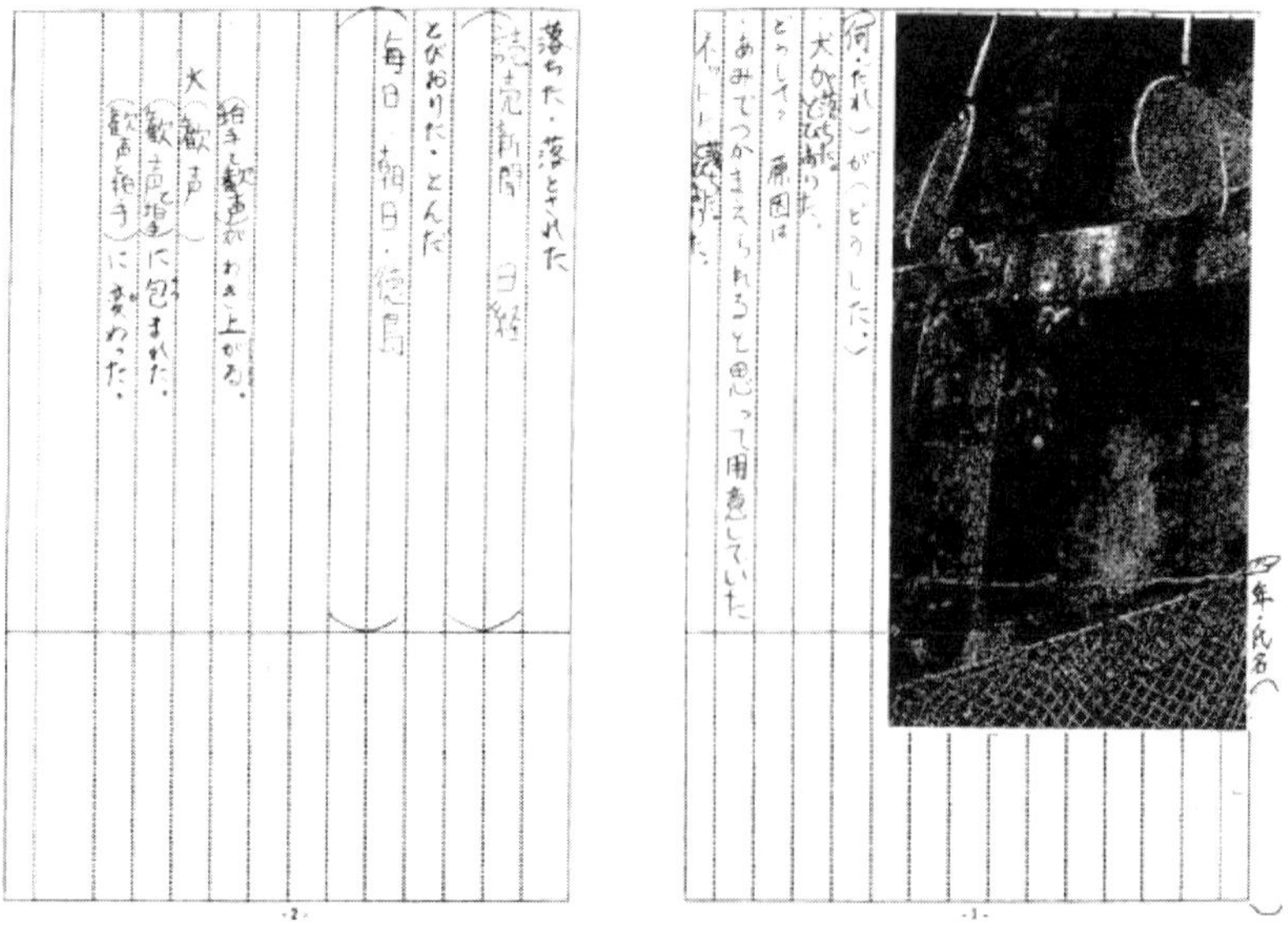

資料３　学習記録

資料4　学習の手引き

十一月二十七日（月曜日）牛島小学校第4学年　氏名（　　　　　　　　　）

崖っぷち犬の記事を読み比べよう！　学習の手引き

見出し

（　日経　）―

「やっと助かったワン」（読売）

「50メートル助かったワン」（産経）

その名はがけっポチ？「命拾い」（毎日）

助かったワン！（徳島　夕刊）

がけぷちダイブ（朝日）

ワンワン大作戦（朝日）　延べ11時間「犬命　拍手で幕」

みんなの思いが救った　小さな命（毎日）

救出成功　孤立の犬（徳島）

犬はどうした

網を伸ばすと、犬はにげようとしたが、張っていたネットの上へ**無事ストン**。（日経）

両側から挟むように網を使って犬を追い出し、ネットの中に落として救出した（産経）

網を差し出すと、用意した安全ネット上に落ちた。（読売）
犬のいる枠の下に転落防止用ネットをとりつけた後、促してネットに飛び降りさせた（毎日）
直径１メートルの網２本で犬を挟んだ。犬は腹をくくったのか、ネットを見つめるとエイッと飛び降りた。
（毎日）
上から救助隊員が網を差し出すと、犬は驚いたように飛び降りたが、ネットの中に入り（徳島）
飛び降りるように棒で促す作戦。（朝日）
隊員が網付きの棒を近づけたところ、犬はネットに飛び降りて無事保護された。（朝日）
レスキュー隊員に促され、すぐ下に設置された保護用のネットに飛び込む犬（朝日：写真）
消防隊員が網を差し出すと、ネットに落ちて助けられた犬（読売：写真）

見ていた人

心配そうに（〇〇って）いた　住民ら約２００人はほっとした様子。（日経）
――（産経）
朝から近隣の住民ら約１５０名が詰めかけ、犬の無事を祈りながら作業を（〇〇った）。（毎日）
心配そうに（〇〇って）いた住民（徳島）
息をのんで（〇〇る）人々。（朝日）
約２００人が集まり、ハラハラした表情で作業を（〇〇った）（朝日）
「危ない」―犬が飛び降りた瞬間、（〇〇って）いた人たちが発した大きな（①）は、次の瞬間、大きな（②）にかわった。（朝日）

徳島市加茂名町の眉山の山裾での延べ11時間にわたる救出劇は（③）で幕を閉じた。（朝日）
集まった人たち約200人から（③）と（②）がわき上がった。（朝日）
ネットの中に犬が入ると「よくやった」と大（②）。（徳島）
レスキュー隊員に促された犬が転落防止用ネットに転がり込んだ瞬間、現場は大きな（②）と（③）に包まれた。（毎日）
「あー落ちよう」ー眉山の麓の住宅街で〇〇〇〇が起きた。それが（②）と（③）に変わった。（毎日）

①（　　　　　）
②（　　　　　）
③（　　　　　）

見守っていた近所の人やアマチュアカメラマンにも笑顔
近くの会社員、川村政年さん
「助かって良かった。ガリガリだから早くご飯を食べさせてほしい。これで私も安心してお昼を食べられる。」
近くの主婦（80）
「こんなにうまく行くなんて、レスキュー隊員の人にお礼を言いたい。ご苦労様じゃ。」と遠くから拝んでいた。
「テレビをみていて〇〇〇〇〇〇なった。」（いたたまれなく）（毎日）

①悲鳴　②歓声　③拍手

授業の実際

授業では、新聞から切り取った「犬が網に入る瞬間の写真」を見せ、「犬が何をしている？」と問い、児童から「落ちた」「飛び降りた」といった意見を得た。その後、同じ出来事を扱った六紙の記事の「見出し」

「やっと助かったワン」（読売）

「50メートル助かったワン」（産経）

その名はがけっポチ？「命拾い」（毎日）

助かったワン！（徳島　夕刊）

がけぷちダイブ　（朝日）

ワンワン大作戦（朝日）　延べ11時間「犬命　拍手で幕」

みんなの思いが救った　小さな命（毎日）

救出成功　孤立の犬（徳島）

を提示、内容をひとことに要約し、読み手の興味を引きつける工夫を感じさせるために。「どれが一番好き？」と問い、一つずつ読み上げて、これがいいと思う見出しが読まれたときに挙手するように指示した。児童に何度も読み返させるためである。次にそれぞれの新聞社が記事にどう書いてあるかを調べさせた。犬が「落ちた」「飛んだ」「飛び降りた」と微妙に異なることを確認し、「飛んだ」と「落ちた」の言葉の意味の違いを話し合った。「落ちた」という書き方をした記者は、犬は自分の意志で飛び降りたのではないと考え、「飛んだ」「飛び降りた」と書いた記者は、犬が自らの意志で行動したように見えたのだろうと説明した。犬が助かったという事実を伝えているのは同じだけれど、「飛び降りた」と書いた新聞だけを見た人は、「勇敢な犬」と思うだろうし、「落ちた」と書いた新聞だけを読んだ人は救助隊員が差し出した網から逃げようとして足を滑らせた臆病な犬と思うかも知れない。数紙を比べて読むことで、そこで起きたことを複数の記者の目で見ることができ、より真実に近づくことができると気づかせる意図があった。

その後、「見ていた人」の様子の記述から五紙が使用していた「見守った」という言葉を取り上げ、こんな場面で使うのにぴったりの言葉だと話し、見守る人たちの様子を表す言葉が「心配そうに」「無事を祈りながら」「息をのんで」「ハラハラした表情で」とたくさんあることに気づかせた。それは、それぞれの記者が自分が見た人々の様子を表現するのにぴったりの言葉だと考えて選んだものである。比べることで豊かな表現の工夫に触れることができる。ここでも、「どれが一番好きですか」と問い、挙手させた。一番好きな表現を決めるために、繰り返し真剣に読み比べることを期待したのである。

また、「悲鳴が歓声にかわる」「拍手で幕をとじた」「拍手と歓声がわき上がった」「よくやったと大歓声」「歓声と拍手につつまれた」「どよめきが歓声と拍手にかわった」等を取り上げ、（　）に入る言葉を考えさせることで、悲鳴、歓声、拍手、といった言葉の使い方（ふさわしい場面）を知らせようとした。

さらに、「安心してご飯が食べられる」「ご苦労様じゃと遠くから拝んだ」等の記述を紹介し、ユーモラスな会話や行動を紹介することで、人々の気持ちや、その場の雰囲気を伝えようとしている工夫にも目を向けさせた。

ＮＩＥの授業の取材のために参観していた毎日新聞徳島支社の竹内記者を、「毎日新聞のこの（崖っぷち犬）記事は竹内さんが書いたそうです」と紹介すると、授業後に数名の児童が記者をとり囲み、「竹内さんは、現場で実際に犬を見て、飛んだと見えましたか、それとも落ちたように見えましたか？」と質問していた。書き手（記者）がその事件をどう見たかで伝える記事の書き方が違ってくるということに関心を持ったようである。

この表現比べの授業では、「言葉への関心を高め」「語彙を豊かにし」「言葉への感覚を磨く」という目標は達成できたと考えている。

今回扱った記事では、六紙の記事を読み比べると、それぞれの記者が切り取った事実を伝えているため、「落ちた」と「飛び降りた」のように、記事の内容に違いがあることに気づく。野地潤家先生は第三回徳島県NIEセミナーにおける講演「NIEの深化と集積」（徳島県NIE推進協議会主催〈平成十一年二月六日　於／徳島県教育会館〉）の中で扇谷氏の『現代のマスコミ（昭和三十二年、春陽堂）』から引用して

その心構えの一つに、一つの新聞を盲信してはいけないということをいいたい。新聞はなるたけ、多くを読み合わせるということ、特に複雑な問題については、読み合わせるという習慣をつけて欲しいと強調したい。（中略＝上田）その場合なるたけ性格のちがう新聞、主張のちがう新聞を読み合わせてみるということが必要である。そして、このように、相異なる主張と、報道の中から実は真実のかけらが浮かびあがってくるものなのである。

と、話されたが、複数の新聞の記事を読み合わせることで「相異なる主張と、報道の中から実は真実のかけらが浮かびあがってくる」という体験をさせることもできた。児童は、この授業のあと、気になる記事については複数の新聞を読み合わせることに興味を持ったと感じている。

複数の新聞の記事を読み合わせる授業には、児童が興味を持つ明るい記事を使いたい。児童が興味を持って、自主的に取り組むことが大切と考えるからである。今回授業が思いの外うまくいったのは、そんな題材を得たことが最大の原因であろう。児童が大きな興味を持って読み合わせるような記事――自分たちの住んでいる場所からそう遠くないところで、全国放送になるような事件が起きた。しかも主役は動物（かわいい犬）である。各紙がこぞって写真入りで大きく取り上げた――に出会えることはそう多くない。指導者は不断からアンテナを高く

し、心がけて教材となる記事を探していなければならない。

エ　小学校におけるＮＩＥ学習の課題
——方法ばかりを求めない。大事なのは目標である——

平成二三年度より施工される小学校学習指導要領に〔第三学年及び第四学年〕では「Ｂ書くこと」の言語活動例として「イ　疑問に思ったことを調べて報告する文章を書いたり、学級新聞などに表したりすること。」が、〔第五学年及び第六学年〕の「Ｃ読むこと」の言語活動例として「ウ　編集の仕方や記事の書き方に注意して新聞を読むこと。」と、新聞を使った学習が示された。これを受けてＮＩＥが全ての教室で実施されることになった。現場では、「新聞記事を読む授業はどうやるのか」と方法を求める声が多く上がっている。

二〇〇二年のフランスＮＩＥ視察で、新聞協会代表のジャッククラン氏は「ＮＩＥの目的は何」という質問に、「良き市民をつくることだ」と答えた。その後訪れた小学校や中学校で教師に同じ質問をしても、判で押したように同じ答えがかえってきた。

二〇〇八年のフィンランド視察ではヘルシンギン・サノマット紙の編集局長、アンテロ・ムッカ氏が「新聞の発行部数がへっている。」ことについて、新聞を読んで社会の動きを知るエリート層と新聞を読まない層に分かれ、エリート層の意見で国が動くことになる。それは正常な民主主義とは言えない。全ての児童が学ぶ学校の教室でＮＩＥを実施すれば、新聞を購読していない家庭の子も新聞を読む機会を得られる。（そこで、新聞に親しむ態度を育てれば、新聞を読み国政に参加する国民が増える。）」と、ＮＩＥへの期待を述べた。

日本で同じ質問をしたら、「語彙力・漢字力」「読解力」「要約力」と、活動を通して身につくであろう国語学力を挙げる教師が多いのではないだろうか。フランスやフィンランドではずっと遠くの目的地を、現在の日本では目先を見ているという印象を受ける。日本国憲法前文で、「主権が国民に存する」と宣言し、教育基本法には教育の目的が「平和で民主的な国家及び社会の形成者として必要な資質を備えた心身ともに健康な国民の育成」を掲げている。日本も、民主主義国家であり、教育の目的は民主主義国家を支えるよき市民の育成である。けれど、「民主主義国家を支えるよき市民の育成」とNIEを結びつけて考える教師が少ないのが現状といえるだろう。昭和三四年の「中学校用国語1下　学習指導の研究」単元「新聞」の「単元解説」に

一つの社会が社会として成り立っていくためには、その社会に通じ合いが行われ、何事についても社会としての世論が形成されていなくてはならない。そのために欠くことのできないのは、新聞である。

という記述がある。この文からは、フランスやフィンランドのように、新聞を使った学習の目的が民主主義を支えるよき市民の育成にあることがはっきりと伝わってくる。昭和三十年代のNIE実践においてこれほど明確であったNIEの目的が教師の口から聞けなくなったのはどうしてであろうか。NIEは、常にアンテナを高くして教材となる記事を探すことにも、新聞作りのための準備や指導にも、時間と労力を必要とする。日に日に忙しさを増す教育現場においてその時間と労力を生み出す意欲を持ち続けることは簡単ではない。必然的にすぐにできる方法を求めることになる。その過程で理念が忘れ去られていったのではないだろうか。

方法を追い求める実践では、より新しい方法、より刺激的な方法へとエスカレートし、やがて行き詰まり、衰退していく。フランスやフィンランドのように深く根を張り長く続く教育実践には明確な理念が必要なのであ

る。

学習指導要領に明記されたからやるという「やらされる実践」しっかりとした理念を持たない実践では、「現場の忙しさ」を乗り越えるエネルギーが生まれてこない。実践に当たる教師は、「NIEが現在の平和で豊かな民主主義社会を維持発展させる市民の育成に欠かせない」というしっかりとした理念を持つことが必要である。

教室では、NIEの目的を達成するため、児童の実態を把握し、どのような目標で授業を実施するかを決めなければならない。目標を明確にすることから授業展開や教材が見えてくる。NIE実践における理念、目的と目標を明確に整理して把握する必要がある。私は橋本暢夫先生が示された次の提案（資料1）をもとに実践している。

（資料1）

NIE学習への提案

志向していく方向　「新聞から学ぶ」「新聞で学ぶ」とともに「新聞に学ぶ」へ

新聞は民主社会の「世論形成」に欠くことのできぬものとの前提にたつ。

○　NIE学習の目的と目標

・目　的

教育活動の一環として、自己をみつめさせ、社会的存在としての自己の確立をはかる。即ち人生・社会と結び、個性を伸ばす教育である。

・目　標

1　新聞に対する関心・必要感をたかめる。（まず自己の興味のありようを確認させる。但し、移ろいやすい子どもの興味を追わない。関心をもつべきものに関心をもたせるのが指導者の仕事）

2　自ら新聞を読もうとする意欲をたかめ、新聞を読む習慣・態度を身につけさせる（生涯、活字を読むことはもとより、図表・グラフ等をも「よむこと」から離れることのない読書生活人としての基礎に培う。）

3　新聞に関する理解を深め、新聞を深く読む能力を伸ばす（日本語によって考える）

ア　一つの事象には、さまざまな捉え方・考え方があることに気づかせる。

イ　新聞を比べ読むことで判断力を育て、メディアリテラシーを身につけさせる。

ウ　さまざまな事象について自分の意見をもち、それを発信していく態度を育てる。

エ　協同学習で身につく、社会的言語技能（コミュニケーション力）を育成する。

オ　将来の社会人としての語彙を豊かにしていく。

〔語彙が身につくことは、心が拓かれていくこと〕である。

カ　自己評価力を育て、自己の課題に気づかせて自己学習力を発動していく態度を養う。

4　学校生活・学習生活を向上させるため、学校新聞・学級（グループ）新聞、また〔壁新聞・掲示など〕を制作する。

先述した　ア　教師と児童がいっしょに記事を読んで対話する実践では、（資料1）の目標1の「新聞に対する関心をたかめる」、目標2の「自ら新聞を読もうとする意欲を高め、新聞を読む習慣・態度を身につけさせる」を目標とした。イ　優先座席の投書を手がかりに意見を育てる実践は、目標3の「ア　一つの事象には、さまざまな捉え方・考え方があることに気づかせる」「ウ　さまざまな事象について自分の意見をもち、それを発信していく態度を育てる。」を目標とした。ウ　同じ出来事について複数の新聞を読み比べる実践では、「オ　将来の社会人としての語彙を豊かにしていく。」「ア　一つの事象には、さまざまな捉え方・考え方があることに気づかせる。」「イ　新聞を比べ読むことで判断力を育て、メディアリテラシーを身につけさせる。」をねらった。

授業構想にあたっては、目標を明確にし、児童の実態に合わせて指導者が新聞から教材となる記事を選び、その教材をどのように取り扱うかを考えなくてはならない。

方法ばかりをもとめる実践に陥ることを強く戒めなくてはならない。

（平成二十三年十月二十二日　稿）

あとがき

本書には、平成六年から平成二十三年までの論考を取り上げた。十年以上の期間に書いた実践報告を集めたため、「敬称のつけかた」に不統一な部分があることをお許しいただきたい。
本書にあげた各論考の発表場所・掲載誌・発表年月などは次のようである。

Ⅰ
1　主体的に取り組む書くことの指導の工夫　――記録報告文指導の場合――
第六一回　日本国語教育研究大会　（平成十年八月二日）で発表
2　書くことの指導の基礎に培う四学年の指導　――先達　蘆田恵之助「綴り方教室」に学んで――
第一〇回　鳴門教育大学国語教育学会（平成七年八月二十七日）で発表
『語文と教育』第一〇号（平成八年八月三十日発行）に掲載
3　自己の確立をめざす作文指導　――書くことによって「いじめ」に立ち向かう――
『徳島教育』平成六年八月号（平成六年八月十五日発行）に掲載
4　自己を見つめさせる教育としての作文指導　――生活を見つめ豊かな意見を育てる――
『徳島教育』平成十年　八月号（平成十年八月十五日発行）に掲載

Ⅱ
1　生涯学習に生きる読書生活の指導　――読書生活をみつめ向上させる工夫――
第四四回　大下学園国語科教育研究会　（平成十一年十二月二十日）で発表
2　外国文学に親しむ　――指導者の翻訳を読む・手伝う――
徳島国語教育月例研究会　平成十一年二月例会（平成十一年二月二十日）で発表

Ⅲ　楽しく学ぶ語句・語彙の指導　――単元・発表会「覚えてください私の漢字」――
　徳島国語教育月例研究会　平成十二年八月例会（平成十二年八月二十日）で発表
Ⅳ　生きる力に培う総合的な学習を求めて　――古典に親しみ修学旅行と結んで書く――
　『徳島教育』平成十三年十月号（平成十三年十月十五日発行）に掲載
Ⅴ　小学校における古典に触れ・親しむ指導（本書のための書き下ろし）
Ⅵ　教育に新聞を　ＮＩＥ学習の実践と課題（本書のための書き下ろし）

　これら、十年来の実践の記録を並べてみると、懸命に学習している目の前の児童を見ると、「あの教材でこんなふうな授業を」と教材や授業の進め方が浮かび、思い立ったらワクワクしてきて、何が何でもやらずにはいられなかったのを思い出す。

　実践記録を読み返してみると、教科書を離れることを目指していることに気づいた。それは、大村はま先生の「私は教科書をあまりやらないという話がありまして、教科書を排斥しているようなのですけれども、私は教科書をやらない主義ではありません。（中略）事実私ほど教科書を利用しているひとはいないと思っています。（中略）目標が一番大切です。こうこう、こういうことを出来るようにしようということが一番大事でしょう。それに教科書がちょうど使えれば、皆が持っていて便利ですから、もちろん使いますし、それで用が足りなければ外のものにする」（大村はま『子どもに楽しい国語教室』）との目標観に納得していたからでもあった。

「国語の授業は指導書通りに教科書を教えること」としてしまうと、授業が楽しくなくなると感じていた。それは、私にとって、本来広々とした草原を駆ける春駒たちを、地下鉄の通路に導き、皆でそろって、ただ黙々と歩かせる場面を想像させるような感覚であった。失敗はないだろうし、立ち止まりさえしなければ必ず目的地にたどり着く安全な道なのだけれど、常に閉塞感がある。私の実践は、その通路の壁に扉をつけよう（扉とまではいかなくとも）窓を付けようとするものであった。広い世界を見せたかった。外の新鮮な空気を入れ、心地よい開放感を味わわせたかった。できるだけ、扉から外に出て、新しい世界に足を踏み入れ、一人一人が自分にあった道を通って目的地にたどり着く学習、子どもたちが生き生きと学習する教室を実現しようとしてきたのだと思う。

教科書を離れる学習では、身に付けさせなくてはいけない力を明らかにする必要がある。そのために「国語能力チェック表」を作り、単元構想時・指導案作成時に、常に読み返し、チェックしてきた。そのことが、教科書以外の教材を使った単元が、ただ児童の興味を引きつけ、活動を楽しませて終わるのでなく、身に付けさせたい力を確実に身に付けさせることに役立った。「国語能力チェック表」からその単元で（もしくはその授業で）身に付けさせようと思う力を抜き出して指導案に明記することを続ける中で、「よい授業は、結局のところ、目標を明確にし、それを絞り込むことで実現できる」と考えるようになった。私には大きな気づきであった。

どの実践も書くこと（作文）が核となっている。全ての活動が書くことと結びつけられている。それは、先達蘆田恵之助に学んだことによる。蘆田先生は、「綴り方の興隆しないところに、何の教育があらう。」（『同志同行』第三巻　第一号　昭和九年四月一日）と述べておられる。私にとって作文は（もちろん、いつでも十分に成し遂げられたとは言えないが）実践してきた国語科の授業の中でも特に、「一人ひとりが自分の力の精一杯で学びひたる、優劣をこえた学習になっている」と実感できるものであった。書くこと（作文）では、一つとして同じ作品は出てこない。書くという営みでは、力量に差がある子たちがそれぞれ自分の力の精一杯で取り組み、自分なりの作品を作り上げるからである。どんなに短くつたないと見える作品にもその作品にしかない良さが必ずある。そのことに気づき、どの児童の作文にもあるよいところを級児童に知らせることで、級児童をつなぐことができた。

実践は全て、鳴門教育大学大学院（平成4・5年度）修了後のものである。当時副学長・学長をなさっていた野地潤家先生は、国語教育個体史について『野地潤家著作選集　第一巻』（一九九八年三月　明治図書）で、

国語教育実践における主体性・自主性の確立は、現実には生きた国語教育個体史を刻みあげることでなくてはならない。実践主体が自己の実践する国語教育事実を、謙虚にしかも自信をもって、ある時はざんげの念をこめて、把握し記述していくことでなくてはならない。実践主体にとってたいせつなのは、なによりも自己の営んだ、また営む、また営みいくであろう国語教育事実である。この意味で、国語教育個体史は、単なる個別史ではなく、実践至上に立ち、事実至上に立つ個性的主体史でなくてはならない。むろん、実践至上と言い、事実至上とは言っても、理論を否むわけではない。しかし、可能態としての国語教育理論に恥じて、現実態としての自己の事実史を卑下してはならない。

自己のおかれた地域社会の中で、与えられた国語教育の環境に立って、その地域社会に適応し、その実践主体にふさわしく国語教育は実践され、そこにその実践主体の国語教育個体史は成立する。そして、実践営為の展開に呼応して、個体史も進展する。

実践主体は、まず自己の国語教育事実をたえず見つめなくてはならない。そのほかに、自己の営む国語教育があるのではない。その国語教育事実に即して、自己の国語教育実践を把握していかなくてはならない。国語教育個体史が見失われては、国語教育の着実な実質的前進は期待しがたいのである。（二〇・二一頁）

個々の国語教育個体史の充実は、そのまま一般国語教育史の充実につながっている。一般国語教育史の実質的前進は、個々の実践主体の実践営為の充実に、さらにいえば、国語教育個体史の充実にまたなくてはならない。一般国語教育史の充実前進を規定する条件は、個体史のほかにも考えられなくてはならない。しか

し、その中心の問題の一つは、まさに個体史にある。（三八頁）

個体史作業は、その苦行・苦悩の探索過程をそのままとらえ、ありのままに示さなくてはならない。未熟不備の実践の現実態に恥じてはならない。（三八頁）

と、述べておられる。野地先生のお考えに触れた時から、私は一人の実践者として、自らの実践を記録し、いつか本にまとめなくてはならないと考えていた。時に、自己の実践の未熟・不備を恥じ、出版を見送ろうと考えることもあったが、国語教育個体史の充実が一般国語教育史の充実につながるなら、未熟を恥じるといった小さなことで出版をためらい、日本の国語教育の発展にブレーキをかけてはならないと思い切った。

大学院でご指導いただいた橋本暢夫先生には、終了後もずっとご指導をいただいた。研究発表や研究授業のたびに、「ちょうど講義がない日だったので」と、おっしゃりながら参加してくださった。発表で、授業で緊張した私の視界の隅に、いつでも橋本先生の姿があり、後で必ず励ましとご指導をいただいた。そのたびに「師のない者は育たない」という言葉と、野地先生が学長就任を祝う会で「師という言葉は、弟子のためには何でもするという意味です」とおっしゃったのを思い出し、師に恵まれる幸せを味わった。

橋本先生には早くから本の出版を勧めていただきながら、なかなか期待に応えることが出来なかった。ようやく重い腰をあげてからは、原稿を持って何度もお宅におじゃましたが、忙しいそぶりは露ほども見せず、いつでも丹念に原稿に目をとおし、適切なご助言をくださった。澄子奥様は、私のコーヒー好きを知るや、毎回、おいしいコーヒーをたっぷり用意して歓待してくださった。

昭和六十一年度、論田小学校でともに六年生を担任して以来の友人林明彦さんとは、何度も一緒に県外の研究会に参加し、国語の授業について議論し、実践へのエネルギーをいただいた。平成二十三年七月で第三百回を数える徳島国語教育月例研究会の仲間と毎月必ず指導においでてくださる鳴門教育大学大学院の村井万里子先生には、参加するたびに授業作りの楽しさと奥の深さを教わり、実践を記録し報告する苦労を乗り越える元気をいただいた。現在勤務する吉野川市の大杉正宏教育長はじめ教育委員会の皆さんには私の実践に対し深いご理解と暖かいご支援をいただいている。

論田小学校の同僚、坂尾洋さんは、私の勧めで「蘆田方式の作文指導」を（担任する教室で）一年間実践し、「よく書けるようになったけれど、上手にはなっていない」と素直な感想を聞かせてくれた。私は、その一言に背を押されて、本格的に蘆田恵之助を学ぼうと大学院に入った。大学院では、すばらしい師と学友に巡り会えた。中でも「性格がザルだから、水につけておかないと乾いてしまう」と意気投合し、一緒に院生室で何度も徹夜をしながらいっしょに修士論文を書き上げた吉野樹紀さんは、同級生でありながら優れた学者（文学博士（学術）［横浜市立大学］）であり、何度も助けてもらった。坂尾さんも吉野さんも私が本を出したことをどんなにか喜んでくれるだろう。残念なことに、坂尾さんは白血病、吉野さんは癌で亡くなってしまった。

父は平成十六年に他界した。後に残された母は、私の仕事ぶりが新聞で紹介されたりすると、訪れた人にうれしそうに新聞を見せていたが、私が本書の執筆に取りかかってまもない頃に入院し、約半年後（平成二十一年）本書の完成を待たずに永眠した。父に、母に、坂尾さんに、吉野さんに、心からの感謝の気持ちとともにこの本を捧げたい。

渓水社の木村逸司社長、木村斉子さんには、本書刊行に関して、格別のご配慮をいただいた。末筆ながらここに記して、お礼の気持ちとしたい。

平成二十三年十二月二十日

上田　正純

著者略歴
上田　正純（うえた　まさとし）
1951年（昭和26年）徳島県に生まれる。
1975年（昭和51年）徳島大学教育学部小学校教員養成課程卒業
1978年（昭和53年）徳島県内の公立小学校教諭
1993年（平成５年）鳴門教育大学大学院　言語系国語コース修了
1998年（平成10年）徳島県公立小学校教頭を経て現在徳島県公立小学校校長
2008年　ＮＩＥアドバイザー

主要論文
小学校第四学年の作文指導『語文と教育』第10号（1996年８月30日）
国語科の授業とコンピューター図書の検索にコンピュータ通信を利用した「調べたことを書く」学習の実践―『語文と教育』第11号（1997年８月30日）
自己確立に向かう作文指導　『徳島教育』平成７年８月号
生きる力に培う総合的な学習を求めて『徳島教育』平成13年10月号
「ことば」の教育としての国語教育『徳島教育』平成11年１月号
学習者が「ことば」を獲得した授業―小学校第二学年における詩の授業の記録―『世羅博昭先生御退任記念論集』渡辺春美編著 2006.2

小学校国語科授業の創造を求めて

平成24年2月29日　発　行

著　者　上　田　正　純
発行者　株式会社　溪水社
広島市中区小町1-4（〒730-0041）
電　話（082）246－7909
ＦＡＸ（082）246－7876
e-mail: info@keisui.co.jp

ISBN978-4-86327-173-9 C3081